明远教育基金
MING YUAN EDUCATION FOUNDATION

"四有"好老师系列丛书

顾明远 总主编

新时代"四有"好老师教师队伍建设政策研究

张志勇 李生滨 等 著

北京师范大学出版集团
BEIJING NORMAL UNIVERSITY PUBLISHING GROUP
北京师范大学出版社

特别感谢顾明远教育研究发展基金
对丛书的大力支持!

总序："四有"好老师引领教师成长

2024 年是习近平总书记提出"四有"好老师 10 周年。10 年前的教师节前夕，习近平总书记来到北京师范大学考察，与师生代表座谈。会上，他勉励师生从事教师这一崇高的职业，论述了教师的作用："教师是人类历史上最古老的职业之一，也是最伟大、最神圣的职业之一。"①习近平总书记引用人们常说的一句话："教师是太阳底下最崇高的职业。"并提到，自古以来，中华民族就有尊师重教、崇智尚学的优良传统，"国将兴，必贵师而重傅；贵师而重傅，则法度存"。中华民族 5000 多年文明发展史上，英雄辈出，大师荟萃，是与一代又一代教师的辛勤耕耘分不开的。教师之所以重要，是因为教师的工作是塑造灵魂、塑造生命、塑造人的工作。习近平总书记说："一个人遇到好老师是人生的幸运，一个学校拥有好老师是学校的光荣，一个民族源源不断涌现出一批又一批好老师则是民族的希望。"继而，他希望教师在科技进步日新月异、国际竞争日趋激烈的形势下，认

① 习近平：《做党和人民满意的好老师——同北京师范大学师生代表座谈时的讲话》，载《人民日报》，2014 年 9 月 10 日。

清肩负实现"两个一百年"奋斗目标、中华民族伟大复兴中国梦的使命和责任，努力为发展具有中国特色、世界水平的现代教育，培养社会主义事业建设者和接班人作出更大的贡献。

怎样才能成为好老师呢？习近平总书记提出了四条标准。

第一，做好老师，要有理想信念。习近平总书记从我国历史上对教师的理解一直谈到今天对教师的要求，提出教师应是"经师"和"人师"的统一。他说，正确的理想信念是教书育人、播种未来的指路明灯。教师要始终同党和人民站在一起，自觉做中国特色社会主义的坚定信仰者和忠实实践者，忠诚于党和人民的教育事业，自觉把党的教育方针贯彻到教学管理工作全过程，严肃认真地对待自己的职责。

第二，做好老师，要有道德情操。习近平总书记说："老师的人格力量和人格魅力是成功教育的重要条件。"合格的老师首先应该是道德上的合格者，好老师首先应该是以德施教、以德立身的楷模。他希望老师把正确的道德观传授给学生。好老师的道德情操还包括师德。习近平总书记说，师德是深厚的知识修养和文化品位的体现，师德需要教育培养，更需要老师自我修养。习近平总书记非常关心教师，他说："现在，很多地方做老师还比较清苦，特别是农村基层小学老师很辛苦，收入不高，物质生活不是很宽裕，有些家庭负担较重的老师生活还比较困难。"他要求各级党委和政府都要关心广大老师的生活。同时，教师要有"衣带渐宽终不悔，为伊消得人憔悴"的精神，兢兢业业做好工作。做老师最好的回报是学生成人成才，桃李满天下。

第三，做好老师，要有扎实学识。习近平总书记说，扎实的知识功底、过硬的教学能力、勤勉的教学态度、科学的教学方法是老师的基本素质，其中知识是根本基础。所谓学识，不仅要有学问，还要有见识。习近平总书记认为，在信息时代做好老师，不仅要有胜任教学的专业知识，还要有广博的通用知识和宽阔的胸怀视野。他要求老师始终处于学习状态，站在知识发展前沿，刻苦钻研、严谨笃学，不断充实、扩展、提高自己。

第四，做好老师，要有仁爱之心。习近平总书记说："教育是一门'仁而爱人'的事业，爱是教育的灵魂，没有爱就没有教育。"他说，教育风格可以各显身手，但爱是永恒的主题。爱心是学生打开知识之门、启迪心智的开始，爱心能够滋润浇开学生美丽的心灵之花。他特别强调，老师要有尊重学生、理解学生、宽容学生的品质。老师要热爱每个学生，不能因为有的学生不讨自己喜欢、不对自己胃口就冷淡、排斥，更不能把学生分为三六九等。他说，老师在学生心目中具有重要地位，老师无意间的一句话，可能造就一个天才，也可能毁灭一个天才。这些讲话都具有很强的针对性，值得老师们认真思考。

习近平总书记所述好老师的标准，既有理论的论述、历史经验的解释，又有对现状的分析和具体的要求，具有很强的针对性和现实性。"四有"好老师一直引领着我国教师队伍的建设。

这十年来，习近平总书记到学校考察时，都要提到教师，提出对教师的要求。2016 年 9 月 9 日，习近平总书记在与北京市八一学校师生座谈时，再一次提到教师的重要，他鼓励教师做学生锤炼品格的引路人、学习知识的引路人、创新思维的引路人、奉献祖国的引路人。① 同年 12 月，习

---

① 《全面贯彻落实党的教育方针　努力把我国基础教育越办越好》，载《人民日报》，2016 年 9 月 10 日。

近平总书记在全国高校思想政治工作会议上强调,教师是人类灵魂的工程师,承担着神圣使命。[①] 2021 年,习近平总书记在视察清华大学时提出教师要做"大先生"。在党的二十大报告中,习近平总书记进一步强调:"加强师德师风建设,培养高素质教师队伍,弘扬尊师重教社会风尚。"上述讲话为教师的培养和专业成长指明了方向。2022 年 9 月 8 日,习近平总书记给北京师范大学"优师计划"师范生回信,希望他们努力学习,毕业以后到祖国和人民最需要的地方去,努力成为党和人民满意的"四有"好老师。2023 年 9 月 9 日,在第三十九个教师节到来之际,习近平总书记致信教师代表时又提出了"教育家精神"。

从"四有"好老师、"四个引路人"、大先生,再到教育家精神,习近平总书记关于教师的一系列论述,形成了对广大教师思想、道德、学识、能力、作风、纪律等方面全方位的系统要求,赋予了人民教师崇高的地位和神圣的职责使命,是新时代进一步打造高素质教师队伍,推进教育高质量发展的行动指南。学习好、领会好、贯彻好、落实好习近平总书记关于教师队伍建设的重要论述精神,对于全面提升教师队伍质量和水平、加快推进教育现代化、建设教育强国具有重大而深远的现实意义。

顾明远

2024 年 6 月

---

① 《把思想政治工作贯穿教育教学全过程 开创我国高等教育事业发展新局面》,载《人民日报》,2016 年 12 月 9 日。

目　录

第一章　新时代教师队伍建设政策演进分析 ………… 1

第一节　新时代教师队伍建设政策的分析框架与研究方法　3

第二节　新时代教师队伍建设政策的变迁特征与演进逻辑　6

第三节　新时代教师队伍建设政策的优化路径　21

第二章　新时代党领导教师队伍建设的成就 ………… 27

第一节　新时代党领导教师队伍建设的伟大历程　29

第二节　新时代党领导教师队伍建设的辉煌成就　33

第三节　新时代党领导教师队伍建设的宝贵经验　40

第三章　师范生公费教育政策实施 ………… 49

第一节　师范生公费教育政策实施的主要成效　51

第二节　师范生公费教育政策实施面临的主要挑战　64

第三节　师范生公费教育政策实施的优化路径　79

第四章 "优师计划"政策实施 ………… 91

第一节 "优师计划"政策实施的重要意义　93

第二节 "优师计划"政策实施的主要成效　96

第三节 "优师计划"政策实施面临的主要挑战　110

第四节 "优师计划"政策实施的优化路径　116

第五章 "特岗计划"政策实施 ………… 121

第一节 "特岗计划"政策实施的重要意义　123

第二节 "特岗计划"政策实施的主要成效　129

第三节 "特岗计划"政策实施面临的主要挑战　138

第四节 "特岗计划"政策实施的优化路径　145

第六章 "银龄讲学计划"政策实施 ………… 149

第一节 "银龄讲学计划"政策实施的重要意义　151

第二节 "银龄讲学计划"政策实施的主要成效　152

第三节 "银龄讲学计划"政策实施面临的主要挑战　166

第四节 "银龄讲学计划"政策实施的优化路径　169

第七章 "县管校聘"政策实施 ………… 173

第一节 "县管校聘"政策实施的重要意义　175

第二节 "县管校聘"政策实施的主要成效　178

第三节 "县管校聘"政策实施面临的主要挑战　184

第四节 "县管校聘"政策实施的优化路径　190

第八章 "乡村教师支持计划"政策实施 ………… 197

第一节 "乡村教师支持计划"政策实施的重要意义 199

第二节 "乡村教师支持计划"政策实施的研究述评 203

第三节 "乡村教师支持计划"政策实施的主要成效与面临的主要挑战 212

第四节 "乡村教师支持计划"政策实施的优化路径 216

第九章 "教师教育振兴行动计划"政策实施 ………… 219

第一节 "教师教育振兴行动计划"政策实施的重要意义 221

第二节 "教师教育振兴行动计划"政策实施的研究述评 225

第三节 "教师教育振兴行动计划"政策实施的主要成效与面临的主要挑战 229

第四节 "教师教育振兴行动计划"政策实施的优化路径 237

第十章 "强师计划"政策实施 ………… 245

第一节 "强师计划"政策实施的重要意义 247

第二节 "强师计划"政策实施的价值与主要成效 252

第三节 "强师计划"政策实施面临的主要挑战 259

第四节 "强师计划"政策实施的优化路径 261

第十一章 "国培计划"政策实施 ………… 265

第一节 "国培计划"政策实施的重要意义 267

第二节 "国培计划"政策实施的主要成效 270

第三节 "国培计划"政策实施面临的主要挑战 279

第四节 "国培计划"政策实施的优化路径 282

第十二章　新时代卓越教师教育案例研究　287

第一节　北京师范大学的"强师工程"　289

第二节　东北师范大学的"U-G-S"教师教育新模式　297

第三节　华东师范大学的"智能新师范"模式　303

第十三章　面向 2035 年的中国教师教育展望　311

第一节　教育强国教师队伍建设面临的主要挑战　313

第二节　教育强国教师队伍建设的重大研究课题　315

第三节　教育强国中小学教师队伍建设的指标体系　318

第四节　教育强国教师队伍建设目标的实现路径　324

后　记　332

第一章

新时代教师队伍建设政策演进分析

◇◇◇◇◇◇◇◇◇◇◇◇◇◇◇◇◇◇◇◇◇◇◇◇◇

　　教师是教育事业的第一资源。优先关注教师队伍建设，是坚持优先发展教育的关键。新时代以来，党和国家面向各类教育颁布了多类与教师相关的政策，其中包括教师队伍建设专项政策和教育改革发展综合性政策，涵盖了各级各类教育和多元发文主体，为促进教师队伍建设营造了良好的制度环境。

第一节　新时代教师队伍建设政策的分析框架与研究方法

我们采用了文本计量法，旨在构建基于政策内容要素的二维分析框架，从多个角度对新时代以来发布的教师队伍建设政策进行分析，定量、可视化地呈现政策的内、外部特征，为完善我国教师队伍建设政策体系提供参考。我们将 2012 年 9 月 20 日至 2023 年 8 月 30 日公开发布的与教师有关的 291 份政策文件作为研究对象展开了研究。其中，包括 108 份教师队伍建设专项政策文件和 183 份教育改革发展综合性政策文件。表 1-1、表 1-2 是对新时代中国教师队伍建设政策的教育类型和发文主体的分析。

表 1-1　新时代教师队伍建设政策的教育类型分布

政策类型	教育类型			
	基础教育	职业教育	高等教育	多类别
教师队伍建设专项政策	57	19	25	7
教育改革发展综合性政策	68	42	29	44

表 1-2　新时代教师队伍建设政策的发文主体分布

政策类型	发文主体			
	中共中央、国务院	教育部	其他部委	教育部与其他部委
教师队伍建设专项政策	4	70	2	32
教育改革发展综合性政策	35	83	8	57

以"教师""教职工""校长""教师""师范"等为关键词，在教育国情调查大数据平台教育政策资源库①和教育部的网站中检索，可检索到诸多文件。国家出台的教师队伍建设政策涵盖了各级各类教育和多元发文主体，为促进教师队伍建设营造了良好的制度环境(见表1-3)。

表1-3　新时代以来出台的教师队伍建设政策(部分)②

序号	发文时间	政策文件名称	发文主体
1	2012年9月20日	《教育部 中央组织部 中央宣传部 国家发展改革委 财政部 人力资源社会保障部关于加强高等学校青年教师队伍建设的意见》	教育部等六部门
2	2012年10月18日	《教育部 财政部 人力资源和社会保障部 国务院国有资产监督管理委员会关于印发〈职业学校兼职教师管理办法〉的通知》	教育部等四部门
...	......	......	......
291	2023年8月30日	《教育部关于印发〈学习型社会建设重点任务〉的通知》	教育部

一、分析框架

教师队伍建设政策的内涵是丰富的，包括职前培养、入职、退休等要素。考察政策要素有利于做出更深入的分析，呈现政策的关注点和具体举

---

① 该数据库由北京师范大学国家高端智库教育国情调查中心建设，收集了改革开放以来国家和省级层面与教育有关的法律、公报、规划、措施、办法、条例、标准、政府公开出版物等，是服务于教育政策研究和教育决策的基础性数据库。

② 受篇幅限制，表1-3仅列举了部分文件。其中，有的文件现已经过修订，如《职业学校兼职教师管理办法》，但因这些文件不在研究时间范围内，故仍以原文件为分析对象。

措。世界银行的一项研究提出了包含十类要素的教师政策评估框架，用以指导各国制定和完善教师政策。① 我们在这个评估框架的基础上，结合新时代中国教师队伍建设的实际状况进行了分析。我们认为，分析框架主要包括"坚持党的领导""师德师风""教师教育""教师管理""地位待遇""乡村教师"六大要素，在分析时应从以下两方面入手。

一是分析政策的外部结构，主要包括政策主体、政策主题等。分析政策主体，能够探究政府及部委对政策功能的认识和部门间的协同度。分析政策主题，能够探究国家对不同类型教师与教师领域中关键问题的关注倾向与支持力度。

二是分析政策的内容特征。不同类型、不同主题的政策文本具有不同的内容特征。

我们希望基于上述六大要素，直观地呈现政策文本的直接目的、主要内容等，进而挖掘相关政策的关注重点和主要举措，概括相关政策的发展状况。

二、研究方法

研究方法主要有编码法、高频词统计法和语义网络分析法等。首先，以政策文本的具体条款为分析的基本单元，用政策编号与条款编号相结合的方式为 291 份政策文本编号，形成编码表（见表 1-4）。其次，根据前文

---

① 李新翠：《世界银行教师政策框架述评——基于"教育结果系统评估与基准测试"项目的教师政策框架》，载《比较教育研究》，2014(10)。

所述的分析框架将所有条款分别归类，以要素为维度，使用高频词统计法总结政策的本质特征与内容要点。最后，使用语义网络分析法，将高频词视为网络中的节点，通过语义网络展现政策文本的热点与重点，发现政策文本的核心节点和高频词间的联系，并总结出政策文本的主题。我们力求在此基础上系统、全面地把握我国的教师队伍建设政策，为完善和实施相关政策提供具有科学性与可操作性的建议。

表1-4 基于要素维度的教师队伍建设政策文本计量分析编码表(部分)

序号	政策文件名称	编码及政策内容
1	《教育部 中央组织部 中央宣传部 国家发展改革委 财政部 人力资源社会保障部关于加强高等学校青年教师队伍建设的意见》	1-1 建立完善党委统一领导、专门部门负责、有关部门协同配合的青年教师思想政治工作领导体制和工作机制 1-2 开展各种形式的师德教育和学术规范教育，完善青年教师师德考核和奖惩制度

第二节 新时代教师队伍建设政策的变迁特征与演进逻辑

一、变迁特征

(一)系统规划新时代教师队伍建设战略

从数量上看，291份政策文件中，有39份由国家颁布，约占总量的

13.4%。国家层面注重颁布纲领性的教师队伍建设专项政策，系统谋划了教师队伍建设战略路线。1998 年 8 月，《教育部办公厅关于当前加强教师队伍管理的通知》发布。2012 年 8 月，《国务院关于加强教师队伍建设的意见》发布。2018 年 1 月，《中共中央　国务院关于全面深化新时代教师队伍建设改革的意见》发布。由此可见，政策主体的层级不断提高，政策文本的权威性持续增强。《中共中央　国务院关于全面深化新时代教师队伍建设改革的意见》是新中国成立以来出台的第一个专门面向教师队伍建设的里程碑式的政策文件。它体现出了教师队伍建设的重要地位，并促使我国教师队伍建设迎来了前所未有的机遇期。

(二)多部门协同治理的格局逐步形成

新时代中国教师队伍建设政策大都由多部门联合发布。政策的系统性、协同性不断增强。从数量上看，教育部与其他部委联合发布的政策共89 份，涉及国家发展改革委、财政部等，约占总量的 30.6%，形成了国家权威引领、教育行政部门主导、各职能部门协同推进的政策体系，教育治理格局正在形成。

(三)专项政策与综合性政策互相支撑

教师队伍建设政策体系要求要素完备、结构适当，以发挥整体效应。我国的教师队伍建设政策处于体系构建并不断完善的发展阶段，涉及整体设计、专业标准、教师教育、编制供给、职称改革、资格认定、权益保障等教师队伍建设的方方面面。《中共中央　国务院关于全面深化新时代教师队伍建设改革的意见》《教育部 中央编办 财政部 人力资源社会保障部关于加强幼儿园教师队伍建设的意见》《教育部 中央编办 国家发展改革委 财政部 人力资源社会保障部关于加强特殊教育教师队伍建设的意见》《深化新时代职业教育"双师型"教师队伍建设改革实施方案》等,从师德师风、教师教育、教师管理、地位待遇等角度对教师队伍建设做出了顶层设计。各种教师队伍建设专项政策为新时代中国教师队伍建设做出了全面部署,绘制出了系统的政策蓝图。从六大要素来看,教师队伍建设政策的主题分布情况如下(见表1-5)。

表 1-5　教师队伍建设政策的主题分布情况①

政策主题	政策类型	
	教师队伍建设专项政策	教育改革发展综合性政策
坚持党的领导	4	3
师德师风	13	29
教师教育	47	155
教师管理	21	142
地位待遇	1	58
乡村教师	10	21
系统建设(同时涉及多个要素)	12	—

(四)提升教师素质与公平配置资源是重要的政策议题

以语义网络分析法构建高频词语义网络(见图1-1)后可发现,第一

---

① 政策主题分布基于要素维度的文本分析结果进行统计。其中,教师队伍建设专项政策基于政策文本的主题进行统计,教育改革发展综合性政策基于政策文本中涉及教师的内容分析单元进行统计。

类关键的核心节点分别对应"教师""研修""培训"等，第二类关键的核心节点分别对应"乡村""乡村教师""学校""教育"等。这说明提升教师素质已成为重要的政策议题。此外，公平配置资源也是重要的政策议题。

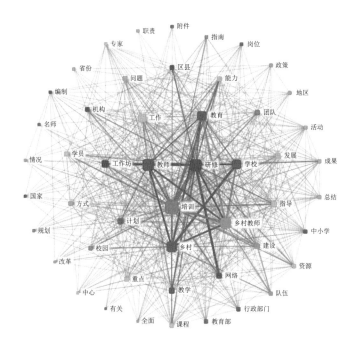

图 1-1　教师队伍建设政策高频词语义网络

二、演进逻辑

以下是基于要素维度分析框架的主题分析，展现了相应的政策在重点内容与主要举措等方面的演进逻辑。

(一)坚持党对教师队伍建设的全面领导

政策目标的实现有赖于政府各层级、各部门的有效合作,有赖于强有力的体制保障。在我国,坚决维护党中央权威和集中统一领导,把党的领导落实到党和国家事业各领域、各方面、各环节是全社会的共识。新时代以来,在我国的教师队伍建设政策中,指向坚持党的领导的教师队伍建设专项政策共计 4 份,教育改革发展综合性政策共计 3 份。例如,2017 年 8 月,《中共教育部党组关于加强新形势下高校教师党支部建设的意见》,致力于推进高校教师党支部建设的制度化、规范化、科学化。2018 年 1 月,《中共中央 国务院关于全面深化新时代教师队伍建设改革的意见》强调加强党的领导,提出"要切实加强领导,实行一把手负责制"及"各省、自治区、直辖市党委常委会每年至少研究一次教师队伍建设工作"。2022 年 1 月,《关于建立中小学校党组织领导的校长负责制的意见(试行)》要求健全发挥中小学校党组织领导作用的体制机制;坚持党管人才原则,按照有关规定做好教师等人才的培养、招聘、使用、管理、服务和职称评审、奖惩等相关工作。这些都凸显了教师队伍建设工作的政治高度。这实际上是中国共产党充分发挥总揽全局、协调各方的领导核心作用的成果:使各职能部门认识到教师的极端重要性并系统推进工作从而达成战略共识;增强了各部门大局意识、全局观念和多层级、跨部门合力;在破解体制机制障碍的基础上全面把握和协调各方资源,形成了教师队伍统筹治理、共同巩固的良好态势。

(二)健全师德师风建设长效机制

新时代以来,我国的师德师风建设进入新阶段。国家高度重视师德师风建设,出台了系列文件,仅 2018 年一年就发布了 7 份相关文件。计量结果显示,新时代以来,在我国的教师队伍建设政策中,指向师德师风的教师队伍建设专项政策共计 13 份,教育改革发展综合性政策共计 29 份。这些文件对师德师风建设及师德失范的处理都做了要求,也对师德师风在教师队伍建设中的首要地位做了强调。2020 年 10 月,《深化新时代教育评价改革总体方案》强调坚持把师德师风作为第一标准。这为师德师风建设形成一套相对完整的体系提供了保障。健全师德师风建设长效机制应从以下几方面入手。

第一,强化引领,形成完备、系统的师德师风建设制度体系。2013 年 9 月出台的《教育部关于建立健全中小学师德建设长效机制的意见》要求从师德教育、师德宣传、师德考核、师德激励、师德监督、师德惩处、师德保障等方面建立健全教育、宣传、考核、监督与奖惩相结合的中小学师德建设长效机制。2019 年 11 月,《关于加强和改进新时代师德师风建设的意见》从全面加强教师队伍思想政治工作、大力提升教师职业道德素养、将师德师风建设要求贯穿教师管理全过程、着力营造全社会尊师重教氛围、推进师德师风建设任务落到实处等方面提出了具体措施。这显示出相关政策已将重心转到在制度完备性和机制长效性方面开展师德师风建设,强调通过融合外部规章制度和教师内在自我规束,形成师德建设的良好环境。

第二,强化治理,形成系统、严格的师德失范行为治理机制。针对极少数教师的师德失范问题，以及相关部门不清楚具体的惩处方法的现象，2014年1月，教育部印发了《中小学教师违反职业道德行为处理办法》，清晰地规定了教师的职业道德，并从受处分的情况、处分原则、处分权限等方面做出了具体规定，增强了师德师风建设的实效性。为遏制社会不良风气，教育部于2014年7月印发了《严禁教师违规收受学生及家长礼品礼金等行为的规定》，于2015年6月印发了《严禁中小学校和在职中小学教师有偿补课的规定》，不仅详细列出了所禁止的行为，还明确规定了相应的惩处措施，体现了更为细致和更为严格的监管态度。

第三，突破重点，建立加强思想政治理论课教师群体培养的制度基础。2019年9月，教育部等五部门针对思想政治理论课教师出台了《关于加强新时代中小学思想政治理论课教师队伍建设的意见》，对中小学思想政治理论课教师的职业道德、自身修养等方面提出了相应的要求。

(三)以高水平教师教育引领教师队伍高质量发展

为贯彻党的教育方针，落实立德树人根本任务，主动适应教育现代化对教师队伍建设的新要求，新时代以来，我国出台了教师队伍建设专项政策文件47份，教育改革发展综合性政策文件155份。由此可见，推动教师教育的核心任务由扩大教师教育规模转变为引领教师队伍高质量发展。

第一，凸显专业化，聚焦教师队伍能力素养。2018年2月，教育部等五部门印发了《教师教育振兴行动计划(2018—2022年)》，提出通过师德养成教育全面推进行动、教师培养层次提升行动、"互联网＋教师教育"创新行动、高水平教师教育基地建设行动、教师教育师资队伍优化行动、教师教育学科专业建设行动等全面提升教师素质能力，努力建设一支高素质专业化创新型教师队伍。这对提高教师队伍专业化水平提出了更高的要求。

第二，聚焦标准化，构建教师队伍能力指标体系。2012 年以来，教育部相继颁发了《小学教师专业标准（试行）》《义务教育学校校长专业标准》《中小学教师资格考试暂行办法》《普通高等学校师范类专业认证实施办法（暂行）》等。我国基本形成了包含分学科和分专业教师专业标准、教师培训课程标准、教师培养机构质量评估标准的教师专业标准基本体系，教师专业化的内涵变得更加明确。

第三，打造特色化，构建教师教育体系中国方案。进入新时代以来，党和政府深刻把握教育事业的发展规律，在《中共中央　国务院关于全面深化新时代教师队伍建设改革的意见》《中国教育现代化 2035》《教师教育振兴行动计划（2018—2022 年）》《新时代基础教育强师计划》等纲领性文件中，明确提出了健全中国特色教师教育体系的任务，以深化教师教育机构改革为重点，鼓励大学和中小学合作实施教师教育工作，构建共同培养教师的新格局。建立以师范学校为主体，鼓励高水平综合大学参与的开放式教师教育体系是我国当前教师教育改革发展的重要方向。2023 年 7 月，《教育部关于实施国家优秀中小学教师培养计划的意见》印发。其中，探索建立"双一流"建设高校与优质中小学的"订单"培养合作关系、推动高水平高校为中小学培养研究生层次高素质教师等要求，契合教师教育高质量发展的实际需求。

第四，实现系统化，打造教师队伍建设的全新生态。有关师资培养的定向化、专项化、协同化策略，能精准满足特定地区、特定学科与类型的教师数量与质量需求。长期实施并不断完善的政策，从多渠道提高了优质师资的质量，缩小了我国东部地区与中西部地区之间、城市与乡村之间的师资差距。《国务院办公厅关于新时代推进普通高中育人方式改革的指导意见》《教育部办公厅关于加强小学科学教师培养的通知》《全面加强和改进新时代学生心理健康工作专项行动计划（2023—2025年）》《中共中央 国务院关于全面加强新时代大中小学劳动教育的意见》等，强调加强学生发展指导、科学教育、心理健康教育、劳动教育等方面的教师的培养力度，着力解决教师结构不合理的问题。《教育部办公厅关于实施师范教育协同提质计划的通知》启动了"师范教育协同提质计划"，鼓励高水平师范大学以组团的形式，在骨干教师培养、高水平人才引进、学科专业建设、基础教育服务能力建设、学校规划与管理能力提升等方面对中西部欠发达地区薄弱师范院校进行重点支持，加强信息化建设，促进各学校在课程、平台、技术等方面实现优质资源共享。

(四)以系统配套政策助力教师队伍管理

教师队伍管理方面的政策包含教师交流轮岗、教师编制、教师职称评聘、教师评价、减轻教师负担等内容。

从教师交流轮岗这方面来看，交流轮岗是师资配置的新模式，可促进城乡均衡发展和乡村教育改进。

2014年8月，《教育部 财政部 人力资源和社会保障部关于推进县(区)域内义务教育学校校长教师交流轮岗的意见》指出，公办学校在编在岗教师，在同一所学校连续任教达到地方教育行政部门规定年限的专任教师均应交流轮岗；对教师在同一所学校连续任教年限的规定，应与中小学学制学段相衔接。该意见还要求逐步提高农村学校中级、高级教师岗位比例，不断创新校长教师交流轮岗的方式方法，建立健全校长教师交流轮岗的激励保障机制，全面推进义务教育教师队伍"县管校聘"管理改革，从而明确"省级统筹、以县为主"的工作长效机制。2018年1月，《中共中央 国务院关于全面深化新时代教师队伍建设改革的意见》进一步要求实行义务教育教师"县管校聘"，深入推进县域内义务教育学校教师、校长交流轮岗，实行教师聘期制、校长任期制管理等。2019年8月，《深化新时代职业教育"双师型"教师队伍建设改革实施方案》提出要完善"固定岗＋流动岗"的教师资源配置新机制，建立校企人员双向交流协作共同体。

从教师编制这方面来看，2012年以来出台的政策涉及学前教育、义务教育、职业教育、高等教育等，考虑到了城乡差距、学校规模等维度，更加精准地制定了编制标准，增强了编制的使用效率。

2014年11月，《中央编办 教育部 财政部关于统一城乡中小学教职工编制标准的通知》要求将县镇、农村中小学教职工编制标准统一到城市标准。这样要求的目的在于大力促进教育公平，统筹城乡教育资源。2015年6月，《乡村教师支持计划(2015—2020年)》提出要统一城乡教职工编制标准。首先，乡村中小学教职工编制按照城市标准统一核定。其次，通过调剂编制、加强人员配备等方式进一步向人口稀少的教学点、村小学倾斜，重点解决教师全覆盖问题。最后，严禁在有合格教师来源的情况下"有编不补"、长期使用临聘人员。2018年1月，《中共中央 国务院关于全面深化新时代教师队伍建设改革的意见》要求创新编制管理，加大教职工编制统筹配置和跨区域调整力度，省级统筹、市域调剂、以县为主，动态调配；编制向乡村小规模学校倾斜，按照班师比与生师比相结合的方式核定。2020年7月，《教育部等六部门关于加强新时代乡村教师队伍建设的意见》提出要创新乡村教师编制配备，挖潜调整乡村学校编制，规范乡村学校人员管理。2022年4月，《新时代基础教育强师计划》要求优化教职工编制配置。

从教师职称评聘这方面来看，国家对职称评聘做出了调整。

2015年8月，《关于深化中小学教师职称制度改革的指导意见》要求从健全制度体系、完善评价标准、创新评价机制、实现与事业单位岗位聘用制度的有效衔接等方面改革。该指导意见强调注重教育教学一线实践经历，切实改变过分强调论文、学历的倾向，明确了中小学教师水平评价的基本标准，统一了中小学教师评聘各级别职称（职务）的等级和名称，依次为三级教师、二级教师、一级教师、高级教师、正高级教师。2018年1月，《中共中央 国务院关于全面深化新时代教师队伍建设改革的意见》进一步明确了考核评价制度，除了将中小学教师到乡村学校、薄弱学校任教1年以上的经历作为申报高级教师职称和特级教师的必要条件之外，还申明不简单用升学率、学生考试成绩等评价教师。2017年10月，《高校教师职称评审监管暂行办法》指出，高校制定的教师职称评审办法、操作方案等文件须符合国家相关法律法规和职称制度改革要求，高校教师职称评审要严格执行公开、公示制度，主动接受监督。2017年12月，《援藏援疆万名教师支教计划实施方案》（简称"援藏援疆万名教师支教计划"）提出援藏援疆教师在藏在疆工作经历视同城镇教师到农村基层任教经历。

从教师评价这方面来看，除了《深化新时代教育评价改革总体方案》提出了改革教师评价的要求之外，还有很多文件针对中小学教师、高校教师、职业教育教师等提出了具体的评价要求。

2015 年 8 月，《关于深化中小学教师职称制度改革的指导意见》指出，职称制度改革要提高认识，加强领导；结合实际，周密部署；平稳过渡，稳慎实施。2016 年 8 月，《教育部关于深化高校教师考核评价制度改革的指导意见》指出，要加强教学质量评价工作，健全教学激励约束机制，探索建立"代表性成果"评价机制，实行科学合理的分类评价，建立合理的科研评价周期，将教师专业发展纳入考核评价体系，建立考核评价结果分级反馈机制，积极推进发展性评价改革，合理运用考核评价结果，建立政策联动机制等。2019 年 8 月，《深化新时代职业教育"双师型"教师队伍建设改革实施方案》强调深化突出"双师型"导向的教师考核评价改革：建立职业院校、行业企业、培训评价组织多元参与的"双师型"教师评价考核体系。

从减轻教师负担这方面来看，国家着力营造全社会尊师重教的浓厚氛围，以期为教师营造更加安心、静心、舒心的从教环境。

2019 年 12 月，《关于减轻中小学教师负担进一步营造教育教学良好环境的若干意见》从进一步提高认识、统筹规范督查检查评比考核事项、统筹规范社会事务进校园、统筹规范精简相关报表填写工作、统筹规范抽调借用中小学教师事宜、强化组织保障等方面，明确了主要任务、责任主体和重点举措。

（五）健全荣誉制度，提升教师的地位与声望

从地位与声望这方面来看，教师队伍建设政策涉及待遇保障、表彰奖励、保障教师权益等内容。

2018年1月，《中共中央 国务院关于全面深化新时代教师队伍建设改革的意见》要求，明确教师的特别重要地位，完善中小学教师待遇保障机制，大力提升乡村教师待遇，维护民办学校教师权益，推进高等学校教师薪酬制度改革，提升教师社会地位，从而不断提高教师的地位待遇，真正让教师成为令人羡慕的职业。

另外，《教育部 人力资源社会保障部关于向乡村学校从教30年教师颁发荣誉证书的决定》《教育部办公厅 中央组织部办公厅关于组织开展2017年国家"万人计划"教学名师遴选工作的通知》《教育部关于追授李芳同志"全国优秀教师"荣誉称号的决定》《教育部办公厅 中共中央组织部办公厅关于组织开展2018年国家"万人计划"教学名师遴选工作的通知》《关于公布2019年乡村优秀青年教师培养奖励计划人选的通知》《教育部关于授予张桂梅同志"全国优秀教师"荣誉称号的决定》等，也对广大一线教师产生了巨大的激励作用。

从待遇保障这方面来看，国家关注各学段教师的待遇，特别重视改善一线教师的待遇和工作条件。

2018年1月，《中共中央 国务院关于全面深化新时代教师队伍建设改革的意见》明确指出，要健全中小学教师工资长效联动机制，核定绩效工资总量时统筹考虑当地公务员实际收入水平，确保中小学教师平均工资收入水平不低于或高于当地公务员平均工资收入水平；完善教师收入分配激励机制，有效体现教师工作量和工作绩效，绩效工资分配向班主任和特殊教育教师倾斜等。2022年4月，《新时代基础教育强师计划》要求加强教师工资待遇保障，进一步提出了绩效工资分配向班主任、教育教学效果突出的一线教师、从事特殊教育随班就读工作的教师倾斜的具体要求。

从表彰奖励这方面来看，具体举措有三类：一是建立国家级教师荣誉制度；二是设立国家级教学成果奖；三是表彰奖励有突出贡献的教师。

2019年7月，《关于公布2019年乡村优秀青年教师培养奖励计划人选的通知》提出，由教育部教师工作司、中国教师发展基金会实施2019年乡村优秀青年教师培养奖励计划。2022年4月，《新时代基础教育强师计划》提出，要加大优秀教师典型表彰宣传力度。这些文件推进了师德师风的建设，具有引领示范作用，有助于在全社会营造尊师重教的氛围。

从保障教师权益这方面来看，国家着力保障教师参与学校事务的权利。2018年1月，《中共中央 国务院关于全面深化新时代教师队伍建设改革的意见》提出，不仅要保障教师参与学校决策的民主权利，还要建设现代学校制度，体现以人为本，突出教师主体地位，落实教师的知情权、参与权、表达权、监督权。2019年8月，《深化新时代职业教育"双师型"教师队伍建设改革实施方案》提出，要落实权益保障和激励机制提升社会地位，强调在职业院校教育教学、科学研究、社会服务等过程中，全面落实和依法保障教师的管理学生权、报酬待遇权、参与管理权、进修培训权。

(六)以系列政策引领乡村教师发展

从乡村教师这方面来看,国家出台了一系列政策,给予农村及边远地区教师政策倾斜,利用多渠道扩充农村优质师资来源,加强乡村及中西部地区教师队伍建设,加快缩小我国东部地区与中西部地区间的师资差距。

2015年6月,《乡村教师支持计划(2015—2020年)》在教师管理方面提出了如下八条举措。第一,全面提高乡村教师思想政治素质和师德水平。第二,拓展乡村教师补充渠道。第三,提高乡村教师生活待遇。第四,统一城乡教职工编制标准。第五,职称(职务)评聘向乡村学校倾斜。第六,推动城镇优秀教师向乡村学校流动。第七,全面提升乡村教师能力素质。第八,建立乡村教师荣誉制度。2018年2月,《教师教育振兴行动计划(2018—2022年)》提出实施乡村教师素质提高行动,主要措施包括加强县区乡村教师专业发展支持服务体系建设,推进乡村教师到城镇学校跟岗学习等。2020年7月,《教育部等六部门关于加强新时代乡村教师队伍建设的意见》提出了如下九条意见。第一,准确把握时代进程,深刻认识加强新时代乡村教师队伍建设的重要意义和总体要求。第二,加强师德师风建设,激发教师奉献乡村教育的内生动力。第三,创新挖潜编制管理,提高乡村学校教师编制的使用效益。第四,畅通城乡一体配置渠道,重点引导优秀人才向乡村学校流动。第五,创新教师教育模式,培育符合新时代要求的高质量乡村教师。第六,拓展职业成长通道,让乡村教师获得更广阔的发展空间。第七,提高地位待遇,让乡村教师享有应有的社会声望。第八,关心青年教师工作生活,优化在乡村建功立业的制度和人文环境。第九，强化组织领导，确保各项政策措施落到实处。

第三节　新时代教师队伍建设政策的优化路径

进入新时代，我国建设教育强国、经济强国和创新型国家的目标对教师队伍建设提出了新的要求。面对新的形势，我国的教师队伍建设在面临着机遇的同时，也面临着一些挑战。例如，高水平大学参与教师教育的程度仍然不够深入；县级教师培训体系有待建设；城乡教师队伍在数量、质量、结构等方面存在差距；保障教师专心从教、激发教师队伍活力的相关制度有待完善，教师的自主性、创造性须增强等。我国要想进一步加强教师队伍建设，就要在处理主要矛盾和关键问题上下功夫。具体来说，应注意以下几点。

一、深化教师队伍管理体制改革

我国应着力破解制约教师队伍建设的深层问题。当前，我国的教师队伍建设已经进入"深水区"。各领域、各部门应通力合作，坚持不懈地攻坚克难，找到制约教师队伍建设的深层因素。例如，在教师职称改革方面，2015 年 8 月，《关于深化中小学教师职称制度改革的指导意见》明确了中小学教师水平评价基本标准条件，更加注重对教师教育教学能力的培养。这实际上让更多教师有了参加职称评审的机会。机制体制改革有赖于政府各部门的合作，国家应加强部门联动，解决掣肘深化改革的问题。

二、继续提高教师的地位待遇

2019 年 12 月，中共中央办公厅、国务院办公厅印发了《关于减轻中小学教师负担进一步营造教育教学良好环境的若干意见》，体现出全社会尊师重教的价值取向。国家正着力解决教师的工作时间高于国家法定标准、班主任和年级组长的工作量远超普通教师、校内的非教育教学事务消耗教师的大量精力等问题。例如，在收入方面，着力完善教师的收入结构，有效体现教师的工作量和工作绩效；合理确定班主任的津贴标准，增加超课时津贴，建立针对校长和中层管理岗位的津贴制度。[①] 在减负方面，着力深化内部教育治理，严格保障教师的合法休息权，严禁随意增加学科教学时间，规范教师看管学生自习的时间，杜绝各种形式主义的管理方式；规范外部教育活动，健全对"进校园"活动和"专题教育"管理的机制，规范"进校园"活动和"专题教育"的实施，严禁组织中小学教师承担各种社会工作。同时，全面推进技术赋能，为教师备课、作业改革、考试评价和教育教学管理提供支持。

---

① 李廷洲、王秋华、吴晶：《走中国特色社会主义教师队伍建设之路——新中国成立70 周年教师队伍建设回眸》，载《人民教育》，2019(17)。

三、完善教师教育体系

我国正在积极推动高水平综合大学参与教师教育工作。但当前高水平综合大学的学科优势、课程优势、师资优势等还未能得到充分发挥。在教师培养层次升级方面，要加强研究生层次教师培养院校的建设，支持一批高水平教师教育院校开展硕士、博士层次的教师培养。此外，要鼓励一批师范院校提档升级，同时要清除一批低水平院校参与教师培养，这是建设教育强国必须进行的调整。

四、优化教师队伍结构

当前，我国的师资存在结构性短缺问题。因此，在学科和类型上，要培养音乐、体育、美术、科学、劳动教育、心理健康教育、学生发展指导等方面的教师。在师范生定向培养上，要完善公费师范生培养政策。

五、完善教师评价体系

当前，教师评价有滞后性，不同地区发展不同步导致教师的社会地位有差异。

随着经济的快速发展，对于以教学为主要工作、以培养人才为主要目的、以知识传授和能力培养为主要工作任务的教师而言，他们呈现的社会贡献是有滞后性、非效率性的，这影响了社会对教师工作的满意度乃至对教师职业地位的认可度。[①] 教师评价应重视对教师综合素质、教学态度等方面的评价。这样的评价方式能全面反映教师的实际工作表现和教学能力，也能使教师重视教学质量和自身发展。

在经济发展水平较高的地区，教师往往会受到重视和尊重，教师的社会地位也较高。而在一些农村地区，受经济条件和思想观念的限制，教师这一职业的社会认可度不高，教师的社会地位也受到了一定的影响。此外，不同层次的教师的社会地位也有差异，一些重点中小学的教师的社会地位往往较高，而一些普通中小学和职业学校的教师的社会地位相对较低。

国家要完善教师评价机制，建立科学、全面、客观的教师评价体系，注重对教师综合素质和教学质量的评价，提高评价结果的可信度和公正性。同时，要加强对不同区域、不同层次教师的支持和保障力度，提高他们的待遇和社会地位，促进教育公平。此外，还要面向全社会倡导尊师重教的社会风尚，提高教师职业的社会认可度，激励更多的优秀人才投身于教育事业。

六、形成各类政策合力

当前，各类政策在共同促进教师队伍建设方面的合力还待充分激发，即有关教师编制、教师交流轮岗、教师工资待遇、教师职称评聘等的政策

---

① 荀渊、曹茳蕾：《我国提高教师地位政策回顾及其政策体系构建的路径与策略》，载《教师教育研究》，2023(4)。

相互配合产生的影响力不足,形成的合力也有待检验。

首先,应增强教师编制政策与教师交流轮岗政策的融合度。教师编制政策多是基于地域和教育层次制定的,具有稳定性,而教师交流轮岗政策强调灵活性和流动性,因此,这两项政策应进一步融合,充分发挥其在促进教师专业发展和提高教育质量方面的作用。

其次,应增强教师工资待遇政策和教师职称评聘政策的融合度。这两项政策的目标都旨在激励教师积极工作,提高教育质量,但仍待进一步融合。因此,这两项政策应进一步融合,充分激发教师的工作热情,给一些实际工作表现优秀的教师更多的晋升机会。

综上所述,国家应使各类政策协调配合,使各项政策更加科学、合理、灵活,使各类政策形成有效的合力,共同促进教师专业发展,从而提高教育质量。同时,国家也应加强对这些政策的监督和评估,确保它们有效实施并达到预期目标。

七、激发教师扎根乡村的内在动力

要想激发教师扎根乡村的内在动力,就应该采取以下措施:一是提供相关补贴,提高乡村教师的生活水平,让他们安心工作;二是加强对乡村教师培训和职业发展的支持,提供更多的晋升机会和职业发展途径;三是建立乡村教师奖励机制,表彰优秀乡村教师,激励更多的教师投身于乡村教育事业。总之,国家要通过政策提高乡村教师的职业满意度,为乡村教育的发展提供更完善的保障体系。

第二章

新时代党领导教师
队伍建设的成就

党的十八大以来，为落实立德树人根本任务，让优秀的人培养出更优秀的人，党中央着力统筹谋划，全面加强教师队伍建设，推动教师队伍建设走上了制度化、规范化和法治化的道路，逐步建立了具有中国特色的高层次师资培养制度体系。

第一节　新时代党领导教师队伍建设的伟大历程

随着教师队伍建设不断深入，教师队伍的整体素质得到了提高。在此基础上，我国构建了一套稳定的薪酬制度，以保证义务教育阶段教师的平均工资收入水平不低于或高于当地公务员平均工资收入水平。我国非常重视弥补师资的不足，着力合理配置师资，以满足基础教育的发展需求，促进素质教育顺利开展。在信息化与教育的融合方面，国家鼓励教师积极学习新技术，推动教育教学的创新，利用数字化教学资源和互联网、大数据等技术手段，提高教育教学的效率和质量。开展的优秀教师评选表彰活动在全社会营造了尊师重教的良好氛围，极大地激发了广大教师躬耕教育事业的热情。新时代以来，我国的教师队伍建设取得了显著的成效，为我国教育事业的发展奠定了坚实的基础。

一、加强教师专业标准体系建设

为加强教师专业标准体系建设，国家出台了一系列文件，2012 年 2 月，教育部印发了《幼儿园教师专业标准（试行）》《小学教师专业标准（试行）》《中学教师专业标准（试行）》。2012 年 8 月，国务院印发了《国务院关于加强教师队伍建设的意见》。2013 年 2 月，教育部印发了《义务教育学校校长专业标准》。2015 年 1 月,教育部印发了《普通高中校长专业标准》《中等职业学校校长专业标准》《幼儿园园长专业标准》。2015 年 8 月,教育部印发了《特殊教育教师专业标准(试行)》。2021 年 4 月,教育部印发了《中学教育专业师范生教师职业能力标准(试行)》《小学教育专业师范生教师职业能力标准(试行)》《学前教育专业师范生教师职业能力标准(试行)》《中等职业教育专业师范生教师职业能力标准(试行)》《特殊教育专业师范生教师职业能力标准(试行)》。

上述标准对各级教师的专业素质及任职条件进行了界定,为教师的培养提供了依据,为教师队伍建设提供了明确的指导。同时,各级政府和教育行政部门加强了对教师队伍建设的规划和管理,以推动教师队伍的建设和发展。因教师队伍规模不断扩大,国家加大了财政投入力度,提高了教师的工资待遇和福利水平,吸引了更多的人才加入教师队伍,教师的社会地位也得到了提升。国家还加大了对教师权益的保障力度,提高了教师的社会地位和形象。国家注重对教师的培养,通过各种形式的培训,提高教师的专业素质和教育教学能力。同时,国家还鼓励教师进行教育创新,探索新的教学方法和手段,推动教育的改革和发展。

二、开展师范类专业认证工作

2017 年 10 月,教育部印发了《普通高等学校师范类专业认证实施办法(暂行)》,为进一步提升教师队伍素质,推动教师教育的改革与发展,提出了开展普通高等学校师范类专业认证工作的要求。认证工作强调科学性、规范性、客观性和公正性，以确保认证结果的准确性和可信度。师范类专业认证工作对推动中国师范教育的改革和发展具有重要意义。师范类专业认证可以促进师范专业的建设和改革，提高教育教学质量和人才培养水平；还可以为师范专业的毕业生提供更广阔的就业前景和更好的职业发展机会。2019 年 10 月，教育部教师工作司印发了《职业技术师范教育专业认证标准》《特殊教育专业认证标准》，旨在构建教师教育专业认证和质量保障体系。

首先，出台师范类专业认证标准有助于推动教师教育的专业化、标准化和规范化，能为职业技术师范教育专业和特殊教育专业的建设和改革提供明确的指导。其次，构建教师教育专业认证和质量保障体系，有助于完善教师教育质量监控和保障机制。最后，师范类专业认证标准、教师教育专业认证和质量保障体系能够提高教师教育质量，提高教师教育专业的教育教学质量和人才培养水平，提高教师的专业素养和教育教学能力。

三、启动各级各类教师培优工程

随着信息技术的不断发展和更新，教师需要及时学习和更新知识与技能，从而更好地实现终身学习和专业发展。2014 年 8 月，《教育部关于实施卓越教师培养计划的意见》出台。实施卓越教师培养计划是建设教育强国的重要举措，可以培养一批优秀的教师，为建设教育强国提供强有力的人才支撑；可以探索新的教师培养模式和培养方案，推动教师教育的改革和创新，提高教师教育的质量和水平；可以培养一批师德高尚、业务精湛的教师，提高教师队伍的整体素质和水平；可以培养一批具有公平意识、责任担当的教师，为促进教育公平和社会发展提供重要保障。2018 年 2月，教育部等五部门印发了《教师教育振兴行动计划（2018—2022 年）》，要求实施中小学名师名校长领航工程，旨在选拔和培养一批具有先进教育理念、丰富实践经验、优秀领导能力的名师和名校长，提升他们的教育领导能力，使其引领和带动更多的教师和校长实现专业发展。名师和名校长作为教育改革的先行者和引领者，他们的实践探索和理论创新可以推动教育改革深入进行，为提升教育质量、促进教育公平贡献力量。名师和名校长的引领作用不仅体现在他们的个人影响力上，更重要的是他们能够营造一种良好的教育生态，激发其他教师和校长的内在动力和创新精神，促进教育系统的整体进步。2019 年 5 月，教育部印发了《全国职业院校教师教学创新团队建设方案》。建设教学创新团队，可以整合优秀的教育资源和教育理念，提高教师的教学水平和教学质量。教师参与教学创新团队的建设和活动，可以接触到丰富的教育资源和先进的教学理念，不断提高教学能力。教学创新团队与国内外同行进行交流和合作，可以借鉴和学习国际先进的教育理念和教学方法，推动职业教育的国际化发展，提高职业教育的国际影响力和竞争力；可以促进教师之间的交流与合作，推动教学内容和方式的改革和创新，提高职业教育的适应性和竞争力。

第二节　新时代党领导教师队伍建设的辉煌成就

党的十八大以来，党中央、国务院始终把教师队伍建设作为重点任务。习近平总书记始终牵挂着广大教师，他强调教师是教育的根本，号召广大教师要做"四有"好老师，弘扬教育家精神。各地区和各部门认真贯彻落实习近平总书记关于教育工作的重要论述，推动高素质专业化创新型教师队伍建设，取得了辉煌成就。

一、教师队伍建设制度体系完善健全

2017 年 11 月 20 日，习近平总书记主持召开了十九届中央全面深化改革领导小组第一次会议。会议审议通过了《全面深化新时代教师队伍建设改革的意见》。2018 年 1 月，《中共中央 国务院关于全面深化新时代教师队伍建设改革的意见》印发，该意见为新时代教师队伍建设提供了方向。2019 年 12 月，中共中央办公厅、国务院办公厅印发了《关于减轻中小学教师负担进一步营造教育教学良好环境的若干意见》，为加强新时代教师队伍建设奠定了坚实基础。2020 年 7 月，《教育部等六部门关于加强新时代乡村教师队伍建设的意见》出台，提出要紧紧抓住乡村教师队伍建设的突出问题，促进城乡一体、加强区域协同，定向发力、精准施策，破瓶颈、强弱项，大力推进乡村教师队伍建设高效率改革和高质量发展。教育部会同相关部门出台了一系列尊师、强师、惠师政策，使我国基本形成了科学规范、系统完整、有效管用的教师制度体系。

二、建成了规模宏大的高素质专业化教师队伍

习近平总书记说："国家繁荣、民族振兴、教育发展，需要我们大力培养造就一支师德高尚、业务精湛、结构合理、充满活力的高素质专业化教师队伍，需要涌现一大批好老师。"①2012 年至 2021 年，我国专任教师的总数由 1462.9 万人上升至 1844.4 万人。各级各类教师素质不断提升、教师队伍结构不断优化，小学教师有本科以上学历的由 32.6% 提高到 70.3%，职业教育"双师型"教师超过 50%，高校硕士研究生导师从 22.9 万人增长到 42.4 万人，博士研究生导师从 6.0 万人增长到 13.2 万人。这支规模宏大的高素质专业化教师队伍，成为支撑世界上最大规模教育体系的"大国良师"。

三、教师思想政治和师德师风建设持续加强

习近平总书记强调："评价教师队伍素质的第一标准应该是师德师

---

① 习近平：《做党和人民满意的好老师——同北京师范大学师生代表座谈时的讲话》，载《人民日报》，2014-09-10。

风。"①国家出台的《新时代高校教师职业行为十项准则》《新时代中小学教师职业行为十项准则》《新时代幼儿园教师职业行为十项准则》《关于加强和改进新时代师德师风建设的意见》等，使师德师风建设步入规范化、法治化轨道。教育部组建了全国师德师风建设专家委员会，打造了师德师风建设基地，以推动师德师风建设工作顺利开展。国家把学习贯彻习近平新时代中国特色社会主义思想作为教师教育的首要任务，将理想信念教育贯穿教师培养的全过程。国家通过多种渠道加大对师德师风建设的宣传力度，宣传优秀教师的先进事迹，树立榜样，激励广大教师积极投身于教育事业。教师思想政治和师德师风建设工作不仅提高了教师的职业道德素养和教育教学能力，还为学生树立了良好的榜样，为培养德智体美劳全面发展的社会主义建设者和接班人提供了有力保障。

四、中国特色高水平教师教育体系建立建强

党的十八大以来，以习近平同志为核心的党中央高度重视教师队伍建设，在教师培养、培训、管理等方面采取了一系列重大举措，着力打造一支规模宏大、素质优良、结构合理、专业精湛的教师队伍，为建设教育强国和人力资源强国提供了有力支撑。我国建立了以师范院校为主体、非师范院校共同参与的中国特色教师教育体系，由"中师、专科、本科"三级教师教育跃升为"专科、本科、研究生"三级教师教育。2010

---

① 习近平：《在北京大学师生座谈会上的讲话》，载《人民日报》，2018-05-03。

年 6 月,《教育部 财政部关于实施"中小学教师国家级培训计划"的通知》发布,这标志着"国培计划"正式启动。"国培计划"实施以来,中央投入了 200 亿元,培训校长教师 1800 多万人次。《中西部欠发达地区优秀教师定向培养计划》出台以来,每年为脱贫县和中西部陆地边境县培养 1 万名师范生。《新时代基础教育强师计划》出台以来,中央安排了 50 亿元支持师范院校建设。"师范教育协同提质计划"实施以来,依托高水平师范大学支持薄弱地方师范院校建设的相关工作正在有条不紊地开展。此外,"职教国培"示范项目创建了 100 个国家级教师培养培训基地和 102 个企业实践基地。高校教师发展体系不断变化,4500 名中西部高校新入职的教师接受了示范培训,2500 名中西部高校青年骨干教师得到了在国内访学的机会。

五、教师管理综合改革走向深化

2017 年 11 月 20 日,习近平总书记主持召开了十九届中央全面深化改革领导小组第一次会议并发表了重要讲话。会议指出,全面深化新时代教师队伍建设改革,要全面贯彻党的教育方针,坚持社会主义办学方向,遵循教育规律和教师成长发展规律,全面提升教师素质能力,深入推进教师管理体制机制改革。2001 年,我国制定了城市、县镇、乡村中小学教职工编制标准。2014 年,我国要求统一城乡中小学教职工编制标准。2019 年,我国出台了创新编制管理举措。十年来,我国大力推进教师岗位和职称改革,深化教师评价改革,将教师减负纳入整治形式主义专项,使教师管理综合改革走向深化。

六、广大教师地位待遇不断提升

习近平总书记指出："各级党委和政府要从战略高度来认识教师工作的极端重要性，把加强教师队伍建设作为基础工作来抓，满腔热情关心教师，改善教师待遇，关心教师健康，维护教师权益，充分信任、紧紧依靠广大教师，支持优秀人才长期从教、终身从教，使教师成为最受社会尊重的职业。"①十年来，我国建立了以中小学教师为主体，分类确定津贴、补贴的学校收入分配制度，使城乡教师收入的差距逐步缩小。各级政府和教育行政部门加强了对学校收入分配制度的监管和指导，定期对学校的收入分配情况进行检查和评估，确保津贴、补贴的发放符合规定和标准。同时，还积极听取教师的意见和建议，不断完善和优化制度设计，以更好地满足教师的需求；为教师提供住房补贴、医疗保险、子女教育优惠等，以减轻教师的经济压力，使教师更加专注于教育教学工作。

七、教师队伍人才建设取得重要突破

2021 年 4 月 19 日，习近平总书记来到清华大学考察，出席了师生代

---

① 习近平：《做党和人民满意的好老师——同北京师范大学师生代表座谈时的讲话》，载《人民日报》，2014-09-10。

表座谈会并发表了重要讲话。习近平总书记强调,教师是教育工作的中坚力量,没有高水平的师资队伍,就很难培养出高水平的创新人才,也很难产生高水平的创新成果。十年来,我国着力于评选国家级教学成果奖,评选国家级教学名师,打造职业教育教学创新团队,从而打造高水平的师资队伍。十年来,我国加大了对青年教师的培养力度,为他们提供了更多的培训机会和进修机会,使教师队伍的整体素质得到了全面提升。我国不断完善的教师资格考试制度、教师评聘制度等提高了教师队伍的入职门槛和专业水平。不断加强的对教师队伍的动态监测和精细化管理,使教师资源得到了有效配置和优化。这些措施使教师队伍的年龄结构、学历结构、职称结构等更加合理,为教育事业的持续发展提供了有力保障。

八、教师队伍结构性短板加速补齐

2015年4月1日,习近平总书记主持召开了中央全面深化改革领导小组第十一次会议,对努力造就一支素质优良、甘于奉献、扎根乡村的教师队伍做出了要求。在各方努力下,乡村教师"下得去、留得住、教得好"的局面基本形成。《农村义务教育阶段学校教师特设岗位计划》(简称"特岗计划")为中西部乡村学校补充了103万名教师。《幼儿园教职工配备标准(暂行)》规范了幼儿园教师队伍建设,使幼儿园专任教师从147.9万人增至319.1万人。"特殊教育提升计划"使特殊教育教师从4.4万人增至6.9万人。我国出台了《边远贫困地区、边疆民族地区和革命老区人才支持计划教师专项计划实施方案》(简称"'三区'人才支持计划教师专项计划")和《银龄讲学计划实施方案》

（简称"银龄讲学计划"），累计派出 22.1 万余名教师到农村和中西部学校支教、讲学。我国还启动了国家乡村振兴重点帮扶县教育人才"组团式"帮扶工作，从东部遴选优秀校长，支持每个帮扶县建好一所普通高中和职业高中。

九、教师工作与信息化不断融合创新

2020 年 9 月 9 日，习近平总书记在教师节到来之际，向广大教师和教育工作者致以节日祝贺和诚挚慰问。习近平总书记希望广大教师不忘立德树人初心，牢记为党育人、为国育才使命。广大教师深受感召，积极探索新时代教育教学方法，不断提高教书育人本领；深入开展国家基础教育课程改革，不断提高教育信息化水平。在此基础上，教育部开展了人工智能助推教师队伍建设行动试点工作，构建了"全国教师管理信息系统"，为师资管理工作开辟了一条新的途径。为推进教师数字学习，教育部在"国家智慧教育公共服务平台"开设了"教师研修"专区，组织了大规模的线上专项教师培训。

十、全社会尊师重教氛围持续浓厚

习近平总书记通过视察学校、与教师座谈、给教师回信等多种方式向教师致以节日慰问，在全社会营造了尊师重教的浓厚氛围。我国建立了以人民教育家、全国模范教师、全国优秀教师为代表的教师荣誉表彰体系，建立了以时代楷模、全国教书育人楷模、最美教师为代表的教师选树宣传体系。教育部选树宣传了"人民教育家"于漪、卫兴华、高铭暄，"七一勋章"获得者张桂梅,"时代楷模"李保国、黄大年、陈立群等一大批优秀教师典型。教育部还先后表彰了全国模范和优秀教师 4300 多名,全国教书育人楷模 135 名,最美教师 120 名,激励教师向先进典型学习。许多企业在为社会大众提供服务时,倡导"教师优先"。许多图书馆、博物馆等都会实施教师优待政策。许多企业和社会团体也纷纷出资奖励教师,尊师重教蔚然成风。

一个民族的盛衰,在于教育,更在于教师。十年来,习近平总书记始终关注着全体教师,始终强调要落实立德树人根本任务。十年来,各地、各校共同努力,积极建设教师队伍。十年来,教师以昂扬的斗志、敬业的态度、奉献的精神投身于教育事业,为国家培养了一批又一批社会主义建设者和接班人。

第三节　新时代党领导教师队伍建设的宝贵经验

中国共产党始终把教师队伍建设当作根本工作。建设教师队伍既要管理教师,又要关心教师,在思想上给予他们指导,在工作上给予他们支持,在生活上给予他们帮助。[①] 教师作为知识的传播者、灵魂的塑造者,

---

[①] 　汪丞、吴豪爽:《中国共产党教师队伍建设的百年成就及经验》,载《中南民族大学学报(人文社会科学版)》,2023(6)。

其地位和作用不言而喻。只有尊重教师、重视教育，才能培养出更多的优秀人才，推动社会的进步和发展。开展教师教育是提高教师队伍素质的关键。国家注重对教师的培养和培训，启动了各类师资培训项目，开展了各类教育教学科研活动，鼓励教师参加国际学术交流，着力提高教师的职业素质。为给教师提供有利的学习和生活环境，国家大力弘扬优秀教师的高尚师德，以在全社会营造尊师重教的浓厚氛围。

一、注重思政建设，强化责任担当

习近平总书记强调："一个优秀的老师，应该是'经师'和'人师'的统一，既要精于'授业'、'解惑'，更要以'传道'为责任和使命。"[①]习近平总书记还要求教师坚持"四个相统一"，争做"四有"好老师，当好"四个引路人"。他说："高校教师要坚持教育者先受教育，努力成为先进思想文化的传播者、党执政的坚定支持者，更好担起学生健康成长指导者和引路人的责任。"[②]以下是关于思政建设的宝贵经验。第一，要做好教师的德育工作。教师要牢固树立理想信念，弘扬爱国主义精神，为社会主义事业铸魂育人。第二，各大高校在招收和培养师范生时，应重点关注学生的政治素质。各大高校要开展德育工作，从提高政治素质、坚定理想信念、提升道德修养等方面培养学生。第三，在评定专业技术资格时，要将政治素质放

---

① 习近平：《做党和人民满意的好老师——同北京师范大学师生代表座谈时的讲话》，载《人民日报》，2014-09-10。

② 《习近平谈治国理政》第二卷，379 页，北京，外文出版社，2017。

在第一位。

二、注重师德培养，弘扬高尚师风

"师者，人之模范也。"党的二十大报告强调要加强师德师风建设，培养高素质教师队伍，弘扬尊师重教社会风尚。中国共产党历来注重加强师德师风建设，并将其摆在教师队伍建设的首要位置。改革开放以来，国家加强了制度建设，明确了师德师风建设的路线，要求教师以德立身、以德施教、以德垂范，严于律己，自觉增强立德树人、教书育人的责任感，师德师风建设成效显著，优秀教师不断涌现。以下是关于师德师风建设的宝贵经验。第一，颁布或修订教师职业道德规范。国家多次颁布或修订教师职业道德规范，如《中小学教师职业道德规范》《高等学校教师职业道德规范》等，使师德师风建设步入法治化轨道。第二，出台师德师风建设指导方案。教育部等部门相继颁布了《关于加强中小学教师职业道德建设的若干意见》《教育部关于进一步加强和改进师德建设的意见》《教育部关于建立健全中小学师德建设长效机制的意见》《教育部关于建立健全高校师德建设长效机制的意见》《关于加强和改进新时代师德师风建设的意见》，旨在让师德师风建设贯穿学校工作的始终。第三，制定处理教师失德问题的措施。除了要强化学校德育工作的积极作用外，还要防止教师出现师德失范行为。2014 年 1 月，教育部发布了《中小学教师违反职业道德行为处理办法》，并在全国范围内开展了一系列的检查工作。2018 年 11 月，《新时代高校教师职业行为十项准则》《新时代中小学教师职业行为十项准则》《新时代幼儿园教师职业行为十项准则》《教育部关于高校教师师德失范行为处理的指导意见》出台，对禁止教师从事的活动、违规行为的处理和问责制度的建立进行了规定。

三、注重培养培训，保障教者从优

新时代以来，我国持续健全教育培训制度，着力提高育人效率，推动教育专业发展，把教师培训落到实处。以下是关于教师培养培训的宝贵经验。第一，完善教师职业资格准入制度，提高教师队伍的综合素质。在抗战期间及新中国成立之初，中国共产党举办了教师训练班、短训班，以解决教师缺乏的问题。此后，我国的教师资格准入制度逐渐完善，教师的水平逐渐提高。第二，强化教师队伍建设，提高教师队伍建设的水平。学校应重视开展各类教育活动，以提高教师队伍的素质。学校还应持续完善训练网络，发展训练组织，革新训练方法，完善训练体制，让教师达到相关标准。第三，找准教师职业发展的薄弱环节，关注某一阶段的教学热点、难点，及时弥补不足。1999 年，国家把提高中小学教师队伍的综合素质列为发展目标。2011 年，国家着力为乡村学校培养师资。2018 年，国家着力对欠发达地区以及民族地区的教师实施精准培训。

四、注重改革创新，激发发展活力

中国共产党在推进教师队伍建设方面，历来十分重视改革和创新教师管理制度，着力推进国家治理体系建设，着力建立合理的促进和保障机制，以激发教师专业发展的内生动力和创造力。以下是关于改革创新的宝贵经验。第一，完善聘任和考核制度。目前，我国已明确界定了各级各类教师的任职资格，教师职业准入要求也逐步提高。国家着力把好教师的选拔关和评价关，以发掘乐教、善教的人才。第二，完善岗位考核制度。1960 年、1980 年、1987 年，我国在普通高等学校、中等职业学校和中小学开展了职称评审和聘任工作，并建立了相应的制度。从 2015 年开始，中小学、幼儿园教师专业技术系列实现了统一，高等学校实施专业技术人员分类制度。与此同时，职称评审标准也在不断完善。国家坚持选拔德才兼备的人才的原则，注重教师的教育教学业绩，着力引导教师专心教书育人。第三，推进"县管校聘"改革。从 1996 年开始，国家鼓励优秀的城市教师向农村和薄弱学校流动。从 2020 年开始，国家全面推进"县管校聘"改革，着力扩大优质资源的覆盖范围，推动城乡、校际师资水平的平衡发展，使学校的整体素质得到全面提高。第四，编制管理不断优化。从 1963 年开始，国家对各类教师编制的标准进行了界定，对教师编制的管理进行了规范与创新，统筹编制分配并跨地区进行动态调整，逐渐实现了城乡之间教师编制的统一。

五、注重改善待遇，提升职业地位

中国共产党历来注重强化保障机制，努力提高教师的社会地位，激励教师潜心教书育人。以下是关于改善待遇和提升职业地位的宝贵经验。第一，明确教师公职人员身份。1993 年 10 月，《中华人民共和国教师法》将教师认定为履行教育教学职责的专业人员。2018 年 1 月，《中共中央 国务院关于全面深化新时代教师队伍建设改革的意见》将公办中小学教师认定为国家公职人员。第二，提高教师的薪酬待遇。《中华人民共和国教师法》规定，教师的平均工资水平应当不低于或者高于国家公务员的平均工资水平，并逐步提高。目前，我国已建立了薪酬增长与激励机制，并努力从住房、医疗和社会保险等方面完善教师的福利保障体系。第三，健全优秀教师的激励机制。新中国成立以来，我国的教师激励机制逐步完善。国家着力表彰具有突出专长的专家教师并实施高层次人才培养计划，在全社会营造了尊师重教的浓厚氛围，使教师的社会地位不断提高。

六、注重顶层设计，加强规划引领

我国的教师队伍建设，在经历了因陋就简、应急建设后，已向注重超前布局、统筹谋划转变。改革开放以来，中国共产党加强了教师队伍建设顶层设计，以保障教师队伍建设的系统性与连贯性。以下是关于顶层设计的宝贵经验。第一，加强统筹引导，加强对全国战略的整体把握。《关于"九五"期间加强中小学教师队伍建设的意见》《国家中长期教育改革和发展规划纲要(2010—2020 年)》《中共中央 国务院关于全面深化新时代教师队伍建设改革的意见》《教育部等六部门关于加强新时代高校教师队伍建设改革的指导意见》等文件从我国教育发展的大局出发,统一安排了全国各级各类学校的教学工作。第二,有针对性地制定教师培养措施。《教师教育振兴行动计划(2018—2022 年)》《乡村教师支持计划(2015—2020 年)》等文件为教师职业发展提供了支持。第三,针对薄弱环节,实施特殊培养计划。自 2012 年起,我国相继颁布了关于学前教育、职业教育、特殊教育和乡村教育的政策,教育部开展了专门的教师发展合作攻坚行动,各省、市、县实施了相应的教师培养行动计划。这种上下联动的工作机制能弥补师资的不足,确保教育公平。

七、注重定向施策,加速补齐短板

乡村教师一直以来都是师资力量的薄弱环节,师资力量不足、教师素质水平不高成为制约教师队伍建设的因素。以下是关于定向施策的宝贵经验。第一,以专业训练为中心。国家实施了"国培计划",把工作重心转移到了培养师资上。第二,根据实际情况安排定向就业。一方面,通过"定向招生、定点培养、定期服务"等形式,为乡村中小学培养一大批具有乡土情怀的教师;另一方面,依托《中西部欠发达地区优秀教师定向培养计划》等文件,为我国中西部地区输送高质量的师资。第三,在福利方面进行全方位的保障。从 2013 年开始,国家适当增加了农村义务教育阶段教师的工资性补贴,着力扩大乡村教师队伍的规模,改善乡村教师的发展条件。第四，准确、高效地开展对口援助。我国的对口支持、师资保障等方面的工作一直在进行。例如，2006 年的"特岗计划"、2012 年的"'三区'人才支持计划教师专项计划"、2017 年的"援藏援疆万名教师支教计划"、2018 年的"银龄讲学计划"等，为乡村教师队伍建设提供了保障。第五，有针对性地进行激励。为了鼓励杰出的教师到乡村工作，我国实施了一系列激励计划。2016 年 9 月，教育部等部门决定向在乡村学校从教 30 年教师颁发荣誉证书。2018 年，"乡村优秀青年教师培养奖励计划"启动。此外，教师编制、职称评聘高级岗位的比例也开始向乡村学校倾斜。

放眼未来，我国的教师队伍建设将进入结构优化、质量提升的新时期。教师的管理制度和机制会变得更加合理，教师的专业成长空间会变得更大，教师的综合素质、专业水准和创造力会得到极大的提高，教师的职业地位也会得到很大的提升。同时，教师将真正成为让人羡慕的职业。

第三章

师范生公费教育政策实施

教师是教育的第一资源，高质量的教育离不开高质量的教师。为加强中西部欠发达地区教师队伍建设，促进教育公平，我国自 2007 年起开始实施"师范生免费教育政策"。为健全履约管理机制，加大政策保障力度，国家将该政策调整为"师范生公费教育政策"。师范生公费教育政策旨在强化教师为党育人、为国育才的使命感和为公共教育服务的责任感，吸引更多优秀人才从教，在全社会营造尊师重教的浓厚氛围，让教师成为令人美慕的职业。师范生公费教育政策为我国基础教育培养了一支高素质专业化的教师队伍，已成为中国特色教师教育体系的重要组成部分。

第一节　师范生公费教育政策实施的主要成效

为了解师范生公费教育政策实施的情况，我们首先采用问卷调查法对2586 名在读的公费师范生、10266 名毕业的公费师范生、108 位部属师范大学管理者、1823 位中小学幼儿园校（园）长、259 位各级教育行政部门负责人进行调研；其次采用访谈法与 155 名相关单位的人员进行群体座谈；最后对 137 份有关师范生公费教育的省级政策文件、2240 份来自 5 所高校不同年级的各专业公费师范生的成绩单、289 份来自部属师范大学的公费师范生专业培养方案和相关文件，以及 99806 名公费师范毕业生的就业情况进行文本分析。

一、师范生公费教育政策意义认同度较高

我们从在读的与毕业的公费师范生、部属师范大学管理者、中小学幼儿园校（园）长、各级教育行政部门负责人对政策意义的认同度，政策本身吸引优秀人才从教的价值，政策实施培养高水平教师的成效，政策在营造尊师重教良好氛围的效果等方面展开了调研。

调研发现，91.26％的在读的公费师范生认为，师范生公费教育政策体现了国家对教师培养的高度重视；88.17％与 85.54％的在读的公费师范

生认为，师范生公费教育政策为师范院校吸引了优秀的生源，培养了高水平的教师；77.72%的在读的公费师范生比较认同师范生公费教育政策在营造尊师重教氛围方面的重要价值。总体来说，政策的意义得到了在读的公费师范生的广泛认同。

毕业的公费师范生大都认为政策的实施体现了国家对教师培养的高度重视，并吸引了很多优秀学子报考师范专业。调研发现，93.3%的毕业的公费师范生对"政策的实施体现了国家对教师培养的高度重视"表示"比较同意"或"非常同意"；90.3%的毕业的公费师范生对"政策的实施吸引了优秀学子报考师范专业"表示"比较同意"或"非常同意"；91.0%的毕业的公费师范生对"政策的实施培养了高水平的教师"表示"比较同意"或"非常同意"；77.4%的毕业的公费师范生对"政策的实施营造了尊师重教的良好社会氛围"表示"比较同意"或"非常同意"。总体来说，毕业的公费师范生对政策在吸引优秀学子报考师范专业、培养高水平的教师、营造尊师重教的良好社会氛围方面的意义较为认可。

部属师范大学管理者、中小学幼儿园校(园)长、各级教育行政部门负责人对师范生公费教育政策意义的认同度高于在读的和毕业的公费师范生。第一，部属师范大学管理者对师范生公费教育政策意义的认同度较高，所答题目反映出的认同度在"比较同意"的程度之上。第二，中小学幼儿园校(园)长均高度认同师范生公费教育政策的意义，所答题目反映出的认同度接近"非常同意"的程度。第三，各级教育行政部门负责人高度认同师范生公费教育政策的意义，所答题目反映出的认同度全部接近"非常同意"的程度。

二、公费师范生培养目标紧扣国家基础教育改革的需求

2007 年以来，六所部属师范大学围绕国家基础教育改革的需求，对公费师范生培养方案持续进行优化迭代，明确了培养目标与育人要求，从师德师风、学科专业知识、教师教育技能、语言表达能力、心理素质以及文化素养等方面做出了具体的要求。

北京师范大学设定了公费师范生的培养目标，着力培养人格健全、品德高尚、综合素质优良、专业基础厚实、有较强教育教学实践能力和拓展潜力、富有创新精神、乐教且适教的研究型教师和未来的教育家。华东师范大学着力培养有正确的政治信仰，有坚定的教育信念，学科专业知识出众，教育、教学素养出色，能够适应并引领中学教育教学改革的专家型教师。在设定培养目标的过程中，华东师范大学要求各院系贯彻党的教育方针，面向国家、地区基础教育改革发展和教师队伍建设的战略需求，落实为中西部欠发达地区定向培养卓越教师的相关政策要求，以适应当前及之后一段时间内的社会经济发展需要。东北师范大学强调，各院系要设置适当的人才培养目标以及可评、可测、可教、可学的毕业要求，要准确描述培养目标，依据社会经济发展需求和学校定位，对学生在毕业五年后所能达到的职业状态和专业成就进行总体描述。华中师范大学强调，学校教师教育的培养目标定位在于为国家基础教育事业的发展培养德才兼备的高素质专业化的一流师资。毕业生的职业走向以高中为主，同时要具备从事初中及小学教育教学的能力。

陕西师范大学与西南大学要求各院系依据党的教育方针、新时代公费师范生高质量发展的要求和基础教育课程改革理念制订公费师范生的培养计划。

三、师范生公费教育政策的实施效果较好

(一)师范生公费教育政策满意度高

1. 多方主体反映政策投入的效果好

在读的与毕业的公费师范生、部属师范大学管理者、中小学幼儿园校(园)长、各级教育行政部门负责人对政策投入的效果感到满意。第一,在读的与毕业的公费师范生对师范生公费教育政策在"三免一补""在职读研""定岗定编"等方面的支持投入感到满意,所答题目反映出的认同度介于"比较满意"与"非常满意"之间。第二,部属师范大学管理者所答题目反映出的认同度接近"比较满意"的程度。第三,中小学幼儿园校(园)长所答题目反映出的认同度是"比较满意"。第四,各级教育行政部门负责人所答题目反映出的认同度接近"非常满意"的程度,且在所有具体指标的评价上,评价为"比较满意"或"非常满意"的比例为85%~92.4%。

2. 多方主体反映部属师范大学的培养投入效果好

在读的与毕业的公费师范生、部属师范大学管理者对部属师范大学的培养投入效果均感到满意,认为部属师范大学的师资质量高,经费与管理体制严密。

第一，在读的公费师范生对课程教学模式满意度高。他们对学科专业类课程、师范类课程、通识教育类课程的教学质量的满意度为"比较满意"；对教育实习安排的满意度为"比较满意"。此外，在读的公费师范生对学校的办学条件的满意度较高，认为各学科师资优质，教学设施良好；对学校的教室、实验室、综合实践活动场所、图书馆、体育馆等的满意度较高。

第二，毕业的公费师范生对母校在教育方面的满意度高。他们对学科专业类课程、师范类课程、通识教育类课程、教育实习安排、学校的办学条件等方面的满意度均在"比较满意"的程度之上。

第三，参与调研的部属师范大学管理者满意本校公费师范生的培养工作，对所有方面表示"比较满意"。

在师资力量配备方面，各个学校都针对公费师范生培养的需求努力配足、配齐优质师资。各高校公费师范生课程专任教师中有博士学位的占85％以上，部分学科教师有博士学位的达100％。在职称方面，具有高级职称的教师占比超过了50％。在培养经费方面，部分学校加大了对培养公费师范生的投入力度。陕西师范大学2020年本科教学日常运行支出为1.24亿元，其中，本科教学改革专项经费为4965.74万元，占比约为40％。东北师范大学2022年落实的公费师范生补助预算经费为2400万元，补助发放标准为每人每月600元，共发放10个月。其他学校在公费师范生生活补贴方面也都按照国家标准严格落实。各个学校针对毕业年级的公费师范生都设立了实习经费补贴，具体数额从每人1500元到4400元不等。在公费师范生管理体制方面，各个学校在管理体制的顶层设计、制度建设等方面采取了多样化的举措,并不断完善、健全管理体制。2009年,北京师范大学教师教育学院与教务处、学生处和研究生院通力合作,对内整合教师教育学科领域资源,对外积极开展教师教育协同攻关。华中师范大学按照职前教育与职后教育相结合的原则,遵循"本科教育—中小学教育服务实践—继续教育—再实践"的路径设计公费师范生培养发展体系。学生从本科第八个学期开始可参加教育硕士的课程学习,且所修取的学分是本科教育和硕士教育互认的。西南大学在公费师范生的培养和终身教育上,积极探索高校、地方政府、教研机构与中小学"四位一体"的运行协作机制,取得了一定的成绩。

从公费师范生成绩单来看,各高校的课程覆盖面广,结构设置较为合理,课程类型较为丰富。各高校的课程包括通识教育和专业教育两大类。通识教育主要包括哲学、文学、外语、体育等公共基础课程,专业教育主要包括教师职业素养课程、教育教学能力课程、学科专业课程等。以北京师范大学 2017 级地理科学专业为例,学校要求学生学习的主干学科为地理学和教育学,核心课程包括地质学基础与地貌学、气象学与气候学、经济地理学等与地理相关的课程。同时,北京师范大学还开设了自然地理综合实习、GIS 遥感综合实习、人文地理综合实习等实践课程。在建构课程体系的过程中,考虑到不同公费师范生的需求,北京师范大学在通识教育课程和专业教育课程的基础上,开设了卓越教师养成课程,从教育情怀与生涯规划、教学能力与学科素养、教育研习与职业发展三个方面,进一步加强对优秀公费师范生的培养。

第四,毕业的公费师范生、部属师范大学管理者、中小学幼儿园校

(园)长、各级教育行政部门负责人反映公费师范生的就业、生活、专业发展需求得到了基本保障。

本次参与调研的所有毕业的公费师范生中,30.44%的工资为3000~4000元,占比第一;23.72%的工资为4000~5000元,占比第二;12.56%的工资为2000~3000元,占比第三。

本次参与调研的85.2%的部属师范大学管理者表示本校公费师范生的培养经费是单独设置预算的;大部分的部属师范大学管理者认为本校的教学经费、实验经费、实习见习经费比较充足,选择"非常充足"和"比较充足"的占比为65.8%~78.7%;认为本校在教室、实验室、图书馆、体育馆方面的办学条件基本满足需求,选择"完全满足"和"比较满足"的占比为70.4%~88.9%。

中小学幼儿园校(园)长表示,学校(幼儿园)正在积极落实公费师范生入职保障政策:超九成的表示,在教师入职时会提供编制;超八成的表示,地方政府和学校(幼儿园)支持有意愿的公费师范生继续在职攻读硕士或博士学位。

各级教育行政部门负责人反映在编制、住宿、专业发展方面支持力量充足,公费师范生已成为新教师中的主要力量。在编制上,97.3%的各级教育行政部门负责人表示,在教师入职时会提供编制;70.7%的各级教育行政部门负责人表示,地方政府和学校提供了青年教师公寓、周转房或宿舍;89.2%的各级教育行政部门负责人表示,地方政府和学校(幼儿园)支持有意愿的公费师范生继续在职攻读硕士或博士学位。

(二)师范生公费教育质量满意高

1. 公费师范生已成为各地优秀教师补充的主力

山东、河南、云南、陕西和吉林五省的座谈会调研表明,公费师范生已成为各地优秀教师补充的主力。

根据各级教育行政部门负责人汇报,近几年招聘的教师来自省级师范大学、地方师范院校的人数在所有类型院校中分别排第一名和第二名。这表明来自省级师范大学和地方师范院校的师范毕业生在各地近三年新教师中数量规模较大。

分析 2011 年至 2021 年的公费师范生就业数据后可发现,毕业的公费师范生履约就业率高。2011 年至 2021 年,六所部属师范大学毕业的99806 名公费师范生中的大部分回到了生源地履约就业,为各地的教师队伍注入了新鲜血液。2016 年至 2021 年,毕业的公费师范生的履约就业率为 91.42%。其中,陕西师范大学的最高,为 94.45%。2016 年至2021 年,六所部属师范大学毕业的公费师范生的履约就业率为 85%～95%。陕西师范大学和西南大学的履约就业率较高,每年都高于 90%,其经验值得其他高校学习和借鉴。从整体上来看,公费师范生毕业后违约的人数呈下降趋势,且下降的趋势非常明显,从 2011 年的 239 人,下降到 2021 年的 7 人,下降幅度为 97.07%;这一时期解约的人数呈波动下降的趋势,从最高的 265 人下降到 91 人,最大降幅为 65.66%。违约和解约人数的下降表明师范生公费教育政策越来越得到毕业的公费师范生的认可。

2. 多方主体高度认可部属师范大学对公费师范生的培养质量

在读的与毕业的公费师范生、部属师范大学管理者、中小学幼儿园校(园)长、各级教育行政部门负责人等多方主体高度认可部属师范大学对公费师范生的培养质量。

在读的公费师范生在师德、教学、育人、专业自主四个方面的自我评价较高。这表明他们认为自己能够践行师德规范要求，能有效组织开展各种育人活动，能主动发展专业素养。

毕业的公费师范生反映母校对公费师范生的培养质量高。他们认为自身对师范教育有带动作用，对基础教育有带动作用，对当地教师队伍有补充和带动作用，与综合大学的毕业生相比有优势。

第一，从毕业的公费师范生对师范教育的带动作用来看，师范生公费教育政策吸引了热爱教育事业的学子。调研发现，毕业的公费师范生当初选择报考部属师范大学成为公费师范生的排名第一的原因是教师能为社会做出贡献。这说明毕业的公费师范生认为自己成为教师的主要原因是想要为社会做出贡献。

第二，毕业的公费师范生提升了基础教育阶段的教师队伍的质量，对中小学教育教学、教育改革起到了重要的带动作用。调研从"师德践行能力""教学实践能力""综合育人能力""自主发展能力"四个方面来了解毕业的公费师范生的职业能力，发现他们在整体上具备较高的自我感知的教师职业能力，这对提升基础教育的质量具有重要的意义。在对自身师德践行能力的评价上，毕业的公费师范生认为自身符合或非常符合能力要求的比例超过了90%；在对自身教学实践能力的评价上，毕业的公费师范生认为

自身符合或非常符合能力要求的比例超过了90％；在对自身综合育人能力
的评价上，毕业的公费师范生认为自身符合或非常符合能力要求的比例为
75.5％～94.5％；在对自身自主发展能力的评价上，毕业的公费师范生认
为自身符合或非常符合能力要求的比例超过了90％。

第三，毕业的公费师范生成为教师队伍高质量、稳定的补充力量。
大部分毕业的公费师范生具有长期从教的意愿，91.69％的表示服务
期满后会继续从教；大部分毕业的公费师范生比较认可自己在本职岗
位上发挥的模范带头作用；60％以上的认为自己在教育素养上具有
优势。

部属师范大学管理者、中小学幼儿园校(园)长、各级地方教育行政
部门负责人比较认同公费师范生的培养质量。部属师范大学管理者对本
校培养的公费师范生表示满意，认为本校培养的公费师范生具有较好的
师德践行能力、教学实践能力、综合育人能力、自主发展能力。中小学
幼儿园校(园)长认为公费师范生的培养质量非常高，深受学校欢迎；与
非公费师范生相比，公费师范生的从教意愿更强；公费师范生入职后，
较好地发挥了模范带头作用。各级地方教育行政部门负责人高度认可公
费师范生的培养质量，表示公费师范生在基础教育中起到了示范引领
作用。

山东、河南、云南、陕西和吉林五省的座谈会调研表明，公费师范生
能带动教师队伍高水平建设。参与调研的各级教育行政部门负责人充分肯
定了公费师范生的教学能力、综合素质、职业精神、师德师风。他们表
示，一部分公费师范生在各个学校里已成长为教学标兵、骨干教师、学科

带头人，对当地教师队伍建设发挥了模范带头作用。吉林市船营区从教学、教研及管理等多方面着手，对入职的公费师范生进行培养。该区接收的公费师范生累计获区级荣誉 10 人次，市级荣誉 6 人次，省级荣誉 4 人次，国家级荣誉 3 人次；超半数以上人员承担了班主任工作，是承担学校各项工作的中坚力量；获得硕士学位的有 604 人，成为县级以上骨干教师的有 149 人，对当地教师队伍建设实现高质量发展起到了积极的推动作用。山东省的师范生公费教育政策吸引了一批乐教的学生报考，切实为中小学教师队伍储备了力量。参与调研的各学校普遍反映公费师范生的个人能力优秀，业务水平比较高，可很快成长为学校的骨干教师，有些甚至可成为学校的中层领导。济钢高级中学的校领导就表示，公费师范生在当地非常受认可，他们业务精湛，起到了良好的模范带头作用，对当地的教育事业发展起到了推动作用。郑州市教育局自 2011 年以来，吸纳了大批优秀公费师范生，优化了教师年龄结构、学历结构和能力结构，使教师队伍充满了活力。

3. 公费师范生成绩单反映其整体质量高

在分析公费师范生的成绩单后可发现，其公共基础知识和学科专业知识较为扎实。以北京师范大学公费师范生的成绩单为例，在 398 名学生中，分布在 90 分以上这一区间的学生有 243 人，占比约为 61.1%；分布在 89～75 分这一区间的学生有 121 人，占比约为 30.4%；分布在 74～60 分这一区间的学生有 34 人，占比约为 8.5%。以此标准总览其他几所高校的成绩单可发现，大部分学生的成绩在 75 分以上，74 分以下的学生占比较少。从整体上看，公费师范生的在校成绩较为优秀。

四、公费师范生专业发展支持体系逐步完善

目前，国家和各省(区、市)出台了很多政策，全力支持公费师范生岗前专业发展、职后专业发展。

在支持公费师范生岗前专业发展方面，一是免试认定国家中小学教师资格。河南省、重庆市规定省属公费师范生培养院校应对本校的公费师范生进行职业能力测试和教育教学能力考核等，测试或考核合格的毕业生可凭测试或考核结果，免试认定国家中小学教师资格。二是鼓励并支持公费师范生参与教学技能提升活动。湖南省、重庆市在政策文件中明确支持培养学校遴选优秀公费师范生参加国内外的交流学习活动、教学技能比赛等。三是组织实施岗前培训。为强化师德引领，促使公费师范生在入职后尽快适应教育教学岗位的要求，河南省教育厅采用集中培训和在线学习相结合的方式，每年面向部属师范大学公费师范生进行为期5天的120学时的免费岗前集中培训。培训内容主要包括教师职业道德和职业规范教育、新任教师角色转变适应性教育、中小学教育教学基本技能教育等。培训结束后，为培训合格者颁发结业证书，将培训学时计入继续教育学时。

在支持公费师范生职后专业发展方面，一是为公费师范生提供免试攻读非全日制教育硕士学位的机会。贵州省、陕西省、河南省明确规定部属师范大学毕业的公费师范生到中小学任教满一学期后，经任教学校考核合格并批准，可以向就读的部属师范大学提出免试攻读非全日制教育硕士学位的申请。部属师范大学根据申请者所任教学校的工作考核结果、申请者

的本科学习成绩等进行综合考核后，可录取申请者为非全日制硕士研究生。任教考核合格并通过论文答辩者，可获得相应的学历、学位证书。重庆市规定，部属师范大学的公费师范生可报考在职教育硕士专业学位研究生，符合条件的公费师范生可以申请加入"农村学校教育硕士师资培养计划"。二是将在职培训纳入国家级和省级培训计划。湖南省、重庆市在政策文件中要求教育厅、财政厅将公费师范生履约任教后的在职培训纳入中小学教师国家级培训计划和省级培训计划，落实以五年为一周期的教师全员培训制度。贵州省鼓励各市（州）、各县（市、区）及相关学校结合实际启动公费师范生提升专项计划，支持公费师范生的专业发展。三是在待遇上给予支持。河南省明确规定同等条件下的在服务期内的省属公费师范生可在职称评聘、申请教师周转房等方面得到支持。

五、国家和地方师范生公费教育体系已建立

目前，中央、省、市三级师范生公费教育体系已建立，它在促进公费师范生走入中小城市和乡村地区的学校方面已初见成效。陕西省为省属公费师范生的培养建立了保障机制，例如，以陕西学前师范学院为试点培养地方公费师范生，鼓励西安文理学院、榆林学院、商洛学院、安康学院等高校在当地财政支持下，面向全省招收定向就业的地方公费师范生。为扩大省属师范生的培养规模，陕西省正全力推动渭南师范学院与渭南市、陕西理工大学与汉中市积极协商开展地方师范生公费教育。河南省于2016年启动了地方公费师范生培养计划，以小学全科教师的培养为切入口，形

成了"地方优师""学科教师""小学全科""特殊教育""学前教育"五个层次的培养体系。山东省自 2016 年招收公费师范生以来,每年都有超过 80 人通过"农村学校教育硕士师资培养计划"获得深造的机会。2019 年,山东省印发了《市级政府委托高等院校培养师范生试点工作方案》,委托高等院校培养师范生,旨在建立委托培养、定向使用机制,选拔品学兼优、宜教、乐教的优秀高中毕业生进入高等院校的师范专业学习,实现地方政府、高等院校、中小学"三位一体"协同培育优秀教师。

第二节　师范生公费教育政策实施面临的主要挑战

一、公费师范生供不应求

参与本次调研的各省(区、市)几乎都反映了公费师范生供不应求的问题。以山东省为例,山东省每年对部属公费师范生的需求都在 3000 人以上,但实际上每年分配给山东省的部属公费师范生基本在 400 人左右,约占需求的 13.3%。

公费师范生的就业报告显示,从整体上看,除了山东省的公费师范生的毕业人数是上升的,其余九省(区、市)的人数呈逐年下降的趋势。2013 年,十省(区、市)公费师范生的毕业人数最多,共计 6286 人;2021 年为 3500 人,下降幅度为 44.32%,培养规模明显缩小。其中,吉林省的最高降幅为 87.47%，湖北省的最高降幅为 79.6%，陕西省的最高降幅为 61.28%，重庆市的最高降幅为 42.23%。部属师范大学的公费师范生毕业后到省会城市就业的比例越来越高；在学段方面，他们更倾向于选择省级重点高中，选择在初中、小学工作的少之又少，极少数人会主动选择到县城或乡村工作。

以陕西师范大学为例，学校在招生方面长期存在学科结构不均衡的问题。语文、数学、英语等主干学科广受家长及学生青睐，信息技术、生物、心理等非主干学科则遭到冷遇。这一现象在转专业过程中表现得尤为突出，与语文和数学相关的专业的转入率较高，与计算机、教育技术相关的专业的转出率较高。该校学前教育专业的转出率比较高，每年都有 10 至 20 名学生转出。此外，高校在人才培养方案中并未明确教师的职后教育内容，而是由毕业生自主选择，由此造成了公费师范生在各阶段的结构性失衡的现象。正如陕西师范大学的某位教师所言："公费师范生的培养重心应当逐步向小学转移，我们培养出来的小学、幼儿园好老师太少了。"

二、大部分公费师范生期望在省会城市就业

近七成的在读的公费师范生期望在省会城市学校就业。在期望就职学校的城乡位置方面，大多数公费师范生的选择相当一致，即希望在省会、地级市学校就业，其中，65.39% 的人会选择省会学校，29.7% 的人希望前往地级市学校，4.8% 的人希望就职于县级市、县城学校，只有 0.11% 的人希望就职于乡村学校。

超过两成的中西部生源地的公费师范生不愿回生源地从教。对在读的公费师范生的生源地和就业期望地点进行交叉分析后可发现，生源地为西部地区的公费师范生中有 9.4% 的人希望在东部地区从教，14% 的人希望在中部地区从教。生源地为中部地区的公费师范生中有 18.8% 的人希望在东部地区从教。

一半左右的公费师范生毕业后没有回市或回县任教。公费师范生的入学前户籍所在地和入职学校所在地发生变化的比例较大，35.8%～51.3% 的公费师范生毕业后未在其户籍所在地任教。县级层面相较于市级层面的改变比例进一步增加，54.3%～72.4% 的公费师范生的入学前户籍所在地和入职学校所在地不同。

各级地方教育行政部门负责人反映公费师范生毕业后到县级以下学校从教的意愿较低，认为公费师范生毕业后到县级以下学校从教意愿"非常低"或"比较低"的比例达到了 50.6%。

省级、地市级、县级教育行政部门负责人对公费师范生的毕业去向的看法存在较大的差异。县级教育行政部门负责人最希望公费师范生毕业后回生源所在地县镇及以下乡村任教。省级教育行政部门负责人认为公费师范生毕业后"回生源所在地省域即可"的比例为 100%；地市级教育行政部门负责人认为公费师范生毕业后"回生源所在地省域即可"的比例为 47.8%，认为公费师范生毕业后"回生源所在地市域即可"的比例为 26.1%；县级教育行政部门负责人认为公费师范生"回生源所在地县域即可"的比例为 45.2%。

公费师范生的就业报告显示，公费师范生就业存在着向经济发达地区以及省会城市集聚的情况，2011届的比例为25％，2021届的比例为42％～55％；到市域就业的比例有所下降，2021届在40％左右；到县域就业的比例不高，且在下降，比例回落到了15％。例如，山东省大部分的公费师范生毕业后选择到青岛、烟台、济南等经济较发达的城市就业，选择到中西部城市就业的较少，选择到县城或乡村的则更少。2022年，莘县的公费师范生毕业后仅有16人回县就业。公费师范生不选择回到生源地就业的行为挫伤了有关地区申报部属公费师范生计划的积极性。

三、公费师范生培养环节存在短板

(一)师范类理论课和实践课的课时安排比例有待优化

"大四公费师范生母校教师教育质量满意度调查问卷"针对"师范类理论课和实践课的课时安排比例"这一项目设计了问题。结果显示，41.45％的人对课时比例安排"比较满意"，32.83％的人对课时比例安排"非常满意"，也就是说近75％的人对理论实践课程比例安排"比较满意"或"非常满意"。但是，与调查问卷中的其他项目的得分相比，本项目的满意度均值是唯一没有超过4分的。这提示学校在师范类理论课和实践课的课时安排比例方面应进一步优化。

(二)学校的教育实习安排需要进一步加强

"大四公费师范生母校教师教育质量满意度调查问卷"针对"教育实习

的安排(如实习的地点、时间、时长、类型以及指导、反馈等)"和"教学实践能力储备为自己从教做了充分的准备"等项目设计了问题。虽然有超过七成的公费师范生表示"比较满意"和"非常满意",但仍有近三成的公费师范生表示"不太满意"。这提示学校需要加强和优化教育实习的各种安排,切实增强师范生的教学实践能力,使他们为从教做好充足准备。

毕业的公费师范生认为在入职困难方面,排名前三的是"班级管理"(41.46%)、"家校沟通"(16.35%)、"学科教学"(13.74%);认为在培养环节提升方面,排名前三的是"教育实践培养环节"(50.09%)、"学科专业培养"(13.17%)和"教育信息技术能力"(12.15%)。

公费师范生的学业状况分析报告显示,对公费师范生的实践实习课程教育亟待加强。几所高校基本将教育见习、教育实习安排在大三或大四学年,教育见习一般在教育实习前开展,所占学分不高,甚至不赋学分。教育实习的安排一般都在大四第一学期,时间从两个月到一学期不等,学分赋值也不尽相同。总体来说,教育实习时间并不十分充足,不足以使公费师范生在实践教学中获得足够的教育教学经验。

五省的调研报告显示,目前公费师范生培养的实践环节相对缺乏。山东省各市县领导和用人单位校长表示,公费师范生的个人能力突出,但因缺乏教学实践经验,不能做到立即上岗,需要再接受一定的培训和引导。而毕业的公费师范生也表示在校期间缺乏实习机会,不能很快适应入职之后的生活,会在教师角色转换过程中遇到一定的障碍。

(三)公费师范生的培养方案、评价方式须改进

对几所部属师范大学的 2240 份成绩单进行分析后可发现，不同高校的成绩单显示的课程基本信息基本相同。课程基本信息包括学期数、课程类别(必修或选修)、课程名称、学分、成绩信息等。成绩单的备注或说明一栏主要体现学生课程成绩的评分标准等，不包含对课程性质的说明。进一步考察培养方案后可发现，各高校无论是学校总体指导意见还是各专业的培养方案，对学生的考核都是以统一的学分为标准的，少有针对公费师范生的特定考核标准。由于缺乏竞争机制和过程性评价，部分公费师范生在被录取后因为就业得到了保障就放松了对自身的要求，缺乏学习动力，最终造成个人能力达不到要求。

(四)部分公费师范生学习动力不足

对公费师范生成绩考查方式进行分析后可发现，高校主要通过考试和考查两种方式对学生进行打分、评级。此外，各高校在培养方案中又设置了多种考查方式，但结果并未在成绩单中呈现。几所部属师范大学在 2007 级和 2012 级公费师范生的成绩单中大多没有标明补考、缓考、重修信息，甚至有的高校在 2017 级公费师范生的成绩单中也没有对此做出标注，这不利于学生形成学习的积极性。例如，陕西师范大学为 2007 级和 2012 级的公费师范生设置了教师口语和书写训练这两门必修课，并在成绩单中呈现普通话水平测试的成绩，但是在 2017 级公费师范生的成绩单中没有呈现上述两门必修课的成绩，也没有呈现普通话水平测试的成绩。陕西师范

大学为 2017 级公费师范生开设了心理健康教育、现代教育技术(网络教学)、德育与班级管理等课程,但课程的学分、学时占比不高。

正如东北师范大学的管理者所言:"学生考进来后便觉得一劳永逸了,成长动力不足。"尽管各个学校为激发公费师范生的学习积极性,创办了各类师范教育社团,举办了教师技能竞赛等活动,但这些都不作为毕业的硬性要求,因而产生的激励作用十分有限。以云南省为例,昆明市五华区教育局的代表表示,少数公费师范生在考上大学后,放松了对自己的学习要求,在大学中出现挂科、未取得学位证或教师资格证等情况。类似的情况,临沧市教育体育局的代表也在座谈中提及,可见具有普遍性。在访谈中,公费师范生代表也提到了一部分公费师范生因为政策承诺解决编制,在四年学习过程中,学习动力不足,积极性不高,甚至出现挂科等问题。

(五)部分公费师范生的教学实践能力和综合育人能力不足

在教学实践能力上,大部分在读的公费师范生对自己设计教学、实施教学、评价教学的能力有信心,但认为自己在掌握学情、调整教学与适应能力方面存在不足。在综合育人能力上,大部分在读的公费师范生在育人实践方面信心充足,但在与家长沟通、与社区合作和管理班级方面觉得自身能力还有待提升。

毕业的公费师范生在整体上具有较高的职业能力,但是其综合育人能力、教学实践能力相对不足,尤其是新教师。将综合育人能力和其他三项能力的均值进行单样本 t 检验后可发现,综合育人能力显著低于师德践行能力($t=-58.60$,$p<0.001$)、教学实践能力($t=-25.44$,$p<0.001$)、

自主发展能力($t=-29.45$，$p<0.001$)。将教学实践能力和其他三项能力的均值进行单样本 t 检验后可发现，教学实践能力显著低于师德践行能力($t=-39.18$，$p<0.001$)、自主发展能力($t=-4.74$，$p<0.001$)。

对中小学幼儿园校(园)长的调研报告显示，公费师范生培养中存在相对薄弱的环节。从需求层面来看，地区差异会影响公费师范生模范带头作用的发挥以及学校对公费师范生培养质量的认可情况；从供给层面来看，公费师范生在实际教育教学中的具体能力表现存在不足，在入职初期的适应阶段面临着具体的困难，与综合院校的学生相比在学科专业基础上存在差距。具体来讲，省会城市辖区的中小学幼儿园校(园)长对公费师范生培养质量认同度较低；在公费师范生在职作用的发挥方面，县(市)城区的中小学幼儿园校(园)长认为公费师范生预期作用的发挥与实际情况的符合程度最高，其次为乡镇及以下和地级市辖区的中小学幼儿园校(园)长。

中小学幼儿园校(园)长认为公费师范生在家校沟通、作业设计、差异化教学方面的能力有待加强。他们对"能够有效地与家长进行良好沟通""能够通过作业设计、学业测试等方式有效评价学生的学习活动和学习成果""能够根据学生不同的特点，进行差异化教学和个别化指导"的评价相对较低，分别有10%、8.1%和7.8%的中小学幼儿园校(园)长在上述三项培养质量指标符合程度上选择了"一般"这一选项。

中小学幼儿园校(园)长认为公费师范生与综合院校学生相比在学科专业基础上存在差距。对"与师范生相比，综合院校培养的学生的学科专业基础更扎实，从教后劲更足"这一问题的赞同程度是"比较赞同"。

从赞同程度分布来看，超五成（55.2%）的中小学幼儿园校（园）长表示"比较赞同"或"非常赞同"，近两成（19.9%）的中小学幼儿园校（园）长表示"说不清"，不足三成（25.1%）的中小学幼儿园校（园）长表示"不赞同"或"非常不赞同"。

公费师范生的学业状况分析报告显示，目前公费师范生培养课程较少涉及对教育现实问题的深入探讨，高校更没有据此系统地调整课程体系。例如，在实际教育环境中出现的新的教学问题，如家校协同、学生心理健康等，在公费师范生的培养课程中没有得到具体体现。

对部属师范大学的公费师范生培养方案进行分析可知，一些专业的培养方案、课程体系和教育质量在一定程度上与基础教育学校的需求脱节，不能满足学生多样化成长和成才的需求。由各高校提供的公费师范生专任教师的数据可知，专任教师中具有教育实践经历的教师数量少，比例低，这不利于学生获得更多的实践经验。调研发现，部分学校的学科教学论课程的教师不了解基础教育改革实际，不够关心基础教育现状，在实际的教育教学中往往照本宣科，从而导致理论与实践脱节。陕西师范大学的公费师范生表示："希望实践课程多一点儿，在实习之后能明显感受到自己实践能力不足。只有深入课堂，才能真正发现问题。"山东省各学校的代表表示，新入职的公费师范生在"三字一画"——毛笔字、粉笔字、铅笔字和简笔画方面的能力不足，需进一步加强，师范院校应该注意将教学基本功纳入培养体系。毕业的公费师范生在经过一段时间的实践后普遍表示当前的教学体系中欠缺心理学方面的内容。

(六)部分公费师范生的内在从教动机相对较弱

调研发现，部分公费师范生的内在从教动机相对较弱，尤其是任教于经济发展水平相对落后的乡村地区的农业户口的公费师范生。将内在从教动机和其他两种类型的动机的平均值进行单样本 t 检验比较后可发现，公费师范生的内在从教动机显著弱于利他从教动机($t=-9.57$，$p<0.001$)、政策从教动机($t=-24.35$，$p<0.001$)。将非农业户口和农业户口的公费师范生的三种从教动机的独立样本 t 比较后可发现，农业户口的公费师范生的内在从教动机显著弱于非农业户口的公费师范生。这说明相比于非农业户口的公费师范生来说，农业户口的公费师范生会更少出于对教师职业的内在热爱和认同而选择成为教师。

通过进一步的回归分析可发现，内在从教动机对留任情况、示范引领作用、职业能力的影响较为显著；利他从教动机对留任情况具有显著的负向影响，对示范引领作用和职业能力具有显著的正向影响；政策从教动机对留任情况影响不显著，对示范引领作用具有显著的负向影响，对职业能力具有显著的正向影响。

四、公费师范生职业专业发展体系和平台有待进一步建设

陕西省的公费师范生表示，毕业后自己在职业发展过程中缺乏助力。西安市碑林区大学南路小学的教师表示，自己毕业后在教师角色的转换以及后续的职业发展方面遇到了瓶颈，缺乏在职业规划、继续教育、心理调

适等方面系统和专业的帮助。

就目前开通的"4+2"学历晋升渠道来看,各利益方存在矛盾。山东省的教师普遍表示日常的教学任务重,在职读研会造成时间和精力上的冲突,既影响日常工作,也达不到学习效果。以全日制形式开展的本硕连读培养方案更加系统,开设的课程具有连贯性,对学生毕业从教后自主提升学科综合素养和开展研究性学习更有帮助。此外,一部分地区并没有平等地对待在职取得学位的教师,陕西省商州区和南郑区的教师均表示通过在职教育获得的学位不被认可,而且对职称评聘没有帮助。

在参与调查的所有毕业的公费师范生中,职称为二级的占比第一,有6230人(60.69%);职称为一级的占比第二,有2162人(21.06%);未定级的占比第三,有1677人(16.34%)(见表3-1)。参与调查的所有毕业的公费师范生中,共有1289人(12.6%)为骨干教师。对担任骨干教师的1289名教师进行调查后可发现,县级骨干教师占比第一,有552人(42.82%);校级骨干教师占比第二,有447人(34.68%);市级骨干教师占比第三,有252人(19.55%)。此外,有2.95%的教师为省级骨干,有38人。

表 3-1　不同职称公费师范生的教龄描述性信息

职称类型	教龄均值	个案数	最小值	最大值
未定级	0.87	1677	0	15
三级	3.28	177	0	12
二级	5.84	6230	0	15
一级	9.14	2162	1	15
高级	11.17	20	8	15

五、公费师范生管理体系存在短板

(一)公费师范生招生环节"只见分数不见人"

调研发现,部属师范大学在录取公费师范生时缺乏统一、独立的体检标准和面试环节,不利于筛选适教、乐教的学生。一方面,录取环节主要依据考生的高考分数,缺少专项体检标准,从而导致一些身体状况或精神面貌明显不适合从教的学生报考了公费师范生,给学校录取、考核、培养等工作环节带来了困难;另一方面,由于没有面试环节,学校对报考公费师范生的学生的综合素质、从教意愿缺少考核,从而导致一部分综合素质不高、并不热爱教育事业的学生成为公费师范生。

(二)公费师范生进入与退出机制有待完善

从各个学校的公费师范生培养方案来看,无论是校级育人指导意见还是各个专业的培养方案,都未设计公费师范生的进入与退出机制。在建立和完善进入与退出机制方面,学校存在过度依赖国家政策的问题,缺少主观能动性。最近几年,有个别的公费师范生想主动退出培养体系,但学校方面多表示没有国家具体政策的指导,因此没有建立起公费师范生主动退出的机制。

另外,在实际培养过程中,一些不适宜从教的,如有身体、心理、语言表达等问题的公费师范生因为要履约而不得不到学校就职。个别地市还有比较突出的、极端的例子。各类问题在公费师范生就业后逐渐显现,但由于有关地市要履约落实编制岗位，导致了教师编制的浪费。有教师还在本次调研中说了一种情况，有的公费师范生经过一系列的培养后发现自己不适宜从教，但由于已签约无法离职，这阻碍了个人的职业发展。

(三)公费师范生就业存在违规"抢人"的现象

调研报告显示，存在发达地区从欠发达地区"抢人"的情况。吉林省教育厅负责教育的工作人员表示，经济发达的省市学校看重吉林省生源地的公费师范生的高素质，提供了优厚的待遇，高薪聘用，并替其缴纳违约金费用，每年都会"抢走"大量的公费师范生，或是"挖走"一些具有成熟教学能力的在职教师，这给学校的教师队伍稳定和日常教学工作的开展带来了很大的影响。

六、对高学历公费师范生的需求日益迫切

调研报告显示，九成以上的毕业的公费师范生赞同实施"4+2"本硕连读培养方案：有7349名(71.59%)公费师范生认为，最优模式是"4年学科和通识教育＋2年教师教育"；有2917名(28.41%)公费师范生认为，最优模式是"4年综合院校学科和通识教育＋2年教师教育"。

中小学校长表示，急需有硕士及以上学位的教师。多位中小学校长表示，近三年的新招教师以本科毕业生为主，新招教师主要来自师范院校，急需硕士及以上层次的教师。一位受访的中小学校长表示，他所在的学校近三年招聘教师平均人数为19人。从学位分布来看，有博士学位的教师

平均人数为 0 人，有硕士学位的教师平均人数为 5 人，有学士学位的教师平均人数为 13 人。从毕业院校分布来看，来自省级师范大学的教师平均人数为 4 人，来自部属师范大学、省级综合大学、地方师范院校的教师平均人数为 3 人，来自部属综合大学和地方综合院校的教师平均人数为 2 人。从公费师范生的院校分布来看，招聘的地方师范院校公费师范生和部属师范大学公费师范生人数均为 2 人。七成以上（75.4%）的中小学校长表示，学校特别需要硕士及以上层次的教师。

从不同地区对硕士及以上层次教师的需求情况来看，地级市对硕士及以上层次教师的需求（88.0%）最高，其次为县（市）城区（79.1%）和省会城市辖区（79.0%），乡镇及以下地区（62.2%）最低。尽管不同地区对硕士及以上层次教师的需求程度有所不同，但从整体上看，各地区均急需有硕士及以上学位的教师。

各级地方教育行政部门负责人均表示，特别需要硕士及以上层次的教师。一方面，从现状上来看，目前各地区近三年所招聘的教师仍然是以本科层次的教师为主。另一方面，82.24%的各级地方教育行政部门负责人均表示，特别需要硕士及以上层次的教师，而且不同地域级别不存在显著的差异，均对硕士及以上层次的教师具有迫切需求。

七、引导公费师范生到市、县就业的政策保障需要加强

本次参与调查的所有的毕业的公费师范生中，有 30.44% 的月工资为 3000～4000 元，占比最高，其中，任职学校在省会城市的有 1325 人

（42.40％)，在地级市的有 756 人（24.19％)，在县城的有 928 人
（29.70％)，在县级以下地区的有116 人(3.71％)；有23.72％的月工资为
4000～5000 元，占比第二；有12.56％的月工资为2000～3000 元，占比第
三。此外，需要注意的是，有14.05％的月工资在3000 元以下，其中任职
学校在省会城市的有852 人(59.08％)，在地级市的有 283 人(19.63％)，
在县城的有 248 人(17.20％)，在县级以下地区的有 59 人(4.09％)(见
表3-2)。

表3-2 公费师范生的月工资与任职学校所在地分布情况

月工资	省会城市	地级市	县城	县级以下地区
≤2000 元	88	36	21	8
2000～3000 元(包括 3000 元)	764	247	227	51
3000～4000 元(包括 4000 元)	1325	756	928	116
4000～5000 元(包括 5000 元)	1208	343	783	101
5000～6000 元(包括 6000 元)	910	187	349	40
6000～7000 元(包括 7000 元)	632	94	124	16
7000～10000 元(包括 10000 元)	649	47	68	10
10000 元以上	116	5	16	1

调研发现，6083 名(59.25％)公费师范生表示，地方政府没有提供青
年教师公寓(周转房或宿舍)；4183 名(40.75％)公费师范生表示，地方政
府提供了青年教师公寓(周转房或宿舍)。

调研发现，9539 名(92.920％)公费师范生表示自己没有住房补贴；
529 名(5.150％)公费师范生表示自己有 10000 元以上的住房补贴；75 名

（0.730％）公费师范生表示自己有 20000 元以上的住房补贴；46 名（0.450％）公费师范生表示自己有 30000 元以上的住房补贴；21 名（0.205％）公费师范生表示自己有 50000 元以上的住房补贴；20 名（0.195％）公费师范生表示自己有 80000 元以上的住房补贴；36 名（0.350％）公费师范生表示自己有 100000 元以上的住房补贴。

调研发现，10009 名（97.50％）公费师范生表示自己没有生活补助；227 名（2.21％）公费师范生表示自己每年有 10000 元以上的生活补助；20 名（0.19％）公费师范生表示自己每年有 20000 元以上的生活补助；4 名（0.04％）公费师范生表示自己每年有 30000 元以上的生活补助；2 名（0.02％）公费师范生表示自己每年有 50000 元以上的生活补助；1 名（0.01％）公费师范生表示自己每年有 80000 元以上的生活补助；3 名（0.03％）公费师范生表示自己每年有 100000 元以上的生活补助。

第三节　师范生公费教育政策实施的优化路径

一、积极稳妥地扩大国家公费师范生的培养规模

多方主体应积极响应扩大国家公费师范生的培养规模的需求，推进教师培养供给侧结构性改革。调查显示，2011 年至 2021 年，除山东省外，九省（区、市）的部属公费师范生的毕业人数呈现逐年下降趋势；部

属师范大学公费师范生的培养规模缩小。一方面,参与本次调研的各省(区、市)普遍反映公费师范生计划招生人数不足,实际招生数额与需求量之间存在一定差距,供需矛盾突出。另一方面,公费师范生在就业时存在着向经济发达地区以及省会城市集聚的情况,他们选择到中西部地市、县城或乡村就业的意愿不高,这不利于教育的均衡发展。基于部属师范大学公费师范生培养规模整体缩小、县(市)及以下地区公费师范生短缺等问题,各省(区、市)的教育行政部门和六所部属师范大学应协商培养机制,充分考虑各地区的教师需求量,扩大公费师范生的培养数量,有计划地扩大公费师范生的培养规模,向县级及以下地区倾斜,健全定向招生机制。

二、完善公费师范生就业政策体系

基于师范生公费教育政策在就业环节中存在的问题,如对地市级和县级及以下地区教师队伍补充作用不足、公费师范生到地市级和县级及以下地区的从教意愿较低、地市级和县级地区对公费师范生的住房和生活的支持度不足,提出如下建议。

(一)将就业政策由"省来省去"调整为"省来市去"

进一步厘清公费师范生的就业定位,调整公费师范生就业政策。按照市域需求在省域内定向招收公费师范生,公费师范生毕业后定向到县域就业。联合地方教育主管部门和部属师范大学,加强公费师范生就业政策的宣传，帮助公费师范生建立回报家乡的理想信念，引导公费师范生到基层学校从教。

(二)支持公费师范生到县域就业

引导公费师范生到县域就业，能更好地满足乡村教育的发展需求。将公费师范生纳入县域人才招聘范围，给予到县域就业的公费师范生一定期限的住房和生活补贴，能切实满足公费师范生入职后的生活需求。公费师范生在职期间可免费攻读教育硕士专业学位、教育博士专业学位；履职期满后继续在当地从教的优先晋升中级职称，工作满 12 年可优先晋升副高级职称。这些政策能在职业发展方面更好地保障公费师范生的权益，使其"留得下、教得好"。

三、提升公费师范生学历培养层次

基于各主体对部属师范大学师范生公费教育在培养层次上的需求，如均支持提高公费师范生提升学历层次、均认可"4＋2"师范教育专业连续培养模式、基础教育阶段学校及其所在地急需硕士及以上学历层次的教师，提出如下建议。

(一)公费师范生培养层次由本科提升为硕士

积极响应各主体对教师提升学历层次的要求，将公费师范生培养层次由本科提升为硕士。一方面，考虑对当前的公费师范生培养模式进行改革,加大对公费师范生在职学历提升的支持力度;另一方面,实施公费师范生"4+2"连续培养模式,并支持有潜力的六年制公费师范生就业三年后在职攻读教育博士专业学位。拓展公费师范生培养周期,增强在读公费师范生学习的连贯性与一致性,从而更好地满足大部分地区对高学历层次教师的需要,促进各地区建设高质量、专业化的教师队伍。

(二)探索公费师范生"4+2"连续培养模式

一方面,积极响应各主体对完善"4+2"连续培养模式的要求,在现有培养模式的基础上,有效借鉴当前部属师范大学对公费师范生本硕连读的培养思路。例如,华中师范大学按照职前教育与职后教育相结合的原则,遵循"本科教育—中小学教育服务实践—继续教育—再实践"的路径设计公费师范生培养发展体系,让学生从本科第八学期开始参加硕士教育课程的学习,对修取的学分实行本科和硕士教育互认制度。又如,东北师范大学为探索"4+2"连续培养模式已开展一系列行动,如新建学生宿舍;以数学与应用数学学院等部分院系为试点将教育硕士课程前置,放到本科环节;允许公费师范生提前选修攻读硕士学位期间需要学习的专业课,为本硕连读、贯通培养创造条件。

另一方面,找准公费师范生培养的薄弱环节,进一步改进工作,如缩小公费师范生与高水平综合大学的学生在学科专业基础上的差距,提高公费师范生的培养质量,积极探索新型培养模式,选拔有积极从教意愿的综合院校本科毕业生攻读硕士学位,在学生毕业后,按照公费师范生"两免一补"政策的补助标准返还四年本科教育的相应经费。

四、完善部属师范大学公费师范生培养体系

基于部属师范大学师范生公费教育在培养体系中的问题，如录取环节主要依据高考分数、各培养方案缺乏具体的进入与退出机制、公费师范生的内在从教动机相对较弱、部属师范大学一线高水平实践教师与专职学科教学法教师水平有待提升、在读的公费师范生的综合育人能力和教学实践能力有待加强等，提出如下建议。

(一)完善公费师范生招生环节

在公费师范生的入口端，应增加对非认知能力的筛选与监测。一方面，学习成绩并不能全面地反映和预测公费师范生能否"留得下""教得好"；另一方面，内在从教动机对公费师范生毕业后的留任情况、起到的引领示范作用、表现出的职业能力均有显著的正向预测作用。因此，在入口端对学生的从教动机进行甄别和筛选，有助于选拔出更加热爱与认同教师职业的个体并将其纳入公费师范生培养体系。同时，在培养过程中，应该对公费师范生的非认知能力持续进行监测，从而更好地保证培养出更多能教、适教、乐教的教师。

(二)健全公费师范生进入与退出机制

实施师范生公费教育政策的初衷是吸引优秀人才从教，提高育人质量。各高校应当健全动态调整机制，出台灵活的进入、退出机制。

首先，受招生省份、分数线和名额的限制，在部属师范大学，有一部分优秀学生有长期从教的意愿，但不是公费师范生。各部属师范大学应完善并细化公费师范生进入机制，为乐教、适教的非公费师范生提供进入公费师范生培养体系的具体路径。

其次，建议学校层面完善并细化公费师范生退出机制。一方面，针对公费师范生个人主动申请退出公费师范生培养体系或申请转专业的情况，学校方面应加大审查与考核力度；另一方面，针对个别学习态度不端正、理想信念不坚定、学习成绩不达标的公费师范生应由培养学校和省级教育行政部门联合评估，实行动态考核与淘汰机制。

(三)在公费师范生培养全过程中实行"三导师制"

部属师范大学管理者表示，在公费师范生的培养过程中，一线高水平的实践教师与专职学科教学法教师的教学能力须加强。学校既要注重培养和引进一线高水平的实践教师，也要加强部属师范大学专职学科教学法教师队伍建设，提高专职学科教学法教师的整体素质。陕西师范大学探索并建成了地方、高等学校、中小学和幼儿园"三位一体"协同育人的卓越教师培养体系，即优秀教师、学校所在地的教研员与大学专业教师共同担任导师，聘请国内外知名专家学者、基础教育领域高水平教师和社会杰出人士担任卓越班授课教师。在建设公费师范生培养体系时，应有效借鉴部属师范大学的创新培养办法，进一步加强公费师范生导师制建设，实施公费师范生培养全过程的三导师制，即培养院校导师、考生户籍所在县(市、区)导师和教育见习实习导师，以优化协同育人机制。

(四)强化公费师范生实践教育

开展教育见习和教育实习是提升公费师范生实践教学能力的重要途径。学校应积极响应提升公费师范生综合育人能力和教学实践能力的要求，在公费师范生的培养过程中，加强教育实习和教育见习等实践培养环节的建设。例如，将教育见习安排在大三，时间不少于两个月；将教育实习安排在大四，时间不少于一个学期；将公费师范生寒暑假回生源地实习、支教纳入公费师范生综合实践教育体系，进一步加强与中小学校的配合，构建校外导师与公费师范生联系的常态机制，让开展浸入式的教育实践成为常态。

五、建立教师生涯专业发展终身服务体系

各省级教育行政部门、各部属师范大学要加强与相关职能部门的协调配合，为毕业后从教的公费师范生建立教师生涯专业发展终身服务体系，增强对公费师范生的专业发展支持及情感支持，如建立公费师范生之家、寒暑假在线专业进修学院等师范生信息交流平台，实现公费师范生的交流、互助、发展。

首先，增强对公费师范生的专业发展支持。刚入职的公费师范生在教师职业能力、教学实践能力、综合育人能力方面均处于起步阶段，因此，各方应增加对其专业发展的支持，为其提供更多的专业发展计划与活动，从而帮助其快速提升职业能力，展现师范生公费教育政策的

优势。

其次，为入职的公费师范生提供情感支持。本次调研发现，一方面，利他动机负向地影响公费师范生的留任情况，会消耗其情感资源；另一方面，随着知识的不断更新和教学技术的不断发展，教龄较长的教师的优势感知度会降低。因此，既需要对公费师范生提供持续的情感支持，让公费师范生"留得下"；又需要对其持续地进行专业培训和专业发展支持，从而让公费师范生在毕业后"教得好"，持续地获得专业成长，更好地持续发挥引领作用。

六、完善公费师范生学业和就业管理政策

基于部属师范大学在公费师范生就业管理中的问题，如公费师范生学习动力有待加强、履约管理机制有待完善、缺乏就业管理长期监测机制等，提出如下建议。

(一)激发公费师范生的学习内动力

公费师范生的培养院校要增加针对公费师范生学习过程的过程性评价环节，建立公费师范生学业管理和激励机制。针对公费师范生毕业即就业、部分学生学习积极性不高的问题，培养院校需要加强对公费师范生成长过程的考核，激励学生保持积极的进取心。一是在学习过程中增加必要的评价环节，二是在实践环节中设置多样化的考核方式。依托人工智能、大数据等现代信息技术手段完善考核制度、增加学分之外的过程性考评环

节，逐步建立能够记录和体现公费师范生德智体美劳全面发展的全方位、过程性、立体化的评价体系与平台，从而激发公费师范生群体的学习动力与潜力。

(二)健全履约管理机制

为确保师范生公费教育政策实施的有效性和有序性，政府应进一步建立健全履约管理机制，建立长期监测机制，更好地响应公费师范生和用人单位的权益保障需求。

第一，建立和完善省、市、县、校四级联动的履约管理机制，规定市、县级教育行政部门为公费师范生履约管理工作主体，有关学校的校长为公费师范生履约管理工作第一责任人，切实维护公费师范生的权益。如山东省依托山东省高校毕业生就业网，专门设置部属公费师范生的服务模块，发布全省的岗位需求信息和公费师范生的信息，以便毕业的公费师范生与用人单位进行双向选择，签订就业协议。这有效简化了公费师范生在就业前的步骤和手续，优化了采集生源信息、发布岗位信息、双向签约、跨市签约等多项工作，为用人单位和毕业的公费师范生提供了切实的便利。

第二，各省级教育行政部门要加强公费师范生的履约管理，确保公费师范生严格履行师范生公费教育协议。公费师范生因特殊原因不能履行协议的，须经生源所在地省级教育行政部门批准，并按规定退还已享受的公费教育费用、缴纳违约金，解除师范生公费教育协议。

第三，建立健全公费师范生履约动态跟踪管理机制，充分利用大数据、云计算等相关信息技术，探索建立公费师范生履约就业数据管理与分析平台，全面、持续地获取和分析公费师范生的任教科目、工作时长、薪资待遇、对现有岗位的满意度、在职培训情况、支教经历、服务期满留任意愿及去留情况等就业相关数据，跟踪公费师范生履约任教情况及留任意愿，为建立公费师范生培养的长效机制提供支持。

七、提高公费师范生培养经费保障水平

公费师范生培养规模的扩大、培养体系与就业政策体系的完善、学历培养层次的提升，以及培养院校教师生涯专业发展终身服务体系的建立均离不开公费师范生培养的经费投入。国家需进一步加大对部属师范大学师范生公费教育的经费投入，提高公费师范生在读期间的生活补助；加大对见习经费和科研经费的投入；缓解学历培养层次提升过程中师资不足和宿舍紧张的问题；针对办学条件的改善、教育硕士的培养以及教师生涯专业发展终身服务体系的建立设立专项经费。国家应提高公费师范生培养经费保障水平，从根本上改善现实问题，进一步提升师范生公费教育政策实施的成效。

八、完善国家和地方公费师范生培养体系

为完善公费师范生就业政策体系，推进公费师范生学历培养层次的提升，国家要建设公费师范生培养体系。一是进一步厘清国家公费师范生的

就业定位，即部属师范大学公费师范生就业去向以地市为主，地方公费师范生就业去向以县镇为主，以此优化公费师范生的供需结构。二是进一步明确公费师范生的服务对象，即明确部属师范大学公费师范生任教学段以高中为主，地方公费师范生任教学段以学前和义务教育阶段为主，以此优化教师队伍结构。三是进一步促进政策有效衔接，实施部属师范大学公费师范生"4＋2"连续培养模式，并支持地方公费师范生在职攻读教育硕士专业学位，以提升公费师范生的学历培养层次。

第四章

"优师计划"政策实施

2021 年 7 月，教育部等九部门联合印发了《中西部欠发达地区优秀教师定向培养计划》，启动了"优师计划"，对师范生招生、培养、就业等环节做出进一步具体部署，着力解决欠发达地区教师供给问题，培养一批优秀教师。"优师计划"是新时期解决我国中西部欠发达地区教师队伍供给难题、建设高素质乡村教师队伍的重要举措。

第一节 "优师计划"政策实施的重要意义

"优师计划"是我国师范生公费教育体系的又一创举，是更加精准的面向欠发达地区的优秀教师培养专项计划。

自 2007 年以来，六所部属师范大学累计培养超过 12 万名公费师范生，师范生生源质量显著提高。一大批优秀的毕业生到中西部地区从教，对加强中西部地区教师队伍建设、促进基础教育的均衡发展，产生了积极的作用。此外，在国家政策的示范引领下，各地区也积极出台地方政策，依托省属师范院校为本地区培养优质师资。目前，已有 28 个省（区、市）实施地方师范生公费教育政策，每年培养 4 万余名毕业生到乡村中小学任教，培养规模进一步扩大，就业岗位也进一步下沉，对于提升欠发达地区的师资水平产生了持续而深远的影响。

"优师计划"是师范生公费教育政策和国家教师教育改革的重要组成链环，直接面向 832 个定向县，更能凸显定向培养的精准性。"优师计划"是与乡村振兴有效衔接的举措，也是对师范生公费教育政策核心理念的传承与发展。一系列师范生公费教育政策的建立和发展完善，体现的是国家越来越彻底地推动师资均衡发展的决心，体现的是国家为促进教育公平、提高教育质量做出的努力。

一、师范生公费教育体系全面扩容

国家实施"优师计划",是要为中西部基础教育赋能、增能。"优师计划"与国家主导的师范生公费教育政策同步实现了向欠发达地区、向广大农村地区、向地方师范院校扩容的目标。在此意义上,"优师计划"是师范生公费教育政策的系统性自我升级,是师范生公费教育政策的"扩展版""增强版",是国家与地方师范生公费教育的"混血儿",是师范生公费教育政策在规模、层次、院校、地域方面的一次全要素扩容,实现了师范生公费教育政策的双重扩展目标——"覆盖面的扩展"与"深入度的扩展",是对《中共中央 国务院关于全面深化新时代教师队伍建设改革的意见》中提及的"师范教育体系有所削弱"问题的有力回应。

二、国家教师教育能力飞速提升

国家教师教育能力反映的是一个国家为基础教育培育优秀教师的综合水平。提升国家教师教育能力体现的是我国全力推进师范生公费教育改革的直接意图。"优师计划"要求针对"优师计划"师范生开设系列特色课程,深入定向县开展教育实习实训,全力造就合乎中西部教育实际的量身定制型优秀教师。这标志着我国教师教育理念已全面走向精细化阶段。从这一角度看,精准教师教育、区域差异性教师教育是"优师计划"传递出的新理念。这一理念的提出与实施对打破传统师范教育模式具有革命意义。个性化培养与发展的相关方案，成为新时代我国教师教育的重要组成部分，必将为提升我国教师教育的区域适应力、时代适应力贡献力量。"优师计划"体现的扩优提质、精细培养等理念是带动我国教师教育能力全面提升的动力源。

三、中国特色师范教育制度不断创新

"优师计划"借助公费性、定向性、扶贫性三重典型属性，将中国特色师范教育制度改革向纵深推进，充分发挥了教师作为中西部教育崛起突击手、先锋队的作用。四川省教育厅在解答关于"优师计划"的九大热点问题时表示，"优师计划"是推动、巩固、拓展教育脱贫攻坚同乡村振兴有效衔接而实施的一项关键举措，旨在为中西部欠发达地区的中小学校定向培养一批优秀教师，推动欠发达地区教育优质均衡发展，为实施乡村振兴战略源源不断地输送人才。

鉴于此，2022 年，北京师范大学教育国情调查中心"优师计划"政策实施情况研究课题组聚焦"优师计划"师范生的招生与培养问题，分别对"优师计划"师范生、师范院校开展了调查。一方面，对六所部属师范大学以及甘肃省、广西壮族自治区、贵州省、河南省、湖北省、吉林省、内蒙古自治区、陕西省、西藏自治区、新疆维吾尔自治区、云南省、重庆市等省（区、市）的省属师范大学开展了问卷调查，抽取所有在读师范生的 20% 作为样本，覆盖所有专业及生源地。经过数据清理，最终收集到有效问卷 16980 份。另一方面，对上述研究对象开展书面调查，了解"优师计划"师范生招生、培养、保障方面的情况，共收集了 60 余万字的资料，后文将对调查结果进行详细介绍。

第二节 "优师计划"政策实施的主要成效

一、各地各校推动政策落地

自《中西部欠发达地区优秀教师定向培养计划》印发以来，中西部各地区、各部属师范院校依据本地区、本学校的特点和优势积极部署，出台了相应的政策文件或工作方案，以推动"优师计划"政策落地。

河南省选择省内具有优势的河南大学、河南师范大学、信阳师范学院作为培养单位，为38个国家级脱贫县（区）（原26个国家连片特困地区重点县和12个国家扶贫开发重点县，含淮阳区）培养紧缺学科和薄弱学科师资，并在招生、培养、就业体系、编制等方面进行了严密的制度设计，为政策目标的达成提供了制度保障。

贵州省从2021年开始实施"优师计划"，共计招生533人。其中，国家专项于2021年在该省招生79人，于2022年招生156人；地方专项于2021年招生198人，于2022年招生100人。陕西省先后发布了《关于做好陕西省2021年"国家级优秀农村教师定向培养计划"地方专项有关工作的通知》《陕西省实施"中西部欠发达地区优秀农村教师定向培养计划"工作方案》，从计划编制、招生录取、职前培训、就业管理和职后发展等多个方面为"优师计划"的实施提供了组织、经费和政策方面的保障。从 2021 年起，陕西省每年招收"优师计划"国家专项师范生 80 至 200 人，"优师计划"地方专项师范生 600 至 800 人。

吉林省的"优师计划"师范生参照省属公费师范生政策培养，由承担省属高校师范生公费教育项目的学校培养，"优师计划"毕业生在省内脱贫县和中西部陆地边境县定向就业。2021 年以来，吉林省已累计招录培养"优师计划"师范生 179 人，其中，2021 年招录 69 人，2022 年招录 110 人。

云南省教育厅与省财政厅、省人力资源和社会保障厅、省乡村振兴局等部门联动配合，提前部署征集需求、招生宣传等工作。为实现两个培养项目的有效衔接，云南省按照覆盖全学段（小学、初中、高中）和明确专业学科的要求进一步优化培养方案，以满足地方的教师培养需求，并于 2021 年 12 月印发了《云南省教育厅等九部门关于实施优秀教师定向培养计划的通知》，统筹实施省级公费师范生项目和地方优师专项，在"十四五"期间每年统筹安排约 1600 个培养名额。

内蒙古自治区印发了《内蒙古自治区优秀教师定向培养计划工作实施方案（试行）》，自 2021 年起在内蒙古师范大学、内蒙古民族大学开展招生工作，2021 年招收了 104 人，2022 年招收了 150 人。

重庆市于 2021 年招收首届地方"优师计划"的农村小学全科教师，共计 550 名。2022 年，投放 15 个师范类专业，其中包括汉语言文学、数学与应用数学、英语、物理学、化学、生物科学、思想政治教育、地理科学、特殊教育 9 个国家一流专业，共招收了 256 名地方"优师计划"师范生。

东北师范大学近年来面向全国 22 个中西部欠发达省份招收"优师计划"师范生，共招收了 285 人。陕西师范大学于 2021 年开始招收"优师计划"师范生，两年间共招收了 800 人，培养专业包括汉语言文学、数学与应用数学、英语、物理学、化学、生物科学、思想政治教育、地理科学、历史学等。西南大学加强组织领导，加大宣传力度，严格录取管理，连续两年完成优师专项招生计划，每年在 20 多个省市录取 150 名"优师计划"师范生，并按照国家要求跟学生、生源所在省份的教育行政部门、乡村振兴工作部门签订定向协议。

二、建立了省级统筹、校地协同的工作机制

在党中央决策部署下，各地区加强省级统筹，各部门协同联动，各定向县政府部门和培养院校积极协同参与，共同为实施地方"优师计划"做好政策保障工作，建立起了一套行之有效的协同工作体系，从制度上保障"优师计划"政策目标的实现。

河南省精准制订优师专项招生计划，加强省级统筹协调。省教育厅每年会同省编办、省财政厅、省人力资源和社会保障厅等有关部门提前开展摸底调研工作，指导各地综合考虑域内教职工的编制总数、公费培养教师周期、当地的师资结构和师资需求及自然减员等情况，客观地体现地方实际需求。最后整合需求，统一把关并制订计划。

吉林省教育厅牵头负责公费师范生毕业后的就业指导、落实工作岗位、办理派遣和接收工作；省人力资源和社会保障厅负责公费师范生毕业

后的人事接转工作；省编办负责落实公费师范生毕业后到中小学任教的编制；省财政厅负责落实相关经费。省教育厅统筹本地区中小学教师岗位需求，会同省编办在核定的中小学教师编制总额内，安排接收公费师范生编制计划，建立起了一套行之有效的协同工作体系，从制度上保障公费师范生培养落到实处。

内蒙古自治区定向县教育行政部门根据本地教师队伍结构、需求、编制和岗位空缺情况，提出需求计划，与同级的编制、财政、人力资源和社会保障、乡村振兴部门会商后，经旗县级人民政府同意盖章后报盟市教育行政部门。盟市教育行政部门与同级的编制、财政、人力资源和社会保障、乡村振兴部门会商后报自治区教育厅。自治区教育厅、自治区党委编办、自治区财政厅、自治区人力资源和社会保障厅、自治区乡村振兴局统筹核定后下达年度招生计划。

贵州省教育厅多次与省人力资源和社会保障厅、省乡村振兴局、省招生考试院、省内有关高校负责同志召开专题会议，就相关工作，特别是编制、岗位、经费保障、培养院校选择等进行研讨，落实具体申报指标和培养院校。贵州省教育厅积极争取国家"优师计划"培养指标，在实施地方"优师计划"时，遵循先行先试、稳步推进、确保质量的工作原则，遴选了两所省属师范类本科院校（贵州师范大学、贵州师范学院）具体承担2021年地方"优师计划"师范生的培养工作，计划培养200人，涵盖18个专业。

重庆市高度重视地方"优师计划"师范生的招录和培养工作，多次协同市人力资源和社会保障局、市乡村振兴局、市考试院、高校、区县进行讨论研究，出台相关文件，完善工作机制，并指导高校、区县开展工作，完善相关制度；协调高校开展重庆市地方"优师计划"师范生定向培养工作的区县调研，出台专门的地方"优师计划"师范生培养方案。

三、构建了中央与地方互补型师范生培养体系

各地区将国家"优师计划"、地方"优师计划"、部属院校"公费师范生"、地方"公费师范生"等教师教育专项政策统筹考虑，整体布局，形成了互补的师范生培养体系。各专项政策发挥各自特色，为不同层次、不同地区培养教师后备人才，既能为高水平学校培养教育家型教师，也能为乡村地区培养"下得去、留得住、教得好"的优秀教师，从而形成了互补的师范生培养体系。

四、吸引一批优秀学子报考师范院校

除部属师范院校外，各地区优选本地区办学水平高、教师培养卓有成效的师范院校承担"优师计划"师范生培养工作，吸引了一大批优秀学子报考。他们的从教意愿强烈，认知水平和学习能力强，成为教师队伍重要的储备力量。

调查表明，约23％的师范生所学的专业是"双一流"建设专业学科，约92％的师范生表示对所在院校有归属感，约93％的师范生表示学习环境令人愉快（见图4-1、图4-2、图4-3）。

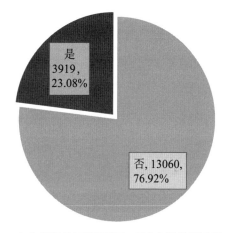

图 4-1　专业学科是否属于"双一流"建设学科及所占比例

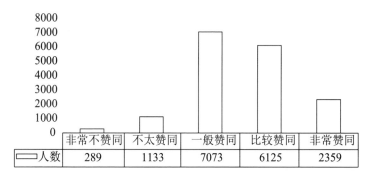

图 4-2　院校归属感频次分析结果

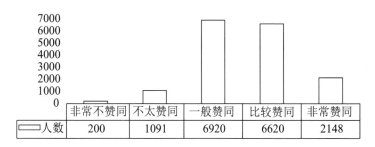

图 4-3　学习环境频次分析结果

重庆市 2022 年的地方"优师计划"的录取分数优势明显：物理类最高分为 606 分，高出特殊类型控制线 130 分；历史类、艺术类、体育类学生录取分数均与部属院校的录取分数持平。与录取分数都维持高位的全科教师相比，地方"优师计划"成为考生报考定向师范生的首选，考生的报考热情更高。地方"优师计划"历史类最低分高出特殊类型控制线 71 分，物理类最低分高出特殊类型控制线 92 分，均高于农村小学全科公费师范生的最低录取分数线。

云南省着重凸显学校在学科培养方面的优势，按照覆盖小学、初中、高中全学段的原则，明确专业学科的要求，进一步优化培养方案，以满足地方的教师培养需求。调研发现，"优师计划"对优秀学生的吸引力在云南省已经展现。从录取分数来看，2021 年云南省文史类一本线为 565 分，理工类一本线为 520 分，国家优师专项文史类最低录取分为 608 分，高出一本线 43 分；理工类最低录取分为 597 分，高出一本线 77 分。地方优师专项文史类最低录取分为 572 分，理工类最低录取分为 531 分。2022 年云南省文史类一本线为 575 分，理工类一本线为 515 分。国家优师专项文史类最低录取分为 613 分，高出一本线 38 分；理工类最低录取分为 597 分，高出一本线 82 分。2022 年云南省地方优师专项文史类最低录取分为 575 分，理工类最低录取分为 538 分。

东北师范大学的"优师计划"在各省的文科录取线平均高于批次线 68 分，理科录取线平均高于批次线 105 分，文理综合类录取线平均高于批次线 145 分。陕西师范大学的"优师计划"的录取分数接近公费师范生，个别专业的录取分数线甚至超过了公费师范生。从近两年的录取情况看，各省

"优师计划"的生源数量充足,生源质量非常高。

五、完善公费师范生定向就业政策

各地区根据政策目标和实际情况设计定向招生、定向培养、定向就业等政策环节,形成了比较完善的定向政策设计体系;还通过各种线上、线下渠道宣传和解读政策,扩大了政策传播范围,深化了大众对政策的理解,形成了比较完善的宣传体系。

河南省对"优师计划"师范生实行"省来县去"招生就业政策,建立了较为完备的政策问答体系,通过省教育厅网站、微信公众号、省考试院网站、高校展板宣讲、政策咨询热线等向考生宣传招生和就业政策。因为招生计划已经明确了设岗地,所以考生可据此了解就业方向。考生入校后与培养院校、设岗地人民政府正式签订定向培养就业三方协议书,直接定向到就业县。

陕西省专门对"优师计划"的招生计划、报考条件、优惠政策、录取规则、就业管理等方面的问题进行一一解答,并在省内媒体和报刊上发布。同时,各级教育行政部门和培养院校也纷纷在网站、公众号、报刊上开展政策解读,积极深入中学,通过印发报考指南、招生简章等形式全方位解读"优师计划"和招生政策。这一系列举措有效地扩大了政策的传播范围,让大众对"优师计划"有了更加全面、详细的了解,增加了报考考生的数量,为薄弱地区的师资储备了一大批后备力量。

新疆维吾尔自治区在高考结束后,迅速组织开展"优师计划"招生宣传工作，由厅级领导牵头，组织相关部门进行专题研究，在新疆维吾尔自治区教育厅网站及新疆师范大学网站上介绍"优师计划"，目的是讲清计划类型、毕业去向等内容。此外，在高考志愿填报期间，设立咨询电话，安排专人接听，及时解答考生和家长提出的各类问题。

六、各地各校积极创新培养方案

各地区、各培养院校科学编制培养方案，创新培养模式，重视构建协同育人的培养管理体系，建立高校、地方政府、中小学联合培养机制；在培养过程中强化双导师制，扎扎实实地培养乐教、适教、善教的人才。调查数据表明，约95％的在读的师范生表示目前能得到好的学习机会，96％的在读的师范生认为在培养过程中自己的专业能力得到了提升和发展。

重庆市在"优师计划"师范生培养上构建了"四化两制"的人才培养模式，聚焦"四化"（小班化、本土化、精准化和现代化），依托"两制"（导师制、书院制）培养"优师计划"师范生。同时，积极培养适应乡村学校实际的全科教师。以重庆大学的培养模式为例，重庆大学构建了"大文""大理"课程选择模式，即全科生可以选择"语文＋英语＋其他"的"大文"课程模式，也可以选择"数学＋科学＋其他"的"大理"课程模式，体现了全而不泛的全科教育理念，形成了教育见习、研习、实习和讲习的"全程实践"教学新体系，建立了"主城＋区县"两次实习相结合的实习模式。

云南师范大学专门针对"优师计划"的培养目标设计了培养方案和课

第四章 "优师计划"政策实施

程。据云南师范大学的负责人介绍，"优师计划"主要有五个培养目标：有高尚的教育情怀、具有基于各学科核心素养的整合性知识结构、掌握德育的原理与方法、具备突出的综合教育教学能力、能借鉴国内外先进的教育理念和经验开展教育教学。按照这五个培养目标，云南师范大学设置了三个课程模块，分别是公共基础模块、学科专业课程模块、教师教育课程模块。同时，加大了对教育实践的要求，即集中教育实习的时间不少于18周。

河南师范大学强化了针对"优师计划"师范生的实践教学改革，先后建立了570余个优质教育实践基地，开通了教育实践管理系统，加强教育实践课程化、过程化的"双化"管理。为鼓励"优师计划"师范生参加各级教学技能比赛，以赛促教、以赛促学、以赛促创，河南师范大学先后建成了16个智慧微格教学技能训练教室，对"优师计划"师范生开展多项教学技能训练。

东北师范大学将"优师计划"师范生与公费师范生混合编班，采用相同的人才培养方案和培养标准，极大地提升了"优师计划"师范生的学习积极性。同时，东北师范大学结合"优师计划"师范生的特点，增加了特色型培养环节。例如，针对"优师计划"师范生，开展返乡社会实践活动，让学生通过访谈基层教学名师、探访基层学校等方式，了解基层教育的现状及需求，厚植扎根基层教育的情怀。

陕西师范大学根据"优师计划"师范生的成长需求，将协同育人机制下沉到课程层面，推进课堂创新。一是强化课程开设，邀请一批基础教育一线名师直接为"优师计划"师范生开设专门的课程，通过线上全程授课与线下集中指导的形式为学生开设有关教师教育能力、教育教学改革的课程。二是联合附属中学、附属小学等附属学校及优质实习基地学校,将"优师计划"师范生的部分课程直接搬到中小学课堂,引导"优师计划"师范生观摩基础教育课堂,了解基础教育现状,参与中小学课程改革,提高教育教学能力。

华东师范大学以学生的能力提升与素质发展为中心,全面修订培养方案,以"四个导向"为指导改革课程体系,以"少而精、博而通"为理念建立养成教育体系,以课程体系与养成教育体系为支撑,着力使"优师计划"师范生达到毕业要求。基于卓越育人的要求,华东师范大学设计了"培根、筑基、融通"三段式本科人才培养模式,低年级以通识教育为主、中年级以专业教育为主、高年级以跨学科为主,在夯实本科生基础的同时实施"留白"培养,为每名学生都留出个性化发展的空间。

西南大学坚持"让优秀的人培养更优秀的人"的理念,启动了"未来名师筑梦计划"。同时,完善高校、地方政府、教研机构、中小学四方协同机制,以互聘导师等形式实现对"优师计划"师范生在见习、研习、实习指导方面的全员覆盖。

七、强化公费师范生扎根基层的理想信念

调查数据显示,超过70%的"优师计划"师范生表示比较愿意或非常愿意到祖国和人民需要的地方去,有扎根基层的信念。超过97%的"优师计划"师范生能够基本认识到基层教育工作对乡村教育和乡村振兴的重大

意义。

为引导"优师计划"师范生进一步了解中国基础教育的现状，树牢扎根基层、奉献基层的信念，不断从优秀教师身上汲取奋进的力量，2022年5月，陕西师范大学为"优师计划"师范生与教育专家、基础教育一线名师、杰出校友搭建了"师表讲坛"这一交流平台。首期讲座特邀陕西省教书育人楷模做了专题报告。在启动仪式上，陕西师范大学为"优师班"的学生提供了在日常练字的小黑板，鼓励学生练好字，提高个人的教书育人本领。陕西师范大学还结合中西部地区基础教育的短板和需求，着力设计科学的培养方案，重新构建课程体系，开发、开设系列特色课程。陕西师范大学专门开发了"中西部乡土社会认知""中西部基础教育改革发展专题""信息化教学实践导论""师范生创新思维训练与实践"等课程；还开设了"中小学生认知与学习""中小学生品德发展与道德教育""中小学生心理辅导""中西部教师专业发展与职业道德"等课程。陕西师范大学为优化"中西部教育实践与社会调查"课程设计思路，引导"优师计划"师范生在定向县域开展教育实践与社会调查。陕西师范大学还组织"优师计划"师范生走向基础教育一线，参与基础教育课程改革，切实增强其职业认同感和社会责任感。

东北师范大学结合"优师计划"师范生的特点，增加了特色培养环节，在课程体系设计中嵌入乡村教育知识模块，设置"乡土中国与农村教育""农村教育改革专题"等课程，将乡村情怀的培养融入学生的日常学习，通过特色课程对学生进行思想引导和情感影响，使学生厚植扎根乡村教育的情怀。东北师范大学建立了第一课堂和第二课堂联动的课程体系，依托厚普公益学校、红烛志愿者协会、大学生支教团，完善第二课堂建设，并逐渐将建设成熟的第二课堂的课程纳入第一课堂；通过特色课程建设，激发学生振兴乡村教育的责任感和使命感，厚植自身长期在欠发达地区从教的职业情怀。

八、优化"优师计划"实施的保障政策

各地区、各院校高度重视"优师计划"，为政策实施提供了充足的经费支持，保障"优师计划"师范生在校学习期间的学费、住宿费和生活费。各省优先选配高质量师资，同时为"优师计划"师范生定向就业做好政策保障。

云南省统筹推进省级公费师范生项目和地方"优师计划"专项的发展，在"十四五"期间，每年统筹培养约 1600 名学生，每名学生每年的培养经费约为 14.2 万元。

内蒙古自治区免除了"优师计划"师范生在校学习期间的学费、住宿费并补助生活费。内蒙古自治区政府要求各地加强"优师计划"师范生周转宿舍建设，将符合当地住房保障条件的"优师计划"师范生纳入当地住房保障范围。内蒙古自治区教育行政部门负责统筹、协调、指导"优师计划"实施工作；编制、财政、人社等相关部门负责做好宏观政策支持工作，协调、督促编制管理、待遇保障等工作落实到位。

陕西省联合部属师范大学与地方师范院校，面向全省 56 个脱贫县培养本科层次"优师计划"师范生，免除学生在校学习期间的学费、住宿费并补助生活费。师范生毕业后须按定向就业协议约定，到脱贫县的中小学履

约任教 6 年。这一举措从源头上提高了脱贫县的中小学教师的质量，培养了一大批优秀教师。

西南大学为"优师计划"师范生的培养提供了充分的保障。在组织保障方面，西南大学成立了教学科研机构——教师教育学院。教师教育学院协同校内部门统筹与"优师计划"师范生教育相关的工作，实施教师教育高质量发展计划。在经费保障方面，西南大学免除了"优师计划"师范生在校学习期间的学费、住宿费，给予每人每月 600 元的生活费补助（每年发放 10 个月）。在信息技术保障方面，西南大学着力推进"智能化＋教师教育"行动，建设了智能化学科教学课程体系、数字化资源、教学模式与能力训练实验室、学习与教师发展数据库，培养了一批具有高水平信息化教学能力与技术素养的卓越教师和研究团队。

华东师范大学为培养"优师计划"师范生，建立了"班主任团队＋管理团队＋多元导师团队"。班主任团队由分管本科教学的副校长和培养单位的代表组成。管理团队由教务处处长、副处长，孟宪承书院院长、副院长，以及辅导员、教务员和教务处管理人员组成。多元导师团队包括由专业教师组成的专职导师团和由中学兼职教师、所在省市教育界代表、校友代表等组成的兼职导师团。华东师范大学还面向"优师计划"生源省份和上海招募"国家优师专项计划"师范生兼职导师，现已聘请了 29 位导师。华东师范大学通过组织讲座、开展交流、指导教育研习等方式，形成了"名师出高徒"的治学氛围。

陕西师范大学集中优质资源，支持专项计划实施。一是设立"优师班"班主任。陕西师范大学聘请了师德高尚、学识渊博的专家教授担任"优师班"的班主任，负责思想引领和专业指导。二是实施"三导师制"，加强对"优师计划"师范生的指导，为"优师计划"师范生一对一地配备成长导师、学业导师和实践导师。其中，成长导师由学校现有省级以上师德标兵、省级以上教学名师担任；学业导师由所在专业二级教授担任；实践导师由教育实习基地中省级示范性高中的相关学科特级教师担任。三是提供优质见习实习资源，以先进的教育理念培养"优师计划"师范生。陕西师范大学着力确保"优师计划"师范生全部在东南沿海教育发达地区省级示范性高中实习，确保"优师计划"师范生优先参加各类海外游学，以引导"优师计划"师范生将先进的教育理念带到未来工作的学校中。

河南师范大学培养"优师计划"师范生的7个专业均为国家级一流本科专业。其中，4个专业通过了师范类专业二级认证。河南师范大学为"优师计划"师范生配备了强大的师资，实施本科生导师制，并为"优师计划"师范生提供学习指导、生活指导、成长指导、职业指导等；采用全方位、全过程、全人员育人，实施线上、线下课程竞争机制，以提升教师的课堂教学质量；采用灵活的教师聘任机制，引进校外优质教师和基础教育名师参与培养工作。

第三节 "优师计划"政策实施面临的主要挑战

"优师计划"在取得重要进展和成绩的同时，也面临一些资源约束和体制机制障碍。这些制约政策实施的因素，也是接下来改革发展的重要着力点。

一、培养规模尚不能完全满足基层学校的需求

各定向县对"优师计划"师范生有着强烈的需求，但受经费、培养能力以及全国范围内的总量控制的制约，实际的招生规模远远无法满足需求。

2022年，陕西省的56个脱贫县共申报了3596个"优师计划"需求岗位，然而最终全省仅招收了735名"优师计划"师范生，远远不能满足学校对基层教师的需求。2021年，云南省共有40个县（区）申报了585名国家专项师范生的培养需求，然而最终只招收了90名国家专项师范生；2022年，云南省共有34个县（区）申报了358名国家专项师范生的培养需求，然而最终只招收了167名国家专项师范生。

二、政策宣传工作仍需加强

虽然各地区政府部门、培养院校、中小学做了很多努力加强政策宣传，但是受制于客观因素，考生对政策的了解仍不够全面。

考生了解"优师计划"的渠道不够，他们关心与关注的问题，在招生环节不能得到解答，这导致学生误读了政策。这一点在第一届"优师计划"师范生身上体现得尤为明显。来自甘肃省天水市张家川回族自治县的曹同学是陕西师范大学数学与应用数学专业的"优师计划"师范生。他表示，在报考过程中，他对"优师计划"的了解非常有限，主要从自己学校的教师口中

或从网上获取一些信息。在报考过程中,通过学校的招生咨询热线能够了解一些信息,但是不够清楚。在他看来,"优师计划"与公费师范生的区别在于录取分数线低一些,在就业方面也有一些局限性。曹同学说:"我报考'优师计划'师范生,一是出于对教师职业的热爱和对学校的向往,陕西师范大学在我们西部地区非常有名,我对这所学校很向往。二是因为家庭经济状况一般,'优师计划'的生活补助对我来说很有帮助。三是分数的原因,我的分数报考公费师范生希望不大,所以就转而报考了'优师计划'。目前,很多同学都有考研的想法,但是政策限制了我们的发展,希望后续能够有所突破。"东北师范大学 2021 级"优师计划"师范生牛同学在填报志愿时通过报考书了解了"优师计划",但报考时并没有明确就业的县。后来,她通过学妹了解到 2022 级考生的就业定向县的范围已经明确,这也让她心里的石头落了地。但是关于就业的方式、就业的具体地点她还心存疑虑。2021 年 6 月,山西省教育厅出台了"优师计划"招生的文件,从政策出台到考生报考,只有 10 天左右的时间。在报考过程中,大部分考生、家长及学校的教师对"优师计划"都不甚了解。按照山西省的政策文件来看,"优师计划"师范生与公费师范生的差别在于录取分数线相对较低,就业范围不同。"优师计划"与公费师范生同属提前批次招生,大多数考生都是同时报考了两项计划,因分数不够最终被"优师计划"录取。来自山西省太原市的 2021 级"优师计划"师范生王同学自入学以来,和其他同学一样,期待学校能够针对"优师计划"师范生的培养、专业发展、实习实践、就业、继续教育等方面的问题答疑解惑,但一直以来,学校对"优师计划"师范生的政策宣讲工作不够重视,从而导致部分"优师计划"师范生对未来几年的学业生涯感到无所适从。

三、适教、乐教的公费师范生选拔机制尚待健全

"优师计划"师范生的招生工作以高考分数为唯一依据,没有设置面试环节。师范生在入学以后也没有二次选择、动态调整的机制。教师职业对于师范生的从教意愿、语言表达、精神面貌等都有特定的要求,仅从分数上无法判断学生是否适合从教。

此外,由于目前"优师计划"没有设置二次选择和动态调整机制,因此即使学生察觉到不适合从教也很难改变专业;其他专业的学生如果有意愿加入"优师计划"也没有相应的渠道。这给遴选适教、善教的人才造成了障碍。

四、政策保障仍需加强和优化

"优师计划"师范生的财政保障政策不够细化,保障力度仍需加大。目前的财政拨款不区分专业,但各专业的培养成本差异很大,这影响了"优师计划"师范生的培养工作。例如,河南师范大学有9个专业培养"优师计划"师范生,目前生均8500元的拨款标准仅可满足文科类专业的培养成本,理工类、艺术类专业均得不到满足。2021年,财政拨付490.6万元经费,但在实际培养过程中有37.5万元的差额,这只能由学校自筹经费解决。2022年,经费差额扩大到50万元。

目前,地方师范院校的培养经费多由省级财政承担,给地方财政造成

了一定的负担。2021 年 7 月印发的《中西部欠发达地区优秀教师定向培养计划》指出，中央财政根据各省(区、市)地方师范院校每年实际录取"优师计划"师范生人数，通过"支持地方高校改革发展资金"予以奖补，由省(区、市)负责组织实施。各省(区、市)在落实这项政策时，存在没有及时并合理调整"支持地方高校改革发展资金"的分配结构的问题。

五、尚未建立推免读研制度

目前，很多"优师计划"师范生反映，遇到了学历提升渠道不畅的问题。受社会发展的影响，越来越多的本科毕业生有提升学历的需求。根据当前的政策，公费师范生按协议履约任教满一学期后，可免试攻读非全日制教育硕士专业学位，而"优师计划"师范生目前缺乏学历提升渠道，这可能会动摇他们毕业后到脱贫县基层从教的决心。国家应为"优师计划"师范生提供与公费师范生类似的学历提升渠道。

陕西师范大学汉语言文学专业的"优师计划"师范生张同学说："之前并不了解'优师计划'师范生不能免试攻读研究生，我和同学们只知道我们与公费师范生存在就业地域的差异。我们非常渴望在大学毕业后继续攻读研究生，从而增加知识储备和提高教育教学能力。'优师计划'的初衷是提高西部地区的教育水平，在社会日益发展的今天，我们这届'优师计划'师范生将面对的是一群素质更高的学生。无论是我们这些来自西部的'优师计划'师范生还是将来我们面对的学生，都渴望得到更好的教育。希望国家能够让'优师计划'师范生享受和公费师范生一样平等的免试读研的待遇。"

六、培养过程存在薄弱环节

各院校在培养过程中对于"优师计划"师范生的特色体现得不够。"优师计划"是面向中西部欠发达地区定向培养优秀教师的专项计划，它培养的师范生相对于其他类型的师范生而言，具有鲜明的特征，但从目前各院校的培养方案看来，与其他类型的师范生相比，其特色并不突出，各类师范生培养方案的同质化现象比较明显，尚未充分体现政策定位。部分师范院校正试图体现"优师计划"的政策定位，如东北师范大学专门增设了与乡村教育相关的课程，包括"乡土文学研究""地方文化与写作""农村思想政治教育""乡村文化振兴与文化教育""乡村治理与惠民政策"等，但这些课程均在建设中。同时，"优师计划"的实施在教学团队、课程内容等方面存在诸多困难，也缺乏相应的经费支持。

调研发现，教学实践能力和教学研究能力不足是"优师计划"师范生培养过程中普遍存在的问题。调查数据显示，25.7％的"优师计划"师范生不能保证他们具备基本的课堂教学技能，24.1％的"优师计划"师范生不能保证他们具备情境教学能力，28.9％的"优师计划"师范生不能保证他们具备学案、教案编制能力。此外，还有如下问题：培养过程多重视知识传承，讲授太多，实践不够；"双导师"培养制度的实施效果有限，校外导师没有真正参与学生的培养工作。陕西理工大学确立了"双导师"培养制度，校内导师负责专业知识的培养，校外导师负责职业技能的提升。但不少学生认为，在实施的过程中，受各种因素的影响，他们无法与校外导师在线下接触，沟通的次数与深度受到了制约，指导过程流于形式，没有真正对职业技能提升产生帮助。

七、履约管理办法有待健全

部分政策文件只对违约、解约有相关的规定，但没有细则。例如，对解约程序、费用赔付、惩戒措施等均没有操作性的规定，这给政策实践带来了困扰。云南省在相关的定向培养协议书中只规定了违约或解约后，违约记录将被归入个人人事档案，纳入社会信用体系，但在实际操作中缺乏指导意义，也未明确违约赔付金额和赔付方式。

第四节　"优师计划"政策实施的优化路径

一、建立建全公费师范生学业学习激励和约束机制

学校要为"优师计划"师范生营造积极向上的良好环境。此外，对于其他专业的有意愿成为"优师计划"师范生的学生，也应该为其提供制度上的支持，允许其在通过一定的考核程序后加入。对于品学兼优的学生，应给予更多激励；对于不思进取的学生，应该采用更严格的约束机制。

二、提供在职攻读研究生的机会

学历是衡量教师质量和职业准备充分性的重要指标。2024年3月1日，教育部在新闻发布会上介绍了2023年全国教育事业发展基本情况。普通高中专任教师中是研究生学历层次的所占的比例为14.01%，中等职业教育专任教师中是研究生学历层次的所占的比例为9.41%。这与发达国家还有一定的差距。在未来，我国教师教育还要大幅提升人才培养层次。

我国应重点探索"整体设计、分段考核、连续培养"的本科硕士一贯制模式，推荐优秀的"优师计划"师范生免试进入师范大学继续深造；参考公费师范生的政策设计，允许"优师计划"师范生在工作一段时间后免试攻读教育硕士专业学位；培养一大批乐于为乡村基础教育事业贡献力量、综合素质好、具有教师专业发展潜质的"优师计划"师范生服务中西部学校。

三、健全经费保障机制

《中共中央 国务院关于全面深化新时代教师队伍建设改革的意见》明确提出，鼓励各地结合实际，适时提高师范专业生均拨款标准，提升师范教育保障水平。在此背景下，福建、山东、河南、云南、安徽、河北、四川等省份纷纷提出提高师范专业生均拨款标准的政策目标。但在实践中，各地政策目标的实现遇到了很大的困难。

中央和地方财政应逐步提高师范生经费拨款标准，尤其是"优师计划"

有明显的公共性，应优先提高标准。数据显示，有四成的"优师计划"师范生家庭经济条件困难。中央和地方财政有必要为其顺利完成学业加大经费支持力度。此外，应考虑不同专业的"优师计划"师范生培养成本的差异性，构建更加精细的经费拨款体系。

四、持续加大政策宣传力度

由于"优师计划"实施不久，因此学校和考生对政策的认知存在很大的局限性。为此，应持续加强政策宣传，延长宣传时间，丰富宣传媒介，增设答疑渠道，鼓励在读"优师计划"师范生回母校宣讲并解读政策。设岗县和高中联动，鼓励本县的考生选择"优师计划"，毕业后回家乡工作。

五、全面加强学科素养和教书育人能力的培养

我国应建立地方统筹机制，强化师范院校与地方教育行政部门的沟通，形成使"优师计划"落地、落实的合力；统筹高校和地方教育管理服务资源和力量，优化培养体系，构建"高校和区县政府、区县教育研训机构、中小学"的四方协同培养机制，形成协同协作、同向同行、互联互通的一体化的培养格局。

各院校应遵循师范生培养规律，着力加强师范生学科素养教育，在提升课程教学质量的基础上与地方政府和中小学协同育人，为"优师计划"师范生配备理论导师和实践导师。一方面为"优师计划"师范生提供到发达地

区实习的机会，学习先进的教育理念和教学技能；另一方面为"优师计划"师范生提供到欠发达地区实习的机会，鼓励"优师计划"师范生参与教育教学和课题研究，以提前了解工作环境，有的放矢地学习课程知识和教学技能。

六、进一步厚植扎根乡村教育的情怀

国家应明确"优师计划"师范生的身份内涵及责任，引导学生认识乡村教育对于乡村振兴、乡村教育治理的重要价值，意识到自我发展的空间和人生价值的实现契机。在国家意志与个人价值相结合的过程中生成乡土情怀，使学生怀着奉献农村、服务社会的高度热情投身于家乡的教育事业。

深挖培养过程的特色，完善独具特色的人才培养体系。结合国家政策要求、中西部地区中小学对教师教学能力的实际需求及学生对课程的兴趣需求等，针对"优师计划"师范生开设特色课程。创新实践教学环节，设立见习、实习基地，构建"师范院校—乡村实践基地学校"双场域协同育人模式。

第五章

"特岗计划"政策实施

"特岗计划"是一项具有中国特色的教师配置政策，体现了党和国家对于农村地区教育事业发展的高度重视，旨在通过在中西部农村和边远地区相对集中地设立部分教师岗位、国家出资招聘高校毕业生下乡任教的方式，为乡村地区提供教师支持，促进区域内城乡义务教育的均衡发展。

第一节 "特岗计划"政策实施的重要意义

2006 年 5 月，教育部联合其他三部门发布的《农村义务教育阶段学校教师特设岗位计划实施方案》，标志着"特岗计划"正式启动，为后续出台乡村教师政策奠定了基础。

2020 年 9 月 4 日，教育部召开了发布会，发布了《提升农村教育质量："特岗计划"实施十五年》一文，介绍了"特岗计划"的实施情况。"特岗计划"实施至今，覆盖范围不断扩大。2006 年，国家在西部 11 个省（区、市）以及纳入国家西部开发计划的湖北省、海南省部分"两基"（基本实施九年义务教育和基本扫除青壮年文盲）攻坚县和新疆生产建设兵团的部分团场实施了"特岗计划"。2009 年，"特岗计划"的实施范围扩大至中西部 22 个省（区、市）的国贫县。2012 年，"特岗计划"的实施范围调整为 11 个集中连片特殊困难地区、中西部地区国贫县、西部地区原"两基"攻坚县（含新疆生产建设兵团的部分团场）、纳入国家西部开发计划的部分中部省份的少数民族自治州，以及西部地区一些有特殊困难的边境县、少数民族自治县等。2015 年，国家重点支持中西部老少边穷岛等贫困地区补充乡村教师，将连片特困地区以外的省贫县纳入政策覆盖范围。2020 年，优先满足"三区三州"等深度贫困地区县，特别是 52 个脱贫攻坚挂牌督战县等地区的教师补充需求。

"特岗计划"实施以来，为中西部义务教育阶段的乡村学校补充了100多万名教师，有效创新了农村地区教师补充机制，提升了农村地区教师队伍质量，缩小了城乡师资差距，同时也拓宽了高校毕业生的就业渠道。

一、创新了农村地区教师补充机制

"特岗计划"开始实施后，有效创新了农村地区教师招聘机制，利用多个渠道拓宽了农村地区教师的补充来源，探索了农村教师补充新机制。特岗教师招聘由教育行政部门牵头负责，定县、定校、定岗，真正满足了农村学校的需求，在一定程度上解决了农村学校教师紧缺的问题，同时也为农村学校输入了人才，为农村教育发展注入了新的动力。

一方面，"特岗计划"开辟了除师范生以外的教师招聘渠道，放宽了对于非师范专业学生的招聘要求，仅对报考人员所获得的教师资格证书的专业有要求，放宽了对本科所学专业的限制。这一创举在扩大招聘规模的同时，覆盖了各个学段、学科以及教师类型，再通过加大到岗补助等政策的配合，形成了有效的教师补充来源，优化了招聘地区的教师结构，为农村地区补充了大批高校毕业生。

另一方面，从特岗教师的生源地出发开展工作。"特岗计划"的实施在一定程度上推动了人才回流，即让农民的孩子回到农村当教师。这部分教师在服务期满后留任的可能性更大，稳定性更高，会对农村地区的可持续发展起到积极、正向的作用。以湖南省平江县为例，特岗教师中有本地户籍的占比为 45％，当地教育行政部门在招收特岗教师时有意向平江县户籍考生倾斜，截至 2021 年年底，该县的特岗教师在三年服务期满后留任的比例为 85％以上。

"特岗计划"所实现的制度创新，即从扩充招聘渠道到向当地户籍生源倾斜，优化了原有的制度设计，不仅有效地补充了农村地区的师资，还增强了农村学校教师的留任意愿，显著提升了当地的教育教学质量，为农村地区的教育发展提供了重要助力。

二、提升了农村地区教师队伍质量

"特岗计划"是满足农村地区对教师的需求的重要举措，表现在提升农村教师队伍质量方面，主要是通过政策手段扩大招聘渠道，进而优化农村地区教师的学科结构、学历结构、年龄结构。教师的合理化配置是提升教师队伍质量的关键，也是提升教育质量的重要一环。

从学科结构来看，通过特设岗位的方式，以需求为导向进行教师招聘，保障了用人的针对性，可从农村地区有迫切需求的学科入手，解决当下最紧迫的需求问题。以政策文件为支撑，由各级政府部门组织协调实施"特岗计划"，使音、体、美以及信息技术等课程开齐、开足，满足农村地区学生的教育需求。2014 年 3 月，《教育部办公厅 财政部办公厅关于做好2014 年农村义务教育阶段学校教师特设岗位计划有关实施工作的通知》明确提出"加强体音美、外语、信息技术等紧缺薄弱学科教师的补充"。2021年，在此基础上增加了思想政治这一学科。2022 年，则进一步增加了科学、劳动、心理健康、特殊教育这四门学科。[①]

从学历结构来看，实施"特岗计划"的地区在该计划实施前受地缘及经济发展因素影响，优秀教师难以扎根，教师队伍学历水平不高。在该计划实施后，国家依照人均年1.5万元的标准，由中央财政承担地方特岗教师工资，保障教师的基本待遇，同时按照政策规定，地方政府承担高出该标准的部分，以此来保障教师招聘质量。[②] 据教育部发布的《提升农村教育质量："特岗计划"实施十五年》一文，2006年至2019年，全国乡村小学教师本科及以上学历占比从5％提高到49％。"特岗计划"对大幅提高乡村教师队伍学历水平做出了重要贡献。

从年龄结构来看，在实施"特岗计划"前，农村地区教师老龄化现象比较普遍，小学尤为严重。北京师范大学教育国情调查中心开展了关于乡村学校布局规划的调研，在实地走访过程中发现，农村学校教师年龄"断档"严重，除"特岗计划"补充的一批年轻教师外，年长教师的年龄大多在40岁以上，部分地区教师的平均年龄超过了50岁。根据教育部发布的《提升农村教育质量："特岗计划"实施十五年》一文，全国中央特岗教师的年龄均值为24.8岁。"特岗计划"为农村教师队伍注入新鲜血液，优化了年龄结构，从教育理念、教学手段以及教学能力等多个方面提升了农村教师队伍的质量。

---

① 钟焦平：《"特岗计划"为乡村教育不断注入新势能》，载《中国教育报》，2023-05-05。

② 由由、杨晋、张羽：《"特岗"教师政策效果分析——教师队伍与教育公平的视角》，载《复旦教育论坛》，2017(5)。

三、缩小了城乡之间师资队伍的差距

从教育公平的视角出发,"特岗计划"缓解了高校毕业生集中在城市就业的"下不去"问题,通过优化教育资源配置的方式,为农村引入了更多的优质师资,规范了教师的招聘与管理,缩小了城乡师资的差距,在积极保障农村学校各项课程开齐、开足的基础上,促进了教育理念的革新,保障了城乡教育的公平。

一方面,特岗教师的引入,弥补了农村地区师资不足的缺陷,提升了教师队伍的整体学历水平。这一点在农村小学体现得尤为明显。有学者通过量化分析得出结论:"特岗计划"实施后,与城镇小学相比,农村小学教师的专科学历百分比和百生均专科教师数都显著增加。[1] 在入职前后,国家通过不断完善特岗教师的培训和晋升制度,合理规划特岗教师的职业前景,在不断提高特岗教师能力水平的同时,也增强了他们在服务期满后的留任意愿。这不仅进一步缩小了农村教师与城市教师之间的差距,增强了教师队伍的稳定性,还有助于农村教育教学质量的长期提升。

另一方面,"特岗计划"以高校毕业生为主要引进对象,因为他们的专业素养和教育理念相对较强,他们更易于接受教育教学改革,能更好地贯彻课程改革理念,尤其是在数字化技术应用方面,相比于"特岗计划"实施

---

[1] 由由、杨晋、张羽:《"特岗"教师政策效果分析——教师队伍与教育公平的视角》,载《复旦教育论坛》,2017(5)。

前更具优势。他们有助于推动农村教育的数字化发展，缩小与城市学校间的差距，为农村教育的发展注入新的势能，推动城乡教育的均衡发展。

四、拓宽了高校毕业生的就业渠道

"特岗计划"实施的意义在于助推农村地区教育的发展，为当前高校毕业生提供就业指导，引导毕业生积极投身于农村教育，改善我国义务教育的薄弱环节。"特岗计划"为高校毕业生提供了更多的就业思路，在一定程度上缓解了就业压力，为促进高校毕业生就业创造了良好的环境和条件，为实现毕业生稳定、高质量和可持续发展做出了积极贡献。

2023年发布的统计数据显示，当前高校毕业生的数量再创新高，达到了1158万人，高校毕业生的就业压力大。[1] 这对毕业生个人的职业规划和社会的稳定发展来说是不小的挑战。当前，农村的竞争力相较于城市较弱，环境优势不够明显，教育急需人才投入，这些都需要政府发挥积极的引导作用，促进高校毕业生合理规划，到农村等欠发达地区就业，进而缓解就业矛盾。[2] 2023年12月19日，教育部网站发布了《陕西省"四个坚持"着力做好高校毕业生就业工作》一文。陕西省教育厅发布的数据显示，"特岗教师""西部计划"等基层就业项目，增强了毕业生的认同感和使命感，2023届高校毕业生在西部地区就业的占已就业的76.87%，其中，在

---

[1] 钟焦平：《"特岗计划"为乡村教育不断注入新势能》，载《中国教育报》，2023-05-05。

[2] 刘佳：《我国"特岗教师计划"实施十年后的回顾、反思与展望》，载《现代教育管理》，2017(2)。

陕西省就业的占 68.41%。

有学者指出,"特岗计划"对毕业生来说,是拓宽其就业渠道的重要机会。[①] 通过选拔、培训以及派遣等环节,毕业生能够拥有一个"三年服务期满后入编"的相对稳定的就业机会,享受到国家财政保障的工资及各项待遇,实现自身的就业目标。从宏观上看,毕业生深入农村就业,符合国家发展的需要,既能为我国农村教育事业的发展做出贡献,又能实现自身价值。

第二节 "特岗计划"政策实施的主要成效

一、"特岗教师"政策体系逐步健全

(一)建立了从国家到地方的三级政策体系

"特岗计划"是为满足中西部地区和边远地区对教师的需求而设计的,有效缓解了这些地区的教师数量不足及结构不合理等问题,有助于城乡教育的协同发展。从"特岗计划"的实施范围和过程来看,其实施阶段可以分为试点探索阶段、发展完善阶段和平稳推进阶段。[②]

---

① 石华富:《提高认识,加强"特岗计划"的实施》,载《中国大学生就业》,2006(16)。
② 周强:《霍恩-米特模型视角下我国特岗计划政策执行问题研究——以河南省汝南县为例》,硕士学位论文,辽宁师范大学,2022。

在试点探索阶段,"特岗计划"集中在国家划定的西部地区的"两基"攻坚县开展,为政策后续的推广与实施奠定了基础。2006年至2008年,"特岗计划"实施地区共招聘特岗教师5.9万多人,覆盖400多个县、6000多所农村学校,有力地缓解了农村地区教师紧缺问题和结构性矛盾。2009年至2011年是"特岗计划"的发展完善阶段,其实施范围扩大至中西部22个省(区、市)的国家贫困县,为特岗教师的职后发展提供了一系列便利条件。2011年至今,"特岗计划"进入了平稳推进阶段,各地区政策也趋于稳定,教师的待遇标准等有了一定提升。

目前,"特岗计划"形成了有效的国家—省级—地市三级政策体系。在具体的实施过程中,各市县可以根据自身需要对政策进行调整。灵活的制度体系可及时满足不同地区对教师的需求。付卫东等学者的调研情况显示,陕西省根据省内农村地区学校的迫切需求,针对相关地区的招聘岗位不设招聘开考比例,争取最大限度地为这些地区补充教师,2016年至2017年共补充了637名特岗教师,极大地缓解了当地的教师短缺问题。[①]"特岗计划"实施至今,已在各地得到了积极落实,形成了较为完善的制度体系。

(二)特岗教师选聘标准逐步完善

"特岗计划"实施至今,特岗教师的选聘标准逐步完善。随着招聘条件

[①] 付卫东、范先佐:《〈乡村教师支持计划〉实施的成效、问题及对策——基于中西部6省12县(区)120余所农村中小学的调查》,载《华中师范大学学报(人文社会科学版)》,2018(1)。

逐步提高，教师的素质也不断提升，这对于优化农村教师队伍建设起到了关键性的作用，有利于农村地区教育的高质量发展。

在"特岗计划"发布的最初阶段，特岗教师的选聘标准相对宽松。2006年发布的《农村义务教育阶段学校教师特设岗位计划实施方案》对招聘对象做出了规定："以高等师范院校和其他全日制普通高校应届本科毕业生为主，可招少量应届师范类专业专科毕业生；取得教师资格，具有一定教育教学实践经验，年龄在30岁以下的全日制普通高校往届本科毕业生。"

到了2023年，选聘标准更加明晰。《教育部办公厅 财政部办公厅关于做好2023年农村义务教育阶段学校教师特设岗位计划实施工作的通知》中增加了如下要求。第一，符合招聘岗位要求，具有相应的教师资格证书，应符合《中华人民共和国教师法》《教师资格条例》等法律法规规定的普通话水平、身体条件和心理条件。符合新时代中小学教师职业行为十项准则要求，无刑事犯罪记录和其他不得聘用的违法记录。第二，初中阶段要求本科及以上学历，以师范类专业为主；小学阶段要求本科及以上学历，以师范类专业为主，可适当招聘师范高等专科学校毕业生。

从选聘标准的不断完善可以看出，"特岗计划"对于提升农村地区师资质量、师资水平，发展农村教育，缩小城乡差距有着积极的推动作用。

(三)特岗教师待遇保障逐步提高

保障特岗教师的待遇是保证"特岗计划"有效实施的重要基础。"特岗计划"实施至今，国家始终使用政策手段从待遇保障、职业发展保障以及编制保障等多个方面为教师提供支持，以待遇吸引人才，有效地提高了特岗教师服务期满后的留任率，维护了农村教育事业的稳定发展。

从待遇保障方面来看，《农村义务教育阶段学校教师特设岗位计划实施方案》规定："中央财政设立专项资金，用于特设岗位教师的工资性支出，并按人均年 1.5 万元的标准，与地方财政据实结算。特设岗位教师在聘任期间，执行国家统一的工资制度和标准；其他津贴补贴由各地根据当地同等条件公办教师年收入水平和中央补助水平综合确定。凡特设岗位教师工资性年收入水平高于 1.5 万元的，高出部分由地方政府承担。"2012 年，《教育部办公厅 财政部办公厅关于做好 2012 年农村义务教育阶段学校教师特设岗位计划有关实施工作的通知》规定："从 2012 年起，中央财政特岗教师工资性补助标准提高为西部地区人均年 2.7 万元，中部地区人均年 2.4 万元，与地方财政据实结算。"2023 年 8 月 31 日，教育部举行了新闻发布会。据介绍，全国中西部 22 个省份 715 个原连片特困地区县实施了乡村教师生活补助政策，覆盖约 7.3 万所乡村学校，受益教师超过 130 万人次。

从职业发展保障方面来看，岗前集中培训一直由"特岗计划"的财政保障，以助力教师尽快进入岗位。随着政策的不断完善，职后培训也得到了重视。《教育部办公厅 财政部办公厅关于做好 2023 年农村义务教育阶段学校教师特设岗位计划实施工作的通知》强调："各地要围绕高素质专业化创新型教师队伍的建设目标，制定培训规划，为特岗教师提供高质量的培训研修服务。"职前、职后的培训使得特岗教师提升自身的专业知识和教学能力有了保障。对于特岗教师提升学历的需求，国家出台了相关规定。《农村义务教育阶段学校教师特设岗位计划实施方案》指出："'计划'的实施可与'农村学校教育硕士师资培养计划'相结合。符合相应条件要求的特设岗位教师，可按规定推荐免试攻读教育硕士。特设岗位教师3年聘期视同'农村学校教育硕士师资培养计划'要求的3年基层教学实践。"这一规定延续至今。北京师范大学教育国情调查中心课题组实地走访调研后发现，通过"农村学校教育硕士师资培养计划"攻读硕士学位依然是特岗教师实现学历提升的主要方式。

从编制保障方面来看，入编是"特岗计划"对高校毕业生最具吸引力的规定。《教育部办公厅 财政部办公厅关于做好2023年农村义务教育阶段学校教师特设岗位计划实施工作的通知》强调："保证三年服务期满、考核合格且愿意留任的特岗教师及时入编并落实工作岗位，做好相关人事、工资关系等接转工作，连续计算工龄、教龄，不再实行试用期，做好服务证书编制和发放工作。"稳定的工作性质是"特岗计划"的核心竞争力所在，延续"服务期满三年入编"规定的举措体现了我国对于提升农村教师队伍质量的决心，从制度层面保障了投身于乡村教育建设的教育者的待遇。

二、乡村教师队伍建设得到加强

(一)农村教师数量得到补充

由于部分农村地区的工作环境差，工资待遇低，工作压力大，农村地区教师流失严重且补充不及时，因此，长期以来农村教师紧缺问题突出。"特岗计划"的实施范围已经扩大至全国的22个省（区、市）的886个县，对这些教育相对薄弱地区的师资形成了有效的补充。

从教育部发布的教育统计数据来看，截至 2023 年，"特岗计划"已为这些地区输送了超过 115 万名特岗教师，满足了农村及边远地区最紧迫的教师需求，保障了教育教学工作的正常开展。伴随着我国城市化进程的发展，农村人口逐渐减少，农村学校和教师的数量在下降。"特岗计划"一直致力于为农村地区输送教育人才。根据 2022 年教育统计数据，我国农村地区小学阶段的专任教师已有 157.6 万人，初中阶段的专任教师已有 51.2 万人。可见，国家正在竭力满足农村地区的教育需求。

"特岗计划"有效填补了农村地区教师的缺口，帮助农村学校解决了长期以来的师资不足问题，缓解了师资不足带来的教育压力，通过优质师资的补充提升了整体教育教学水平，为实现教育均衡发展和乡村振兴战略贡献了力量。

(二)农村教师学科结构更加均衡

结构性缺编一直是农村地区中小学共同面临的问题，音乐、心理以及信息技术等学科长期处于教师短缺状态，严重影响了学生的全面发展。"特岗计划"的实施能够更有针对性地满足不同地区的用人需求，这是国家实施"特岗计划"的重要原因。

根据教育部发布的《安徽省首批"特岗计划"聘用教师重点向皖北地区及紧缺学科倾斜》一文，2009 年，安徽省首批"特岗计划"重点向皖北地区倾斜，向中小学音、体、美、英语、信息技术等紧缺学科倾斜；在 4058 名特岗教师中，皖北和沿淮地区的特岗教师占近 70%，上述紧缺学科的教师达到 43%。

甘肃省通过实施"特岗计划"等项目,引导各地重点补充紧缺学科师资,截至 2020 年,共招聘音乐教师 1074 人、美术教师 986 人。[①]

目前,实施"特岗计划"仍是解决农村学校教师结构性短缺问题的重要途径之一。表 5-1 列出了教育部发布的 2022 年农村中小学紧缺学科专任教师数,对比"特岗计划"实施之初的数据可以看出,学科的结构性问题已经得到了一定程度的缓解。

表 5-1 2022 年农村中小学紧缺学科专任教师数

学段	音乐	美术	英语	体育	信息技术
小学	60077	55260	125925	90560	43054
初中	14788	14382	74341	29932	12885

"特岗计划"实施以来,国家和地方教育行政部门有计划地对紧缺学科教师进行补充,这使学科专任教师在数量上得到了补充,一定程度上缓解了紧缺学科的用人困难,使农村学校可以开齐、开足课程的内容。同时,紧缺学科教师的补充对于在农村落实"五育并举"起到了保障性的作用,有助于缩小城乡差距,维护教育发展的公平性,保障我国义务教育的普惠均衡。

(三)农村教师学历水平得到提升

受经济发展等因素制约,农村地区教师的学历普遍不高,这在一定程度上限制了农村教育事业的发展。要想发展农村教育,缩小城乡教育资源

---

① 尹晓军:《甘肃农村师生享受优质美育资源》,载《中国教育报》,2021-01-13。

差距，提升农村教师的学历水平是避不开的一环。国家应保证农村在职教师学历较低者得到学历上的提升，更新教师专业能力与素养以符合素质教育发展要求。[①]

"特岗计划"实施至今，对于招聘教师的学历要求呈现出逐渐收紧的态势，在一定程度上提升了农村地区教师队伍的学历水平。

从教育部发布的统计数据来看，近几年来，农村中小学不同学历教师的数量变化呈现出专科及以下学历的教师不断减少，小学阶段教师本科及以上学历比例明显增长，硕士及以上学历变化不明显的趋势（见表 5-2）。由此可知，农村中小学教师的学历层次在政策等因素的影响下，呈现出上升态势。

表 5-2　2021—2022 年农村中小学教师学历情况

年份	学段	高中及以下	专科毕业	本科毕业	硕士研究生	博士研究生
2021 年	小学	55828	656218	978232	7392	42
	初中	724	78657	446939	8586	44
2022 年	小学	37725	549297	982384	7329	36
	初中	444	64096	439945	8135	42

尽管学历不一定代表教师的真实能力，但可以代表教师的原始知识储备情况。学历制度本身是一种人才筛选机制，具有较高学历的人一般也具有较好的基本素质和竞争能力。[②] 教师学历的提升在一定程度上能反映出

---

① 仲米领、秦玉友、于宝禄：《农村教师学历结构：功能议题、现实困境及优化路径》，载《中国教育学刊》，2021(11)。

② 中共教育部党组：《扎实推进教育高质量发展　加快建设教育强国》，载《光明日报》，2021-06-09。

农村教育教学水平的提高。随着"特岗计划"对招聘教师的学历要求逐年提高,以及"农村学校教育硕士师资培养计划"的配套实施,农村地区教师的学历提升需求得到了支持,城乡间教育资源分配不均问题得到缓解,教育进一步实现了均衡发展。

(四)农村教师年龄结构得以优化

农村地区教师队伍建设中教师老龄化是一个突出问题。2019 年义务教育基本均衡普查调研结果显示,农村教师年龄结构呈现出老龄化的问题。在所调研的 338 个县中,有 14 个县 45 岁以上教师比例超过 48%。教师老龄化对于教育的发展存在一定的制约作用。"特岗计划"对农村教师的补充以高校毕业生为主,同时设有 30 岁的年龄限制,为优化农村地区教师的年龄结构提供了动力。

我们根据教育部发布的数据,对 2013 年农村初中(农村小学数据缺失)教师年龄分布情况、2022 年农村中小学教师年龄分布情况进行了分析(见表 5-3)。

表 5-3　2013 年、2022 年农村中小学教师年龄分布情况

年份	学段	29 岁及以下	30～39 岁	40～49 岁	50 岁及以上
2013 年	初中	21.83%	41.69%	26.40%	10.08%
2022 年	小学	23.18%	28.07%	28.48%	20.27%
	初中	23.73%	26.54%	30.80%	18.93%

2013 年,农村初中教师的年龄集中在 30～39 岁,这一年龄段的教师占比为 41.69%。如不加以干预,在 10 年后,即 2022 年,20～49 岁的教

师达到相似占比。而"特岗计划"的实施提高了 29 岁及以下教师的占比，尽管 40 岁以上教师的占比依旧较大，但在一定程度上已使教师的年龄分布较为均衡。在对比 2022 年农村小学及初中教师的年龄分布情况后可发现，小学阶段教师年龄分布更加均衡，"特岗计划"对小学教师年龄结构的优化作用更加明显。

农村教师的老龄化现象可能会导致教育理念更新不及时，教师队伍缺乏活力等，影响日常的教育教学安排，不利于农村教育的长期发展。"特岗计划"引入年轻的高校毕业生，有助于调节农村教师的年龄结构，降低教师队伍的老龄化程度，促进农村地区教育的创新发展。

第三节 "特岗计划"政策实施面临的主要挑战

"特岗计划"已取得了一系列成效，但其实施仍面临部分地区存在特岗教师群体素质不达预期、教师队伍处于不稳定状态、学生及其家长的期待与现实有较大的落差的问题。[①] 事实上，特岗教师的教育教学经验和能力不足的情况会影响日常的教学组织。特岗教师的流失也会导致学校人员流动大等一系列问题。学校以及教育行政部门对于特岗教师自身发展的支持

---

① 马萌萌、孙涛、魏黎：《近五年国内农村教师发展政策研究综述》，载《东南大学学报(哲学社会科学版)》，2018(S2)。

力度不足，会制约教师能力的提升，进而影响农村教育的长足发展。

一、特岗教师的教育教学胜任能力相对不足

(一)特岗教师的教学基本功有待提升

"特岗计划"吸引了不少高校毕业生到乡村从教。总体来看，大部分特岗教师为师范专业出身，在大学时期接受过系统的关于教学方法的训练，但也有一部分特岗教师是非师范专业出身，教育教学基本素质与能力有待提升。

当前存在的问题是特岗教师缺乏实践经验。北京师范大学教育国情调查中心在调研走访过程中发现，校长和有经验的教师反映部分特岗教师在备课和上课过程中缺乏经验，较难投入教学工作。为解决这一系列问题，学校只能采取老带新、职后培训等方式来补足特岗教师的这部分技能，在没有达到预期用人效果的同时加大了学校在培训方面的投入，且对于新入职特岗教师的培养需要花费大量的时间，加大了用人的时间成本。

此外，多数特岗教师毕业后直接进入县城及以下地区的中小学任教，受环境的影响，他们常常会感觉不适应，从心理上难以融入教学工作。[1]调研发现，特岗教师在班主任工作、与学生和家长沟通方面的经验不足。大部分接受一对一深度访谈的特岗教师表示班主任工作和家校合作是最困

---

[1] 傅王倩、姚岩：《特岗教师的地域融入与职业倦怠的关系研究——基于全国 13 省的实证研究》，载《教育学报》，2018(2)。

扰他们的，在与学生和家长接触的过程中总会遇到不知该如何处理的情况。如果无法解决这些问题，就可能造成特岗教师难以适应农村学校的教育教学工作等问题，继而引发学校及家长对于特岗教师的不认可。

(二)特岗教师的学科知识不扎实

特岗教师的学科知识不扎实是限制他们职业发展的主要原因。部分特岗教师存在对自身专业了解不足、学科知识不成体系、课堂设计无法实现教学目标等问题。

随着新课改的推进，相关的课程标准对教师提出了更高的要求，设置培养学生的核心素养的教学目标需要以提升教师的核心素养为前提。当前，特岗教师所表现出来的专业能力与学科知识都不足以支撑新课改落地，在制约其自身发展的同时也影响了农村学校学生的发展。当前，无论是特岗教师自身提升专业能力的主观意识，还是学校对特岗教师发展的支持，都有所欠缺，从而导致特岗教师能力不足。"特岗计划"在教师规模和结构方面缓解了农村学校师资不足的问题，但仍要在切实提高农村教育质量方面发力。

二、特岗教师队伍的稳定性有待加强

在"特岗计划"实施过程中，部分特岗教师在服务期满后流失是一个亟待解决的问题。特岗教师的流失会影响农村教育的稳定性，影响日常教学的连贯性，也会造成学校投入的培训资源的浪费，不利于农村学校发展。

综合来看，特岗教师流失的原因如下。

(一)特岗教师的幸福感不足

王恒等学者针对特岗教师留任意愿的影响因素进行了研究。结果显示，幸福感对特岗教师的留任意愿有着显著的影响。[1] 从实地走访的经验来看，特岗教师流失与其在工作和生活中获得的幸福感不足有关。

一方面，任教地区偏远、通勤成本高等问题困扰着部分特岗教师。此外，待遇保障问题也是教师关注的焦点，直接影响着教师对于工作的满意程度。全国网络问政平台上的一项对教师诉求的研究结果显示，特岗教师在留言中明确提到了与农村教师的专项岗位津贴相关的问题。[2]

另一方面，过重的非教学任务也是影响特岗教师的幸福感的重要因素。新入职的特岗教师大多缺乏教学经验，在缺乏有效指导的情况下会感到力不从心，自我效能感大大降低。过重的非教学任务会严重影响特岗教师的工作满意度，极易使特岗教师产生职业倦怠感，进而影响其留任意愿。

(二)特岗教师的职业发展受到制约

影响教师留任的另一因素是农村学校在一定程度上制约了特岗教师个

---

[1] 王恒、闫予沨、姚岩：《特岗教师留任意愿的影响因素研究——基于全国特岗教师抽样调查数据的 logistic 回归分析》，载《教师教育研究》，2018(1)。

[2] 冯昕瑞、刘明兴：《义务教育阶段教师对工资待遇问题的网络诉求——基于全国网络问政平台的大数据研究》，载《北京大学教育评论》，2020(3)。

人的职业发展，这一点主要体现在职称评聘上。

相较于农村学校，城市学校更具平台优势，教师更易于借助平台的资源参加教学比赛等活动，获得职称评聘的必要条件。在与特岗教师深度访谈后我们发现，对于农村教师来说，评职称太困难了，因为对奖项与论文的要求太高了。个人发展通路受阻，可能是教师离职的原因之一。

(三)特岗教师的长期稳定性有待加强

"特岗计划"是为满足农村地区的教师需求、改善教师结构而设计的。政策设计的重点是创新农村地区教师的补充机制。国家应进一步在保持特岗教师的长期稳定性上发力。

辛治洋等学者指出，"特岗计划"中关于教师招聘、教师资格和教师管理等内容，都以三年为限。安徽省阜南县某中学于 2009 年招聘了 9 名特岗教师，至 2012 年服务期满后，仅 3 名教师转正了，其余 6 名则流失了。[①] 三年服务期满后，部分特岗教师认为政策不再有约束力，他们将"特岗计划"当成自身职业发展的跳板，在成功入编后会立即转岗。2016 年的一项针对吉林省 2400 名新聘特岗教师的调查结果显示，62.1％的特岗教师计划在服务期满获得教师编制后离开农村参加县里或市里组织的教师招聘考试。[②] 增强特岗教师的留任意愿的制度多以鼓励型为主，如何转变思路从制度层面避免毕业生将"特岗计划"作为获得编制的途径是解决教师流

---

① 辛治洋、何二林：《论"特岗计划"的制度创新》，载《教育科学研究》，2015(5)。
② 邬志辉、李跃雪：《特岗教师吸引力有多大》，载《光明日报》，2015-09-10。

失率高这一问题的重要途径。

对教师严重短缺的市、县学校来说，特岗教师为它们补足了教师空缺。黑龙江省某县级市中心学校校长在北京师范大学教育国情调查中心组织的调研活动中表示，该校存在部分特岗教师入编后被县里调走的情况，2015年至2019年，入职该校的30名特岗教师中仅有3人留任。学校花精力培养的教师最终流失，给学校造成了损失。由此可见，针对不同情况从制度层面进行灵活调整成为破局的关键。

三、特岗教师专业发展政策供给不足

部分学校、家长和社会认为特岗教师的专业能力与师范生有差距。如何有效促进特岗教师个人专业能力的提升则是"特岗计划"政策实施面临的挑战。

(一)能力提升缺少有力支持

开展有效的培训是解决特岗教师专业能力不足这一问题最好的方法。其实，特岗教师群体也有迫切参加培训的需求。一项针对入职三年的特岗教师的现状及培训需求的调查结果显示，53.9%的教师认为自身缺乏有效的专业指导，35.8%的教师认为外出培训的机会太少，且这两项是他们认为的制约特岗教师自身发展的主要因素。40.4%的教师认为教学方法创新是他们在教育教学上遇到的最大难题，31.6%的教师则认为课程资源整合与开发是他们在教育教学上遇到的最大难题。总体来看，特岗教师的专业

化发展前景受到了培训的影响。①

　　一方面，学校提供的支持不足是影响特岗教师能力提升的重要原因。从调研走访的经验来看，农村地区的教师相对紧缺，日常的教学工作安排相对紧凑，教师外出培训会打乱日常的教学秩序，学校难以支持所有教师外出培训的需求，一般多在寒暑假期间派教师代表参加培训。农村学校的办学经费紧张，难以支持教师外出学习。如果由教师自费承担培训费用，部分教师就会选择放弃，这限制了教师的发展。

　　另一方面，教师所参加的培训缺乏系统性和针对性，对教师日常教学的支持力度不大，对教师能力提升的帮助有限。在调研过程中，部分教师反映参加的培训对自己的工作指导性不强，没有以农村学生为对象展开，也无法解决他们在实际工作中遇到的问题，培训主题缺乏连贯性和系统性，培训过程中缺乏有效的交流，尤其是在新课标解读和数字化教育方面，其培训需求很难通过学校所提供的培训机会得到满足。培训机会的缺乏使教师专业能力的提升缺乏有效的指导，也使农村学校的教育质量无法真正得到提高。如何引导学校和教育行政部门助力教师成长是"特岗计划"实施过程中亟待解决的问题。

(二)职后学历提升缺少有效支持

　　特岗教师入职后的学历提升也是教师关注的主要问题之一。尽管符合相应条件的特岗教师，可按规定免试攻读教育硕士专业学位，但是在具体

---

　　① 冯丽霞：《农村学校"特岗教师"培训需求调查研究——以山西省初中数学教师为例》，载《教育理论与实践》，2015(20)。

实施的过程中，教育行政部门与学校没有提供有效的支持。

一方面，"农村学校教育硕士师资培养计划"落实得不到位，教育行政部门在培养经费、福利待遇以及工作协调等方面没有提供有力的支持。调查显示，31％的农村教育硕士在脱产学习期间没有享受带薪学习的待遇，10％的农村教育硕士反映往返交通费用没有得到报销，27％的农村教育硕士认为脱产学习期间免缴学费、住宿费的政策没有切实落实。① 这一问题影响了特岗教师在职提升学历的信心，进而影响了其专业能力的发展。

另一方面，学校对于特岗教师在职学历提升的支持力度不够。部分学校认为教师在职提升学历会加重教师短缺的问题。在实地走访的过程中，我们发现学校很少向特岗教师宣传如何提升学历，特岗教师承担的教学任务过重也导致他们无暇提升学历。农村学校的教育教学的高质量发展受到了这些现实因素的制约。

第四节 "特岗计划"政策实施的优化路径

一、健全特岗教师专业教育体系

提高教师的能力水平，可从提高特岗教师的准入标准入手。首先，应

---

① 范才清、黄超文：《农村学校教育硕士师资培养的困境与出路》，载《教师》，2010(22)。

该在选聘过程中着重考核报考人员的学科知识水平和专业能力，全面评估报考人员的教学能力和专业素养。要加大宣传力度，鼓励更多的优秀人才积极报考"特岗计划"，引导他们投身于我国乡村教育事业建设。其次，要合理规划特岗教师入职前后的培训，增强培训的系统性、实践性和针对性，注重提升特岗教师的学科知识水平和专业能力，根据特岗教师的不同需求设置不同的培训方向和内容，以提高培训的效率和质量。最后，建立健全的特岗教师管理机制，加强对特岗教师的管理和指导。在日常的教育教学管理中，可以建立定期评估机制，增强对特岗教师的过程性评价，及时发现问题并给予指导和帮助。教研机构和学校要对特岗教师的培养投入更多的精力，建立积极有效的沟通方式，帮助特岗教师解决他们在教学实践中遇到的问题，助力乡村教育发展。

二、完善特岗教师工资待遇保障体系

有关部门要进一步加大经费投入，保障"特岗计划"有效实施，提高特岗教师的工资和津贴标准，改善其工作环境和生活环境，如提供住房补贴、交通补贴等。学校要加强对特岗教师的关怀理解，帮助特岗教师解决工作和生活中的问题，增强特岗教师的工作积极性和幸福感，协助特岗教师尽快融入农村的教育教学生活，提升对农村教师身份的认同感和归属感，激发特岗教师的从教热情。此外，各级教育行政部门要加强监督指导，切实保障特岗教师的工资足额和及时发放，使特岗教师安心从教、乐于从教。总体而言，提高特岗教师的工资待遇、加强学校关怀、加强监督管理等多项措施，可以有效提升特岗教师的工作积极性，增强其留任意愿，确保农村教育稳定、有序地发展。

三、建立健全支持特岗教师长期从教政策体系

国家应着力使特岗教师学历提升政策惠及更多有学历提升意愿的教师，为他们发展专业能力助力，也为乡村教育事业注入新势能。国家要建立健全特岗教师的职称评聘制度，拓宽特岗教师的职业发展道路。各级教育行政部门应统筹规划，设计科学的职称评聘机制，向农村教师、一线教师倾斜，为特岗教师提供更多的发展机会，使特岗教师安心从教、乐于从教。同时，各级教育行政部门应建立统一的管理机制，从制度层面避免农村师资的流失；还要加大政策扶持力度，有效保障教师的职业发展与教育的稳定性，促进农村教育事业的高质量发展。

第六章

"银龄讲学计划"政策实施

《2022 年度国家老龄事业发展公报》显示，截至 2022 年年末，全国 60 周岁及以上的老年人口为 28004 万人，占总人口的 19.8%；全国 65 周岁及以上的老年人口为 20978 万人，占总人口的 14.9%。快速增加的老龄人口，具有无限的社会潜能，选派银龄教师支教、支研是构建老年友好型社会、全民终身学习的学习型社会的关键一招，也是加强薄弱地区教育工作的重要举措。

第一节 "银龄讲学计划"政策实施的重要意义

一、积极探索优秀教师"老有所为"的新途径

"银龄讲学计划"政策是对乡村教师队伍建设和人口老龄化速度加快的回应。2003 年 2 月，全国老龄工作委员会办公室印发了《组织开展老年知识分子援助西部大开发行动试点方案》，决定在全国组织开展老年知识分子援助西部大开发行动（"银龄行动"），号召"70 岁以下，身体健康、愿为西部作贡献的离退休医生、教师、科技工作者和文艺工作者等老年知识分子"在医疗服务、教学任务、参与科技项目和培养艺术人才等方面提供援助。2011 年 9 月，国务院印发了《中国老龄事业发展"十二五"规划》，要求"不断探索'老有所为'的新形式，积极做好'银龄行动'组织工作"。这意味着国家十分重视"银龄行动"的组织实施。2018 年 1 月，《中共中央 国务院关于全面深化新时代教师队伍建设改革的意见》出台，标志着"银龄行动"正式与我的教育教学工作产生交集。该意见提出实施"银龄讲学计划"，鼓励和支持乐于奉献、身体健康的退休优秀教师到乡村和基层学校讲学。"银龄讲学计划"与"'三区'人才支持计划教师专项计划"、"特岗计划"、"顶岗计划"、"援藏援疆万名教师支教计划"、"交流轮岗计划"等一同成为创新乡村教师补充机制的关键内容。

二、加强中西部地区教师队伍建设的重要举措

2018 年 7 月，教育部、财政部联合印发了《银龄讲学计划实施方案》。2020 年 2 月，教育部印发了《高校银龄教师支援西部计划实施方案》。此后，国家几乎每年都会发布当年的"银龄讲学计划"有关实施工作的通知。为深入贯彻落实习近平新时代中国特色社会主义思想和党的二十大精神，积极应对人口老龄化问题，推动建设全民终身学习的学习型社会、学习型大国，2023 年 7 月，教育部等十部门联合印发了《国家银龄教师行动计划》，介绍了由"中小学银龄讲学计划"（简称"中小学银龄计划"）和"高校银龄教师支援西部计划"（简称"高校银龄计划"）组成的"银龄讲学计划"的实施背景、总体要求、目标任务和组织保障。这标志着鼓励银龄教师"老有所为"这项工作已经上升到国家顶层设计层面，成为加强中西部地区教师队伍建设的重要举措。

第二节 "银龄讲学计划"政策实施的主要成效

"中小学银龄计划"能直接指导教师教研，引领教师专业发展；能搭建协同发展平台，提升教师教研品质；还能优化乡村教师结构，促进教育均

衡发展。[1] "高校银龄计划"能引领师德师风建设，营造积极向好的育人氛围；能参与、指导教学科研工作，促进受援高校的高质量发展；能搭建协同共建平台，优化高校学科建设。[2]

一、"银龄讲学计划"的政策目标

教育政策是"负有教育的法律或行政责任的组织及团体为了实现一定时期的教育目标和任务而规定的行动准则"[3]。教育政策的执行效果，即教育政策开始实施之后对政策调整目标领域的作用，反映的是经由法定程序制定的教育政策作用于政策目标对象和政策环境而产生的影响变化，具体表现为特定政策目标的实现程度以及前后对比的差异。[4] "银龄讲学计划"政策的目标包括总体目标和每年的具体目标。

"中小学银龄计划"开发了老龄人力资源，经历了从脱贫攻坚向乡村振兴的转变过程。2018 年 7 月印发的《银龄讲学计划实施方案》提出了"进一步加强农村教师队伍建设，充分利用退休教师优势资源，调动优秀退休教师继续投身教育的积极性，提高农村教育质量"这一总目标。2020 年 5 月

---

① 姚刚、徐学福：《银龄教师助力基础教育教师教研的现实困境及纾解策略——基于实践共同体理论视角》，载《湖北社会科学》，2023(11)。

② 张伶俐、成一川、叶长胜等：《以银龄教师优化高校教师队伍建设：时代使命、关键任务及发展策略》，载《中国高教研究》，2023(2)。

③ 成有信：《教育政治学》，201 页，南京，江苏教育出版社，1993。

④ 祁占勇、杜越：《什么是好的教育政策执行效果的评估》，载《华东师范大学学报（教育科学版）》，2022(2)。

印发的《教育部办公厅关于做好 2020 年银龄讲学计划有关实施工作的通知》增加了"助力打赢脱贫攻坚战"这一目标。2020 年年底，贵州省宣布所有贫困县摘帽出列，自此，全国 832 个贫困县全部脱贫摘帽。2021 年 1 月，《中共中央 国务院关于全面推进乡村振兴加快农业农村现代化的意见》出台。2021 年 6 月印发的《教育部办公厅 财政部办公厅关于做好 2021 年银龄讲学计划有关实施工作的通知》将目标更新为："充分利用退休教师优势资源，加强新时代乡村教师队伍建设，进一步提高农村教育质量，持续巩固拓展脱贫攻坚成果，有效衔接乡村振兴战略。"到 2023 年，这一总目标几乎没有变化。《银龄讲学计划实施方案》规定的"中小学银龄计划"的具体目标任务如下："从 2018 年起，面向社会公开招募一批优秀退休校长、教研员、特级教师、高级教师等到农村义务教育学校讲学，发挥优秀退休教师引领示范作用，为农村学校提供智力支持，帮助提升农村学校教学水平和育人管理能力，缓解农村学校优秀师资总量不足和结构不合理等矛盾，促进城乡义务教育均衡发展。"

实施"高校银龄计划"是为了调动东部高校银龄教师发挥自身优势推动西部高等教育振兴发展。2020 年 2 月印发的《高校银龄教师支援西部计划实施方案》要求："进一步加强西部高校教师队伍建设，推动东部地区高校对口支援西部地区高校工作，充分利用高校退休教师优势资源，调动高校优秀退休教师继续投身教育事业的积极性，推动西部高等教育振兴发展。"何为高校银龄教师的优势资源？2022 年 7 月印发的《教育部办公厅关于做好 2022—2023 学年高校银龄教师支援西部计划有关实施工作的通知》明确要求："充分发挥退休教师的政治优势、专业优势和经验优势，推进新时代西部高等教育全面振兴。"这对高校银龄教师的优势资源做了解释。《高校银龄教师支援西部计划实施方案》规定"高校银龄计划"的具体目标任务是:"面向西部地区行业、产业、企业急需的紧缺专业,遴选组织一批高校优秀退休教师支教、支研,发挥高校优秀退休教师的政治优势、经验优势和专业优势,帮助提升西部高校立德树人、队伍建设和科研创新的能力,推动西部地区高校'双一流'建设,缓解西部地区高校师资总量不足和结构不合理等矛盾,提升西部高等教育发展水平。"

从"中小学银龄计划"和"高校银龄计划"的政策目标来看,"银龄讲学计划"政策的根本目标是发挥银龄教师的优势,提高农村,尤其是中西部地区各级各类教育的质量,其根本价值追求是促进教育公平。

二、"银龄讲学计划"的政策要求

(一)"中小学银龄计划"

"中小学银龄计划"主要包括五个方面:实施范围、招募人数、资格条件、岗位职责和招募程序。在实施范围上,以县为基本单位,主要是国家确定的连片特困地区县、国家扶贫开发工作重点县、省级扶贫开发工作重点县、深度贫困县,贫困的民族县、革命老区县、边境县以及新疆生产建设兵团困难团场等,重点向"三区三州"等深度贫困地区倾斜。

2018年至2020年的"中小学银龄计划"的受援学校主要指的是贫困的县镇和农村对应的义务教育学校。2021年以后,实施范围有所调整,将"国家确定的连片特困地区县、国家扶贫开发工作重点县、省级扶贫开发

工作重点县、深度贫困县"调整为"脱贫地区",将"贫困的民族县"调整为
"欠发达的民族县",并增加了"国家乡村振兴重点帮扶县"。2023年,《国
家银龄教师行动计划》提出推动各省份特别是东部省份结合"中小学银龄讲
学计划",自主实施省内"银龄讲学计划",并鼓励各地结合实际将普通高
中纳入实施范围。这扩大了受援学校的实际范围。

在招募人数方面,招募的银龄教师的数量基本呈逐年上升的趋势,变
化情况见图6-1。招募范围由2018年的8个省(区、市)扩大到2023年的
22个省(区、市)和新疆生产建设兵团。

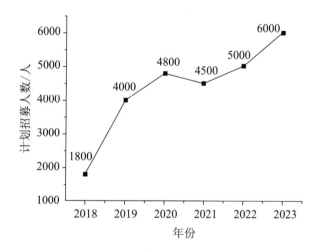

图6-1 2018年以来"中小学银龄计划"招募银龄教师的数量

在资格条件方面,除65(含)岁以下年龄要求外,《银龄讲学计划实施
方案》还对银龄教师的职务职称、政治素养、师德师风、业务能力、教育
教学经验、身体情况做出了要求:退休教师以校长、教研员、特级教师、
骨干教师为主,应具有中级及以上教师职称,以高级教师为主;政治可

靠、师德高尚、爱岗敬业、业务精良；身体健康、甘于奉献、不怕吃苦、作风扎实；教育教学经验丰富。这些要求在政策演进的九年中没有发生变化。

在岗位职责方面，以"需求为本、形式灵活"为原则，"中小学银龄讲学计划"对银龄教师的业务范畴和服务程序做出了规定。第一，招募到的教师可以根据自己的专业特长开展以课堂教学为主的讲学活动，也可以根据受援学校的教育教学需求听课、评课，开设公开课、研讨课或专题讲座，指导青年教师，协助学校做好教学管理和开展教研活动等丰富多样的讲学活动，发挥示范和辐射作用，提升受援学校教育教学和管理水平；申请的校长可以担任受援学校的副校长，指导参与学校的管理工作（该条为《国家银龄教师行动计划》增设的）；鼓励讲学教师与青少年学生开展共同读书等系列共育活动（该条为《教育部办公厅 财政部办公厅关于做好 2023 年银龄讲学计划有关实施工作的通知》增设的）。第二，《银龄讲学计划实施方案》规定："讲学教师服务时间原则上不少于 1 学年，鼓励考核合格的连续讲学。各受援县教育局与拟招募讲学教师签订银龄讲学服务协议，协议一年一签，明确双方的权利和义务，正式签约前，讲学教师需提供近六个月体检报告。讲学教师服务期间，由受援县对其进行跟踪评估，对不按协议要求履行义务的，或因身体原因不适合继续讲学的，予以解除协议。"

在招募程序方面，遵循"公开、公平、自愿、择优"和"定县、定校、定岗"等原则。"中小学银龄计划"的招募程序是：公布需求—自愿报名—资格审核或遴选—公示公布—签订协议—上岗任教。以《广西壮族自治区 2023—2024 学年银龄讲学计划暨优秀退休教师乡村支教志愿者招募公告》

中的具体招募程序为例,招募程序及主体间的关系如下(见图 6-2)。从整体上来看,"中小学银龄计划"实际上是在省内实现支援与受援的。

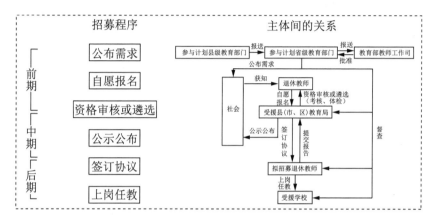

图 6-2　"银龄讲学计划"的招募程序及主体间的关系

(二)"高校银龄计划"

"高校银龄计划"主要包括四个方面:实施范围、遴选人数、资格条件、岗位职责。

在实施范围方面,"高校银龄计划"以高校为单位。《高校银龄教师支援西部计划实施方案》提到的一项主要任务是推动东部地区高校对口支援西部地区高校工作。首批受援高校包括新疆维吾尔自治区的 2 所高校和云南省的 1 所高校,对应的支援高校共有 53 所,同时鼓励"对口支援关系表"外的各部属高校积极支持本校优秀退休教师参加。2021 年,受援高校增加了 7 所,包括新疆维吾尔自治区的 3 所高校、四川省的 1 所高校、青海省的 1 所高校、云南省的 1 所高校、西藏自治区的 1 所高校,对应的支援高校共有 56 所,同时继续鼓励公布范围外的高校退休教师参加。2022
年,受援高校增加了 10 所,包括广西壮族自治区的 2 所高校、重庆市的
1 所高校、四川省的 1 所高校、贵州省的 1 所高校、陕西省的 2 所高校、
甘肃省的 2 所高校、新疆维吾尔自治区的 1 所高校,对应的支援高校共
有 50 所,同时开始鼓励公布范围外的高校退休教师参加。到 2023 年,
受援学校增加了 3 所,包括新疆维吾尔自治区的 2 所高校和青海省的 1
所高校,对应的支援高校共有 21 所,并鼓励公布范围外的高校退休教
师参加。

在遴选人数方面,首批计划选派 120～140 名银龄教师,第二批计划
选派 300～330 名银龄教师,第三批计划没有明确提及选派的人数,但是
数量有了明显的增加:第一批每所试点高校的选派计划可增加 1 倍,第二
批原有每所试点高校的选派计划可增加 15 名,新增高校的选派计划为 25
名银龄教师。第一、第二批每所对口支援高校应选派 3 名及以上银龄教师
支援受援高校。第三批每所试点高校选派计划为 5 名银龄教师,每所对口
支援高校应选派 1 名及以上银龄教师支援受援高校。到第四批时,选派计
划还在增加:第一、第二、第三批试点高校选派计划不变,新增的高校选
派计划各为 20 名银龄教师。第一、第二、第四批每所对口支援高校应选
派 3 名及以上银龄教师支援受援高校。第三批每所对口支援高校应选派 1
名及以上银龄教师支援受援高校。粗略估计,"高校银龄计划"第三批的选
派人数计划为 1000 人左右,第四批的为 1400 人。

在资格条件方面,除 70(含)岁以下年龄要求外,《高校银龄教师支援
西部计划实施方案》对教师的职称、教学经验、政治素养、师德师风、业

务能力、身体情况做出了要求：具有副高级以上职称，一线教学科研经验丰富；政治可靠、师德高尚、爱岗敬业、业务精良；身体健康、甘于奉献、不怕吃苦、作风扎实。《教育部办公厅关于做好2022—2023学年高校银龄教师支援西部计划有关实施工作的通知》根据线上和线下的形式对教师的年龄做出划分：线下教师年龄一般在70（含）岁以下，线上教师年龄一般在75（含）岁以下。

在岗位职责方面，主要有三点。第一，明确了教学方式方法和内容。以课程教学、教学指导、课题研究、团队建设指导为主，短期授课、远程教育、同步课堂、学术讲座（报告）为辅，采取传、帮、带的方式，指导受援高校的教师做好教学和科研工作，把先进教学方法和科研理念传授给受援高校的教师。通过传、帮、带的方式指导青年教师，组织开展若干学术讲座、教研等活动。第二，明确了长期的选派教师的服务时间和课时量。支援服务时间原则上不少于1学年，每学年承担不少于64课时的教学工作，参与指导1项课题研究。第三，明确了短期和远程支援的教师的工作原则。按照"突出实效、形式多样、时间灵活、示范引领"的原则，根据受援高校的需求，认真做好支教、支研工作。

三、"银龄讲学计划"政策的保障措施

"中小学银龄计划"和"高校银龄计划"的保障措施主要包括经费保障和政策保障两类。

(一)"中小学银龄计划"的经费保障和政策保障

在经费保障上,既涉及维持银龄教师的人事关系和退休待遇不变,又涉及银龄教师的工作经费、交通差旅费、保险费。其中,工作经费由中央财政和地方财政按照年人均 2 万元标准共同分担,岗前研修费用由省级财政负担。

在政策保障上,主要涉及银龄教师的生活及评价评优两方面。受援学校所在地要为银龄教师提供周转宿舍,配备必要的生活设施。银龄教师因病因伤发生的医疗费用,按本人医疗关系和有关规定办理;对于讲学期间表现优秀的,在评优表彰等方面优先考虑,可按照有关规定给予表彰、奖励。对于讲学期间考核不称职或存在问题的银龄教师,则会按照地方具体规定处理。两项保障标准在政策演进过程中没有变化。

(二)"高校银龄计划"的经费保障和政策保障

在经费保障上,受援高校需要提供岗前培训费、派出地往返交通差旅费、意外保险费、必要的商业医疗保险费、采暖费等保障性经费。支援高校提供派出前体检费、遴选工作经费等。相关政策文件针对银龄教师提出了明确的补助标准。长期援派教师的税前补助标准为,副高级职称教师每年 8 万元、正高级职称教师每年 10 万元,按月发放。短期援派教师的税前补助标准为,副高级职称教师每月 6400 元、正高级职称教师每月 8000元。银龄教师通过远程教育、同步课堂等方式援教,课时费为每课时 100元。银龄教师到校开展学术讲座、报告等的劳务费或咨询费参照受援高校相关标准执行。2021 年的计划明确了教育部按照正高级职称教师标准下拨年度预算经费的责任。2022 年，第一批、第二批受援高校（不含新疆科技学院）原有选派计划年度预算经费数额不变；新增的新疆科技学院和第三批受援高校根据选派计划，按照正高级职称教师标准下拨年度预算经费。2023 年的计划对实际选派人数低于计划数的高校，减少本学年预算经费数额。

在政策保障上，主要涉及银龄教师的原有待遇与当下待遇、假期、工作环境、生活条件、医疗报销等方面。银龄教师援派期间的人事关系、现享受的退休待遇不变。长期援派教师，享受受援单位同类同级别人员的各项福利待遇，按受援地有关规定正常享受探亲和寒暑假。未休假的，按有关规定可由受援单位报销 1 名家属往返受援地的交通费。受援高校应为援派教师创造良好的工作环境，提供必要的教学科研设备和食宿等生活条件，做好日常服务工作，落实相关待遇与保障措施。支援高校要关心关注援派教师及其家属，全力解决他们工作和生活中的困难；负责提供远程授课设施设备，协助受援高校做好后勤保障工作。援派期间因病因伤发生医疗费用，按本人医疗关系和有关规定办理；援受双方可通过商业医疗保险、校内医疗互助基金等多种方式灵活提供补充支持。患有慢性疾病需定期开药的教师，支援高校应为其提供必要的便利。援派期间生病或受伤的教师，参照受援学校相关制度，给予探望慰问等待遇。2023 年的计划完善了相关评价政策：银龄教师可根据聘用合同、工资发放、纳税记录、授课记录、教学评价记录、教学档案规范性等如实反映教学参与度和其他教学科研相关活动的支撑材料和数据，在高校设置、中国教育监测评价、学位授权审核、办学条件监测、教学合格评估等工作中，按相关规定折算。

四、"银龄讲学计划"政策的组织实施

在组织实施方面，主要涉及不同部门的职责划分和遴选程序。

(一)"中小学银龄计划"的组织实施

"中小学银龄计划"的组织实施主要涉及组织领导、实施步骤等，做到了层级明确、工作细化、流程规范、民主参与。

《银龄讲学计划实施方案》指出的第一个工作要点是明确各级各部门的工作职责。教育部、财政部："结合职能分工，制定实施方案，做好指导协调和跟踪督查工作。"相关省份："结合职能分工具体负责组织实施，制定具体工作方案，指定专门机构和人员负责本地区方案实施的协调管理工作，统一制订银龄讲学服务协议，做好讲学教师招募工作，建立考核评价机制，规范资金使用，落实待遇保障措施。实施方案报教育部备案。"受援县："根据学校实际提出具体受援需求，落实工作岗位，创造良好的工作环境，提供必要的教学设备和生活条件。充分听取讲学教师和受援学校双方的意见和要求，协调解决讲学工作中存在的问题，做好日常服务工作。"

《银龄讲学计划实施方案》指出的第二个工作要点是明确实施步骤，即"今后在总结工作的基础上，根据各省份实际情况，教育部制定年度招募计划"。这一工作在后续的实施工作通知中，变为摸清受援需求，责任由各地政府承担，侧重点有所变化。

《银龄讲学计划实施方案》指出的第三个工作要点是加大宣传:"相关省要加强对政策的宣传,及时收集积累相关资料和信息,深入挖掘讲学教师中的先进典型和感人事迹,弘扬教师奉献精神,营造良好的工作氛围。"这一要求在之后的实施工作通知中没有变化。2019年的通知在2018年的通知的基础上,又增加了加大督查力度的工作,主要目的是严肃查处"银龄讲学计划"实施管理不到位,特别是招募计划完成不好、银龄教师待遇保障政策落实不到位的问题,并要求立即整改。对整改不力的,将予以通报批评,并在下一年度不再增加或适当核减该省份招募名额。不再增加或缩减名额的要求在2023年的通知中被删除。

(二)"高校银龄计划"的组织实施

"高校银龄计划"的组织实施涉及主体责任、遴选程序和宣传三方面。

2020年的首批计划明确了三类主体责任。政府部门:"教育部教师工作司、发展规划司、财务司、民族教育司、离退休干部局、学校规划建设发展中心等司局及直属事业单位结合职能分工,做好指导协调和跟踪督查工作,共同组织实施高校银龄教师支援西部计划。"受援高校:"提出需求,制订具体工作方案,指定专门机构和人员负责本校方案实施和协调管理工作,制订服务协议,明确权利和义务,规范资金使用,落实待遇保障措施。实施方案报教育部备案。"支援高校:"党委应高度重视,将本项目工作纳入学校援派工作体系,统筹考虑,统一部署,成立领导小组,相关职能部门结合自身分工共同实施。"2021年的第二批计划细化了各主体的职责。政府部门："教育部教师工作司负责宏观指导、政策制定等工作，离退休干部局负责协调指导需求对接、人员选派等工作，发展规划司、财务司、民族教育司、学校规划建设发展中心等司局及直属事业单位结合职能分工，共同组织实施高校银龄教师支援西部计划。"受援高校："党委要成立由党委书记任组长，相关处室负责同志为成员的工作领导小组，认真研究提出需求，制订具体实施方案，指定专门机构和人员负责本校方案实施和协调管理工作，制订服务协议，明确权利和义务，规范资金使用，落实待遇保障措施。党委书记或校长每学期至少召开 2 次座谈会，听取银龄教师关于学校发展、学科建设等方面的意见建议。"支援高校："党委要成立由学校负责同志任组长，相关处室负责同志为成员的工作领导小组，认真研究制订援派方案，指定专门机构和人员负责本校方案实施、银龄教师选派、待遇保障和协调管理等工作。要将本项目工作纳入学校援派工作体系，统筹考虑，统一部署。工作实施情况要纳入巩固拓展教育脱贫攻坚成果同乡村振兴有效衔接工作定期报送事项。"2022 年的第三批计划还增加了国家教育行政学院的责任："负责第三批试点高校需求对接、人员选派等工作。"

遴选援派教师的程序如下：汇总受援高校需求—组织动员退休教师按需求报名—资格审核或遴选—公示公布—签订支援高校、受援高校、银龄教师三方协议—上岗任教。

对援受双方高校的政策宣传的要求与《银龄讲学计划实施方案》中的要求基本一致。

第三节 "银龄讲学计划"政策实施面临的主要挑战

"中小学银龄计划"和"高校银龄计划"在探索发挥银龄教师的人力资源优势、提升中西部教育发展水平方面取得了一定的成绩，积累了宝贵的经验。目前，"银龄讲学计划"政策仍处在深入探索阶段，部分学者在分析了"银龄讲学计划"政策执行过程中的主体和要素后，做了如下总结。

一、身份认同感和价值观差异影响工作推进

第一，乡村教师的身份认同感不足。银龄教师与乡村教师之间存在身份差异。银龄教师多以专家教师或高质量教师的身份进入乡村学校，在很多方面具有权威性，而乡村教师则是被指导者。面对银龄教师，一些乡村教师的能动性和积极性容易受到压制，双方在共同体教研中属于不对等的身份关系，影响了受援教师的参与积极性，降低了协作效率。

第二，不同教师的价值观有差异。其一，因价值观有差异，教师个体的愿景不尽相同，甚至会产生矛盾和冲突，抑或是个体愿景让渡于共同愿景，不自觉或一味地附和。其二，共同愿景与个体愿景分离。共同愿景源自个体愿景，同时又不同于个体愿景，所以两者不免存在某种程度上的分

离问题。[1]

二、各方原因形成了供需矛盾

第一，供求信息沟通不畅。对于中小学来说，县级部门缺乏对于全县教师配置的统筹考量，对于薄弱学校的师资具体需求并不明确，无法具体落实到科目和人数上。对于支援高校来说，受援学校尽管对高精尖、经验丰富的人才求贤若渴，但是在软硬件资源供给上存在"先天性条件"的紧缺，硬件资源(如设备、场地、外部补给等)和软件资源(如晋升条件、人文关怀等)供给不足，因而不能明确地对银龄教师提出需求信息。同时，县级部门和学校无法直接参与银龄教师的招募和遴选环节，对区域整体供求信息把握不清。部分地区对所需招募的银龄教师的条件要求表述笼统，通常仅根据上级文件，对师德、年龄、任教科目等基本条件提出要求，不呈现岗位的具体职责，导致银龄教师难以根据自己的优势和特点匹配到合适的岗位，学校所招募的银龄教师可能与实际需求存在偏差。

第二，地方政府的扶持力度不够。银龄教师的加入虽然能解乡村教育的燃眉之急，但是教师队伍并不稳定。长期援派教师所占的比例不高，支教时间为一学期或一学年。部分银龄教师年龄较大且活力不足，在中小学中不能快速适应教学环境并维持良好的师生关系，致使教学效率不高。地

---

① 姚刚、徐学福：《银龄教师助力基础教育教师教研的现实困境及纾解策略——基于实践共同体理论视角》，载《湖北社会科学》，2023(11)。

方政府在稳定教师队伍、提高教学效率方面的支持力度不够。此外，部分地区需要通过地方财政支付银龄教师的工作补助等费用，相较之下，地方政府倾向于选择临聘教师来解决师资短缺问题。在工作补助上，国家规定每年给予中小学银龄教师两万元的补贴，这笔费用相较于银龄教师的工作量来说不具有足够的吸引力。在生活保障上，政策以经济帮扶手段为主，但是实际上一些地区的生活条件艰苦，并非经济补贴可以弥补的，食宿、医疗、交通等要素不能满足银龄教师的需求，会降低其幸福感和满意度，还会使优秀退休校长、高级教师等群体产生心理落差。

第三，受援学校认识片面。部分学校仅将银龄教师当作顶岗教师对待，将银龄教师"捆绑"在课堂上，狭隘地认为银龄教师的职责就是给学生上课，缺少利用银龄教师的优势来帮助学校教师成长的意识。[1] 银龄教师政治优势显著，拥有明确的政治立场，能够有效带动乡村学校师德师风建设。[2] 然而，部分学校仅看重银龄教师在专业与经验方面的优势，不看重银龄教师的资源优势、政治优势等。[3]

三、工作适切性和宣传力度需要提高

第一，所处文化环境有差异。银龄教师和乡村教师是活动在不同环境

---

① 周世祥：《振兴西部教育 银龄教师"老有所为"》，载《光明日报》，2023-10-17。

② 张伶俐、成一川、叶长胜等：《以银龄教师优化高校教师队伍建设：时代使命、关键任务及发展策略》，载《中国高教研究》，2023(2)。

③ 桑国元、温丽梅：《银龄教师助力乡村教师队伍高质量建设：价值意蕴、现实困境与纾解路径》，载《现代远距离教育》，2024(1)。

中的教育群体。部分银龄教师在未对受援学校的教育对象与教育传统深入了解的情况下,将不适用于乡村教育的教育理念直接引入课堂,就会使教育对象质疑其专业性。

第二,社会宣传力度不足。虽然国家提出要加大宣传力度,但是实际关于银龄教师的社会新闻并不太多。

第四节 "银龄讲学计划"政策实施的优化路径

2023 年,《国家银龄教师行动计划》提出:"经过三年左右时间,银龄教师服务各级各类教育的工作体系基本健全,服务能力不断提升,政府主导、社会参与的银龄教师发展格局基本形成,数字化赋能银龄教师工作水平不断增强,开放灵活的线上线下支教方式不断完善,全国银龄教师队伍总量达 12 万人左右,在推动建设教育强国、积极应对人口老龄化、建设全民终身学习的学习型社会、学习型大国中发挥明显作用。"相关部门、受援学校、支援高校、银龄教师、企业等主体应不断优化政策环境、政策机制等,积极探索出一系列具有实施效能的举措。[1]

---

① 蒲蕊:《银龄教师助力教育强国建设:目标使命与治理策略》,载《中国高等教育》,2023(18)。

一、完善政策制度设计

"银龄讲学计划"的目标是加强受援学校和受援地区的师德师风建设，助力农村地区、民族地区整体教育教学水平提升，提高教师的专业水平，促进各级各类学校高质量发展。为此，在完善制度设计时应注意以下几点。首先，坚持系统观，根据组织制度理论，综合考虑规制性、规范性等制度要素。在规制性制度设计方面，应注意价值层面、技术层面、运行层面的科学性、合理性以及可操作性；在规范性制度设计方面，则需要通过显性化、通俗化和生活化的语言表达方式，使参加"银龄讲学计划"的多元主体能够理解并认同专业规范、社会期望和文化氛围。[①] 其次，提高相关制度表述的清晰度，为银龄教师提供有效信息，打通教师供给渠道；通过实地调研、座谈会等形式明确需求信息，建立农村地区学校师资需求模型，基于数据合理出台政策。最后，形成学校长效规章制度，完善支援高校和受援学校专门机构和人员负责的校本方案，使银龄教师的价值得到体现。

二、加大政策执行力度

结合我国老龄化和城镇化的趋势来看，"银龄讲学计划"政策的执行力

---

① 蒲蕊：《银龄教师助力教育强国建设：目标使命与治理策略》，载《中国高等教育》，2023(18)。

度仍需加大，这需要合理的治理机制来保障。首先，建立"责任—权力"机制。各种权力机关只有明确职责使命、主动承担责任，才能促进不同组织机构及个体建立起信任关系。各种组织机构和个体只有获得参与权、监督权、建议权，才能在政策落实过程中协同行动。其次，建立"督查—评估"机制。国家要确保政策全面落实，避免选择性执行政策，就要加大对政策执行方的监督力度和管理强度，激活地方政府的主动性，监督与管理支援高校、受援学校和银龄教师。在督查的过程中，应用量化的评估指标对政策执行过程和每一年的结果进行有效的考核与评价，及时发现当年存在的问题并加以修正，有效防止次年"银龄讲学计划"政策后续实施过程中出现执行失真的现象。

三、优化政策实施环境

健全的支持保障体系是吸引优秀退休教师加入的重要前提。首先，国家应为银龄教师提供生活保障，对受援学校加大经费投入，鼓励受援学校给予一定的补助，引导基金会、志愿组织、企业等多方力量从多渠道筹措资金。受援地区和学校应为银龄教师创造良好的工作环境，提供必要的教学科研条件、生活条件。其次，要进一步加大宣传力度，提升银龄教师的荣誉感和专业价值感，提高全社会对该计划的了解度、认可度和支持度，营造全社会尊敬银龄教师的氛围。最后，通过岗前培训提高银龄教师与受援地区和学校的融合度。受援学校应向本校教师和学生介绍银龄教师的情况，为后续的沟通、授课奠定基础。

四、创新政策落地机制

信息技术为促进教育资源配置、提高教育治理水平带来了机遇。省级教育行政部门需要建立专门的发布各地对银龄教师的需求的信息专栏，并有序管理与及时更新，以便于银龄教师找到与自己相契合的岗位。[①] 教育部可建设支教服务平台、银龄教师数据库，与全国教师管理信息系统、全国老年教育公共服务平台共用、共享数据。[②] 各级政府、学校应建立宣传平台，有效传播银龄教师的感人事迹，并为银龄教师分享日常经验和故事提供渠道，以加大宣传力度。

---

① 桑国元、温丽梅：《银龄教师助力乡村教师队伍高质量建设：价值意蕴、现实困境与纾解路径》，载《现代远距离教育》，2024(1)。

② 刘奉越：《发挥银龄教师优势 助力职业教育高质量发展》，载《职业技术教育》，2023(24)。

第七章

"县管校聘"政策实施

◇◇◇◇◇◇◇◇◇◇◇◇◇◇◇◇◇◇◇◇◇◇◇◇◇◇◇◇

　　"县管校聘"政策旨在加强县级政府对教师的统筹管理，促进教师在城乡之间、学校之间合理地流动，从而实现教育资源的均衡分配和教育公平。"县管校聘"政策的出台和实施，体现了党和国家对推进教师队伍建设、均衡配置教育资源以及深化教师管理体制改革的高度重视与决心。

第一节 "县管校聘"政策实施的重要意义

义务教育的均衡发展是促进教育公平的题中之义。教师是立教之本、兴教之源。优秀的教师队伍是提升教育水平的关键因素。教师的教学水平、专业素养会直接影响学生的学业表现和未来成就。

"县管校聘"政策是对教师队伍建设和管理体制机制的重大创新。一方面，有效打破了阻碍教师交流轮岗的体制障碍，为教师在不同学校之间合理流动提供了便利条件。这种流动方式能为薄弱学校注入新鲜血液，引入先进的教学理念，从而提升这些学校的教育质量。另一方面，赋予学校更大的办学自主权，激发学校的内部活力。学校可以根据自身实际情况和教育需求开展教师的选聘和配置工作。以政策促使学校更加注重提升教师的专业能力，有利于教育资源的优化配置和教育生态的良性发展。

一、"县管校聘"政策实施的背景

改革开放以来，中国的经济发展取得了举世瞩目的成就，但目前仍存在城乡发展不平衡问题。城市学校通常拥有更加现代化的教学设施、更加丰富的教学资源以及更加优越的学习和生活环境。相较之下，乡村学校的硬件设施简陋、教学仪器缺乏、图书资源有限，严重制约了学生的发展。

更为严重的是师资方面的差距，这一点尤为关键且难以迅速弥补。城市学校往往能吸引和集聚大量优秀的教育人才，教师队伍的整体素质较高，而乡村学校则面临着优秀教师流失、教师队伍老龄化以及专业发展机会不足等问题。师资力量不均衡的问题会直接影响教学质量和学生的学习效果，进而加深城乡教育的不平等。

为促进优质师资均衡配置，1996年12月，国家出台了《关于"九五"期间加强中小学教师队伍建设的意见》，首次提出了"教师定期交流"这一概念，鼓励城市教师到农村任教，名校教师到薄弱学校任教。2010年7月，《国家中长期教育改革和发展规划纲要（2010—2020年）》提出了建立教师流动机制的总体要求和方向，旨在促进义务教育师资均衡配置。在此背景下，如何有效促进教师流动成为亟待解决的问题。[①]

2014年8月，《教育部 财政部 人力资源和社会保障部关于推进县（区）域内义务教育学校校长教师交流轮岗的意见》印发。这是推进教师交流轮岗的专项政策，强调要全面推进义务教育教师队伍"县管校聘"管理改革，以实现教师交流轮岗。所谓"县管校聘"，即由县级教育行政部门会同有关部门制定本县（区）域内教师岗位结构比例标准、公开招聘和聘用管理办法、培养培训计划、业绩考核和工资待遇方案，规范人事档案管理和退休管理服务。学校依法与教师签订聘用合同，负责教师的聘用和日常管理。

此后，中共中央、国务院先后颁布了《乡村教师支持计划（2015—2020

---

① 方征、谢辰：《"县管校聘"教师流动政策的实施困境与改进》，载《教育发展研究》，2016（8）。

年)《国务院关于统筹推进县域内城乡义务教育一体化改革发展的若干意见》《中共中央 国务院关于全面深化新时代教师队伍建设改革的意见》等。这些政策文本都强调要推进"县管校聘"管理改革。教育部于 2015 年和 2017 年在 25 个省(区、市)遴选了"县管校聘"管理改革示范区，着力探索教师队伍管理的新机制。

二、"县管校聘"政策实施的目的

"县管校聘"是在新型城镇化背景下，为促进义务教育均衡发展，打破教师交流壁垒而出台的政策，是推进城乡教师队伍一体化建设的必然要求。"县管"，指县级教育行政部门按照职能分工和权限设置，依法履行对中小学教师的公开招聘、职务评聘、培养培训、轮岗交流、评优考核等管理职能；"校聘"，要求学校依法与教师签订聘用合同或工作合同，负责教师的岗位配置、具体工作安排和日常管理。

实施"县管校聘"政策，对增强学校的办学活力，推进城乡教育均衡发展，激活教师的主动性、创造性，提升教师的专业发展水平有重要的意义。一方面，落实"县管"政策可以更好地解决编制、职称等问题，让教师从"学校人"变成"系统人"。[①] 在这一转型背景下，区域师资的基本结构、教师的管理体制将会得以优化。"县管校聘"政策旨在为优秀教师到农村地

---

① 姜超：《"县管校聘"的政策前提、管聘指向与执行模式反思》，载《教育科学研究》，2021(5)。

区、薄弱地区交流构建制度基础，提高乡村学校的师资水平，缓解教师结构性短缺问题，推动城乡义务教育均衡发展。

另一方面，落实"校聘"政策能够调动学校的办学积极性，增强学校在用人方面的灵活性，有助于形成"优胜劣汰"的竞争机制。这对打破教师队伍建设停滞不前、缺乏动力等局面来说至关重要。对已晋升高级职称，但可能会陷入职业倦怠或满足现状不求进取的教师来说，校聘制将鼓励他们重新找回教育教学的热情，保持较高的职业竞争力。校聘制还能增强教师的工作积极性，为教师提供更明确的职业发展路径和奖励机制。当教师看到自己的努力能够直接反映在职业发展和薪酬待遇上时，他们在提升教学质量方面会更有动力。

总体而言，"县管校聘"政策的核心在于改革编制管理体制和优化岗位设置，建立和完善教师培养、招聘、聘用、管理、交流轮岗以及退出等制度。实施"县管校聘"政策的目标是消除阻碍教师流动的体制性障碍，实现教育资源的优化配置，推动区域教育质量的整体提升，缩小城乡教育差距，让所有学生都能享受到公平且有质量的基础教育。

第二节 "县管校聘"政策实施的主要成效

改革创新是教育发展的动力。全面深化改革是关系党和国家事业发展全局的重大战略部署。"县管校聘"政策实施以来，全国各省（区、市）及各示范区分别出台了一系列政策并开展多元探索，积累了丰富的经验，并取得了一定成效。如校长职级制、无校籍管理等政策创新模式，不仅提升了当地教育管理水平，提高了教师管理效率，而且对全国其他地区来说，有重要的参考价值。

一、地方党委和政府高度重视"县管校聘"政策

在地方党委和政府的高度重视和要求下，多地积极探索"县管校聘"管理改革。截至 2024 年 2 月，出台专项"县管校聘"政策的省（区、市）有 22 个，分别为山东省、浙江省、安徽省、福建省、广东省、海南省、广西壮族自治区、江苏省、湖北省、天津市、北京市、河北省、江西省、甘肃省、重庆市、云南省、宁夏回族自治区、河南省、陕西省、青海省、贵州省、山西省。其他省（区、市）大多采用试点方式，探索"县管校聘"模式，如辽宁省、湖南省、上海市、内蒙古自治区等。

从各省（区、市）出台政策文件的情况看，改革已经得到了全国大多数省（区、市）的积极响应与推广。各地积极探索了具有本地特色的教师管理制度改革样本，根据本地实际情况和教育需求，灵活调整教师队伍结构，优化人才配置，提高教育质量，使学校办学的自主权得到进一步落实。例如，《安徽省教育厅 安徽省机构编制委员会办公室 安徽省人力资源和社会保障厅 安徽省财政厅关于推进中小学教师"县管校聘"管理改革的指导意见》规定："教师年度考核或聘期考核不合格的，学校可以调整其岗位，或者安排其离岗接受必要的培训后调整岗位。"随着改革的不断深入，各地在

实践中也积累了丰富的经验。一些地区在推行政策的过程中,特别强调了对农村地区学校的支持,通过优惠政策和补贴机制吸引优秀教师到这些地区任教,有效地缓解了城乡教育资源不均衡的问题。

二、各地积极探索多样化的实施模式

(一)广西壮族自治区荔浦市——"校长职级制"模式

广西壮族自治区荔浦市积极探索校长职级制,推动校长由"行政人"变为"教育人"。荔浦市根据各校在校生的总人数,共设 7 个档次的校长职级,除工资、绩效奖金以外,按月核发 500~2500 元不等的校长职级津贴,以增强校长岗位的吸引力。在 82 名中小学校长中,有 74 人成功竞聘上岗,其中有 18 人到其他学校同级别岗位上岗。落聘的 8 个校长职位则由 6 名学校中层干部、2 名优秀教师竞聘上岗。

荔浦市通过实施校长职级制,有效推动了校长角色的转变,更加聚焦于教育本质和学校管理的专业发展。这种制度不仅为校长提供了更大的职业发展空间,还有助于提升学校管理水平,从而推动教育质量的整体提升。

(二)安徽省郎溪县——"无校籍管理"模式

2016 年 9 月,安徽省郎溪县通过调研、摸底和动员,开始探索"无校籍管理"模式。全县 30 所中小学的 2132 名教师与该县的教师管理服务中心签订了人事聘用合同。教师由原来的"单位人"转变为"系统人",没有了校籍身份的限制，交流渠道也畅通了。该县的教师每年8月参加竞聘，合格者签订岗位聘用合同，学校对落聘者实行待岗管理。"无校籍管理"模式的推进不仅得益于县委、县政府的高度重视，还得益于各相关部门的通力协作。概括来说，编制部门只管编制总量，人社部门只管岗位总量，教育行政部门则负责统筹管理。

(三)四川省成都市——"两竞聘一双选"模式

作为全国"县管校聘"首批示范区，成都市多年来积极推进"县管校聘"改革。成都市温江区在师资配置上持续发力，积极探索年级组长、班主任竞聘上岗，班主任和教师进行双选的"两竞聘一双选"模式。具体来说，首轮竞聘年级组长和班主任岗位。年级组长在选聘班主任工作时有话语权，班主任在选聘学科教师时有决定权。经个人申报(或组织推荐)、资格审查、演讲答辩、民主测评等程序后，确定年级组长和班主任的人选。班主任与有任职资格的学科教师进行对位双选，双方各自填写岗位双选表，对位双选成功的教师组成班级教师团队。该区教育系统坚持多劳多得和优绩优酬原则，严格执行校级奖惩政策。教师成功聘任年级组长(班主任)，享受学科教师和年级组长(班主任)双岗待遇；教师对位双选聘任成功，享受一线教师待遇；教师聘任教学辅助岗位，只能享受教学辅助岗位待遇。

(四)湖北省——县域教联体建设

湖北省采取了多方位的策略来提高城乡义务教育的质量，通过教师队伍交流轮岗政策建立了常态化的教师交流机制。这一策略包括以下三个主要方面：一是条件约束，确保教师交流互动机制畅通无阻，为乡镇教师提供成熟的教学和管理经验，以及前沿的专业教育知识；二是拓宽渠道，通过教联体建设，探索多种发展模式，如崇阳县实行的乡村一体化、城区带动乡镇、强校联合弱校、城郊融合和线上课堂五种联合形式；三是激励措施，通过统一规划、管理、师资配置、财务结算和教学考评，促进"县管校聘"改革，解决城区学校大班额问题，推动教育信息化和现代化发展。这些举措使得乡镇学校的师资力量得到了补充，办学条件得到了改善，教育水平逐步提高，逐渐缩小了城乡义务教育的差距。[1]

三、促进了优秀教师资源的公平配置

"县管校聘"政策旨在让优质的师资流动起来，重点加强城镇优秀教师向乡村学校、薄弱学校流动，发挥优秀教师的带动作用，扩大优质师资的覆盖面。"县管校聘"是抑制"择校热"的有效措施，也是促进教育公平的有效途径。[2]

早在 2019 年 2 月，山东省的 137 个县(市、区)已全部实施"县管校聘"政策。2015 年至 2018 年，山东省交流轮岗的校长、教师达 14.83 万人，从城镇学校到乡村学校交流的教师达 3.58 万人，有 2753 名城镇学校的校

---

① 周静：《湖北：以县域教联体建设助推城乡义务教育优质均衡发展》，载《人民教育》，2023(24)。

② 杨汝洪：《泉州市义务教育学校教师"县管校聘"政策研究——基于政策工具视角》，硕士学位论文，东北师范大学，2023。

长到乡村学校任职、交流，城乡之间、学校之间师资配置得到了优化，有效提高了编制使用效率。2021 年，《陕西省教育厅等四部门关于推进中小学教师"县管校聘"管理改革的指导意见》出台。陕西省的 94 个县(区)仅在 2022 年参加交流轮岗的教师就有近 1.6 万人，占比 18.45%。贵州省将"县管校聘"改革和交流轮岗协同、联动实施，明确规定每年的交流人数要达到县域内应交流总人数的 10%以上，并要求参加交流的骨干教师比例不得低于交流教师总数的 20%。截至 2023 年 11 月，全省已有 51 个县(区)开展了"县管校聘"改革和交流轮岗工作，进一步优化了教师队伍结构和优质师资配置。

"县管校聘"政策冲击了以往"教师职业是铁饭碗"的就业观念。竞聘上岗机制、退出机制倒逼教师不断更新教育观念，积极投身于教育教学活动，提升专业发展水平，只有这样才能在学校竞聘中获得有利地位。[1] 各地在改革中，积极加强县级党委、政府统筹，理顺编制、财政、人力资源和社会保障、教育行政部门的教师管理职责，完善教师补充、聘用、交流、培养培训、激励机制，确保改革顺利推进。"县管校聘"改革提高了编制、岗位等的使用效率，使一些边远山区学校足额配备了教师，缩小了城乡、校际教师队伍的差距，促进了区域内中小学教师均衡、优化配置，缓解了农村学校师资，尤其是音乐、体育、美术等学科师资紧缺的压力。

---

[1]　张文斌：《阻滞与突破："县管校聘"政策实施的困境与改进》，载《教育学术月刊》，2021(5)。

第三节 "县管校聘"政策实施面临的主要挑战

尽管"县管校聘"政策实施以来取得了一定的成效，但也面临着一系列的问题。这些问题不仅涉及教育管理的各个方面，还对教师队伍的稳定性和教育质量的提升产生了消极影响。

一、区县各部门协同机制不健全

"县管校聘"作为一项系统工程，需要县级教育、财政、人社等多部门的联合参与。尽管各地出台的政策均要求相关部门全力参与，但在实际执行过程中，各方的权责尚存在模糊的部分，导致政策的具体实施与权责边界仍存在较大分歧，行政协调难度大，难以形成有效的合力。[1] 我国的义务教育实行以县为主的管理体制，政府对教师的管理权力呈现出部门化特征，包括编制核定、教师聘任、职称岗位设置、职称评聘、收入分配等在内的人事管理权力分散在不同的政府部门。就教师招聘、培养、评价的全

---

[1] 张文斌：《阻滞与突破："县管校聘"政策实施的困境与改进》，载《教育学术月刊》，2021(5)。

流程来看，组织部门分散管理导致了决策流程复杂化、决策效率不高。[①]
简言之，教育行政部门调配教师的权力受到编制部门、人社部门多方面牵制，教师、教育管理体制活力欠缺。

以教师招聘为例，在一些地区，教师招聘由学校向教育行政部门提出招聘需求，编制部门和人社部门审批调剂，人社部门组织公开招聘完成教师招录工作。在招聘过程中，只有少部分学校能够参与招聘过程，中小学新聘教师主要由人社部门把关。在这样的招考制度下，考核的内容聚焦通识内容和基本素养，招到的新教师在教育教学能力方面与学校的要求相去甚远。究其原因，县级政府相关部门缺乏统一有效的协调机制，部门之间的边界意识强，各部门固守各自的利益范畴，相互配合不当，教育行政部门统筹协调困难，导致行政效率低下。[②]

"县管校聘"政策的各执行机构都是嵌在整个国家行政体制内的关系性存在，各部门都有自己的合法性要求。编制部门要求"只减不增"，财政部门的经费"捉襟见肘"，人社部门要求"结构比例"。因为在政策执行过程中会涉及资源、利益和权力分配，所以协调这些资源意味着各部门的利益结构可能会受到影响。教育行政部门是牵头部门，其工作的困难程度可想而知。[③]

---

① 李廷洲、李婉颖、朱月华：《论义务教育教师管理体制变革——基于"县管校聘"改革实践的分析》，载《中国教育学刊》，2022(9)。

② 侯洁、李睿、张茂聪：《"县管校聘"政策的实施困境及破解之道》，载《中小学管理》，2017(10)。

③ 姜超：《"县管校聘"的政策前提、管聘指向与执行模式反思》，载《教育科学研究》，2021(5)。

二、优质师资逆向流动背离改革初衷

"县管校聘"政策旨在通过优化师资配置，促进城乡教育均衡发展。在实施"县管校聘"政策时，一些省（区、市）规定中高级岗位的分配要"向农村或薄弱学校倾斜"和"适当预留用于交流教师的评聘"。这些规定对推动教师参加城乡交流起到了明显的引领作用。可以说，教师交流轮岗政策实施的重点在于推动城镇优秀（或骨干）教师向乡村或薄弱学校流动。[①] 然而，有一种现象不容忽视：优质师资倾向于流向城市学校，这在无形中加剧了城乡之间的教育差距。城市学校可能因此获得更高质量的师资，而乡村学校则面临着师资流失和教育品质下降的双重挑战。

城乡教师交流轮岗存在利益的博弈，体现在乡村优秀教师可以经由"县管校聘"的渠道流向城市，而城市学校出于保障学校教育质量的考虑，也不愿意派教师参加交流。为完成上级摊派的教师流动任务，一些学校往往敷衍了事。浙江省天台县一所乡村学校的校长在谈到教师轮岗时表示："如果派骨干教师去城里交流，一旦骨干教师流失了，对学校而言就是得不偿失。"可见，有部分教师交流流于形式，违背了政策的初衷。

"县管校聘"政策为一些优秀的农村教师进入城市学校提供了机会。这些优秀教师通过竞聘流动到城市学校后，不仅会导致乡村师资力量不足，

---

① 李茂森：《"县管校聘"实施方案研究与再思考——基于浙、皖、粤、鲁、闽等5省"县管校聘"改革实施意见的内容分析》，载《教育发展研究》，2019(2)。

还会动摇其他教师扎根乡村任教的决心。[①] 浙江省淳安县一所乡镇学校的校长在谈到教师交流时颇感无奈:"我校远离城区,条件相对艰苦。最近几年,每年都有 5 至 6 名教师通过考试或者'县管校聘'的渠道'流走了'。"有研究者指出,"县管校聘"改革可能会使乡村学校里为数不多的优秀教师争先流动到城市学校,容易形成"马太效应",形成优者更优、弱者更弱的局面。[②]

三、交流教师的合法权益缺乏法律保障

由于缺乏明确的法律规范和细致的制度约束,参加交流的教师可能会面临权益难以得到保障的问题。实施"县管校聘"政策涉及教师的聘任、调配及职业发展路径等关键因素,理应以相应的法律为支撑。然而,当前的法律不足以全面保障教师在交流过程中的权益,如工资待遇、职称评定、职业稳定性等得不到保障。此外,由于缺少立法保护,学校与教师间的权责关系模糊,一旦出现争议或冲突,教师往往难以获得帮助。

《中华人民共和国教师法》将教师的身份定位为专业人员。但是这一身份在实践中,尤其是在"县管校聘"试点地区的教师管理体制改革过程中并没有得到体现。受制于专业人员身份的内涵与外延,教师的权益受损时的

---

① 李国强、袁舒雯、林耀:《"县管校聘"跨校交流教师归属感问题研究》,载《教育发展研究》,2019(2)。

② 赵垣可、刘善槐:《"县管校聘"管理改革推进中的问题分析及对策探讨》,载《中国电化教育》,2021(11)。

法律救济等问题的解决均欠缺法理基础。[①] 因为缺少法律约束，部分参加交流轮岗的教师工资待遇得不到有效保障，这对教师的家庭生活、子女教育、个人专业发展等均会造成一定影响。部分流动教师表示，当自身权益受到损害时，无法寻求相关的法律救济。[②]

任何政策的实施要想取得成效，就需要强有力的刚性约束制度和完善的配套措施。但从各省（区、市）的"县管校聘"政策文本来看，政策配套措施大多缺少明文规定，对交流轮岗教师的权益保障也缺少相应的支持。

城乡之间的经济和文化存在差异，这些差异在教育资源的分配上也有所体现。城镇地区的教师若被选派至乡村地区进行交流轮岗，他们面临的挑战不只是复杂的工作环境，还有与自己成长背景截然不同的文化环境。在这种情况下，如果补偿性政策不足，没有合理的补贴、住房安排、职业发展保障或者其他福利，教师参加交流轮岗的积极性自然就会降低。一部分教师可能会对前往乡村学校交流和轮岗持保留态度，甚至尽量避免参加。

学校的人文关怀不充分导致教师在交流轮岗的过程中容易遇到各种不确定问题，如工作环境的适应性问题、照顾家庭与工作的冲突问题、职业发展的不稳定性问题等。这些问题如不能得到妥善解决，会影响教师的交流效果，甚至会导致教师的流失。尽管一些地区的政策规定，对休产假的

---

① 刘昕鹏：《"县管校聘"背景下教师专业人员身份的困境与再确认》，载《当代教育科学》，2017(8)。

② 方征、谢辰：《"县管校聘"教师流动政策的实施困境与改进》，载《教育发展研究》，2016(8)。

教师、临退休的教师等实行直聘，但对于家庭情况特殊的教师的政策倾斜却远远不到位。一些多子女家庭的教师、在孕期的教师依然被强制要求流动。①

四、利益相关方未达成共识，政策执行"走样"

"县管校聘"改革的重点在于改变僵化的教师管理体制，使分散在不同部门的关于教师管理的人权、事权、财权相对统一，而不是大张旗鼓地搞聘任。然而，在执行过程中，因为优质学校、薄弱学校、教师及家长对该政策的理解不足、认可度不高，所以一些地区在执行政策时过于机械，缺乏灵活性和适应性。

在政策执行前期，一些教师存在诸多顾虑，参与度并不高。一些学校为了完成上级部门安排的交流任务，在实施过程中弱化了教师的选择权，把双向选择变成了强制参与。不可否认，政策的初衷是创建优质学校教师和薄弱学校教师交流学习的机会，但部分选拔欠缺公平性，导致政策目标的实现大打折扣。②

有些学校错误地将"县管校聘"简化为末位淘汰，即认为该政策仅仅是为了淘汰表现不佳的教师，这种做法给教师带来了巨大的心理压力，破坏

---

① 张丽华：《义务教育阶段教师"县管校聘"的实施困境及其突破策略研究——以广东省 L 县为例》，硕士学位论文，广西师范大学，2022。

② 项思雨：《义务教育教师队伍"县管校聘"政策失真问题研究——以湖北省为例》，硕士学位论文，湖北师范大学，2020。

了教师队伍的稳定性，影响了教师的士气。在北京师范大学教育国情调查中心组织的关于全国教师需求的调研中，就有校长指出："对于老师来说，竞聘上岗的压力不容小觑。有的老师担心被淘汰后没有稳定的工作和收入，觉得随时可能会被调走，常会感到焦虑和不安。也有的老师感觉自己的工作没有得到学校的认可和社会的尊重，从而产生了失落和沮丧的情绪。'县管校聘'的利弊得失难以一概而论。只有考虑到各方利益诉求，才能稳步推进。"此外，有极个别的教师为了能够竞聘成功而四处"活动"，这使竞聘上岗的公平性被大大削弱了。[①]

有学者通过调查研究发现，学生与家长对"县管校聘"政策的认可度也不高。他们认为，优秀教师是可遇不可求的，优质学校的家长不希望优秀教师流出，薄弱学校的家长不愿意专业不对口的教师来教自己的孩子。[②]可见，政策涉及的利益相关方尚未达成共识，政策执行"走样"造成了各种非预期的后果。

第四节 "县管校聘"政策实施的优化路径

在未来，实施并落实"县管校聘"政策需要采取多维度的策略来处理各

---

① 赵垣可、刘善槐：《"县管校聘"管理改革推进中的问题分析及对策探讨》，载《中国电化教育》，2021(11)。

② 陈九平：《"县管校聘"面临的挑战和应答》，载《基础教育课程》，2018(22)。

方面的利益冲突。首先，要充分考虑并平衡教师个体的发展需求、学校的教学需求以及地方的教育发展需求。为此，需要建立一个具有包容性的对话平台，让各方利益相关者参与讨论，协商解决方案。其次，要明确补偿性政策，提供合理的激励机制，确保城市教师愿意到乡村学校任教，同时保障乡村教师的待遇和职业发展不受影响。这包括提供足够的经济补偿、职业培训、晋升机会以及工作和生活的支持。再次，加强监管，确保"县管校聘"政策的实施过程透明、公正，防止滥用政策导致不公平的现象出现。最后，强化监督机制，及时调整和完善配套措施，确保政策有效落地。

一、完善利益协调机制

在推进"县管校聘"改革的过程中，政府各级部门、教育机构和教师等，都有其独特的利益追求。国家应根据这些利益目标采取不同的行动策略，确保这些参与者有效协作，并持续推动改革向前发展，充分理解和尊重每个行动主体的利益，优化利益表达的路径。有效的沟通与谈判，可以调和各方的利益冲突，促进不同参与者之间的合作。

加强"县管校聘"政策的顶层设计至关重要。"县管校聘"政策涉及人事制度改革问题，相应的事务涉及多个部门，单靠教育行政部门显然是无法推动的，必须构建由县级政府主导的工作推进机制。[1] 既要发挥县级政府

---

[1] 钟景迅、钱行：《"县管校聘"政策实施困境及其优化——基于治理制度逻辑的审视》，载《教育发展研究》，2023(20)。

在师资配置中的宏观调控作用,又要确保学校的用人自主权。

　　教师是学校的核心资源,对于提升教育质量和实现每所学校的均衡发展至关重要。在"县管校聘"改革的过程中,中小学在职教师的利益明显受到了影响,特别是那些被调往偏远乡村学校的教师,他们对改革有抵触情绪是在所难免的。教育行政部门可以通过增加专项补贴、优先考虑评优和晋升等措施来激励他们,提高这部分教师的改革参与度。教育行政部门还应加强对教师交流轮岗过程的跟踪指导和监督,及时发现并解决问题,确保教师流动能够有效提升教育质量,让每一所学校的学生都能享受到优质师资。

二、完善监督与考评机制

　　"县管校聘"政策要厘清县和校对教师管理的权限边界,尤其要明确县的职权范围。例如,控制县域内教师总量动态情况;制定、实施统一的教师准入、培训、退出标准等;保证学校对教师教育教学的具体事宜有足够的管理权,教师的绩效考核和年终考核必须在学校内进行。[①]

　　在宏观层面,要构建"县管校聘"深入推进的权责与问责机制,压实各级政府的主体责任。由于"县管校聘"政策涉及复杂的人事改革事务,因此地方政府对此多有畏难情绪,"等、靠、要"的想法占上风。为了深入推进

---

　　① 赵文学、王寰安:《对义务教育教师"县管校聘"制度的思考》,载《教学与管理》,2019(2)。

"县管校聘"政策，政府需要明晰各级地方政府的权责，建立与之相适应的推进"县管校聘"的问责机制。中央、省级政府可将该政策的推进情况列为对市、县两级政府政绩考核的内容，压实它们的主体责任。对故意拖延、敷衍推进的政府及其部门负责人要严肃问责，倒逼他们主动推进"县管校聘"的各项改革。建议县级政府成立"县管"执行监督机构，负责对县教育局、人社局、财政局、编办等部门在改革过程中的行为表现进行监督，加大对各部门政策执行主体的问责力度，增强监督的权威性。[①]

在微观层面，在赋予学校更大的用人自主权的同时，也要加强对权力的监督，防止滥用权力。优质教师数量有限，一些学校可能会为了自身利益而不愿意派出优质教师参与交流，这可能会导致政策失效。因此，监督机制的重要性不言而喻。对于当前政策中提到的各项制度，如竞聘上岗制度、校务公开制度、评价监督制度等，都需要加强监督，避免出现暗箱操作、徇私舞弊等问题。

三、建立法律保障机制

加强法律规制是确保教师依法流动、实现教育公平与提升教育质量的关键措施。在"县管校聘"政策框架下，加强法律规制尤为重要。教师的招聘、交流、晋升和退出机制都应当有明确的法律规范和程序，确保流程的

[①] 赵垣可、刘善槐：《"县管校聘"管理改革推进中的问题分析及对策探讨》，载《中国电化教育》，2021(11)。

公开、透明与公正。基于此,加强立法是促进教师交流的根本保障。

在制定"县管校聘"实施方案时,虽然一些省(区、市)对如何保障教师的合法权益做出了必要规定,但是仍有必要在"县管校聘"政策文件中甚至在国家法律层面优先明确一个前提基础,即在管理体制上,教师身份是国家公职人员,这样可以有效避免在改革实践中出现冲突和矛盾,为教师管理体制改革增强其政策的合法性。[1]

此外,实施"县管校聘"政策的地区,不仅应在教师人事聘用合同和教师派遣协议的签订、履行、变更和解除等环节当中遵循或参照相关实体法与程序法的规定,还应在教育行政部门、学校和教师之间产生合同纠纷时为教师提供适当的行政与司法救济。[2]

四、健全教师流动机制

在落实"县管校聘"政策的过程中,为了有效分担县级政府的财政压力,应当加大省级财政的统筹力度。省级财政的合理调配和投入,可以为教师流动提供更有力的经济保障,包括给予交流轮岗教师生活补贴、培训经费的支持,加大对农村学校的投入,大幅度提高农村教师的收入水平。[3]

---

① 李茂森:《"县管校聘"实施方案研究与再思考——基于浙、皖、粤、鲁、闽等5省"县管校聘"改革实施意见的内容分析》,载《教育发展研究》,2019(2)。

② 刘昕鹏:《"县管校聘"背景下教师专业人员身份的困境与再确认》,载《当代教育科学》,2017(8)。

③ 侯洁、李睿、张茂聪:《"县管校聘"政策的实施困境及破解之道》,载《中小学管理》,2017(10)。

要明晰省、市、县各级政府的财政投入责任，加强监督，强化问责，确保各项补贴落实到位。

完善教师激励机制是构建长效保障制度的关键。激励机制应当全面考虑教师的物质需求和精神追求，实施包括提供有竞争力的薪酬、职业发展机会、职称晋升机会、表彰奖励等在内的综合激励措施。应当由县级各行政部门、学校、教师协商，制订相应的利益补偿方案，并根据教师交流的距离远近、家庭实际情况实行梯度分配，让交流的教师无后顾之忧。[①] 教师在政策制定过程中的参与度不足可能导致他们更多地关注个人利益，如通勤距离、职称晋升、发展环境和收入等问题。因此，完善配套保障机制以激励教师积极参与是关键。要建立完善的乡村学校教师聘用保障体系，如实行农村学校优先选聘政策，减少优秀教师从乡村学校流失的问题。

此外，要对长时间交流到薄弱学校的教师给予更多的持续性补偿，建立长效的教师发展机制。为积极参与交流轮岗，且教学表现突出的教师提供优厚的待遇，提供专业发展机会、定期培训和进修、学术交流等。这不仅能调动教师交流的积极性，还能为薄弱学校教育教学质量的提升提供良好的制度保障。

---

① 张文斌：《阻滞与突破："县管校聘"政策实施的困境与改进》，载《教育学术月刊》，2021(5)。

第八章

"乡村教师支持计划"政策实施

国务院办公厅于 2015 年 6 月 1 日印发了《乡村教师支持计划(2015—2020 年)》，这标志着"乡村教师支持计划"正式启动。该计划旨在解决乡村教师队伍面临的职业吸引力不强、补充渠道不畅、优质资源配置不足、结构不合理、整体素质不高等突出问题，力求吸引优秀人才到乡村学校任教，稳定乡村教师队伍，带动和促进教师队伍整体水平提高，促进教育公平。

第一节 "乡村教师支持计划"政策实施的重要意义

《乡村教师支持计划(2015—2020年)》提出,到2017年,逐步形成"下得去、留得住、教得好"的局面;到2020年,努力造就一支素质优良、甘于奉献、扎根乡村的教师队伍,为基本实现教育现代化提供坚强有力的师资保障。

一、"乡村教师支持计划"的政策创新

《乡村教师支持计划(2015—2020年)》是我国在"城乡一体化发展"的时代背景下发布的第一个专门针对乡村教师发展的国家政策。在一系列向乡村倾斜的教师政策基础上,该计划既整合优化了前期政策,又纵深引领了后续政策,是推动乡村教师队伍专业发展的助力器。

(一)完善了乡村教师队伍建设的专项政策

梳理相关政策后发现,2000年以后,国家关注到农村基础教育的发展偏弱,乡村教师的数量和质量已不足以支撑乡村教育改革及乡村学校、乡村生态的发展。"农村学校教育硕士师资培养计划""特岗计划""国培计划"等重点支持政策相继出台,多是为提高乡村教师待遇实施的保障兜底政策。围绕乡村教师编制、职称评定、培训体系建设等发布的政策,力图解

决乡村(尤其是中西部地区的乡村)学校教师数量严重不足、质量不高的问题。但是从现实情况来看,政策落实的效果并未达到预期。这些政策为建设乡村教师政策体系提供了经验借鉴。为普遍地、一揽子地解决这些大而全的问题,2015年,《乡村教师支持计划(2015—2020年)》应运而生。一方面,该计划提出"师德为先,以德化人""规模适当,结构合理""提升质量,提高待遇""改革机制,激发活力"这四大原则,并以此为基础提出八大举措,集中解决补充渠道、生活待遇、编制标准、职称(职务)评聘、教师流动、能力素质提升、荣誉制度等方面的问题,尤其强调全面提高乡村教师的思想政治素质和师德水平。另一方面,对经费保障、督导检查提出要求。该计划完善了以往碎片化的、体系化不强的乡村教师发展的政策体系。

(二)构建了乡村教师队伍建设的保障机制

对于教师队伍建设,尤其是乡村教师队伍建设,在职称评定、荣誉评选、编制配备等队伍体系建设方面,国家陆续出台了系列政策。但由于城乡一体化进程的飞速发展,乡村的经济与文化的发展不及城市的经济与文化的发展,导致乡村学校建设落后于城市学校建设,教师队伍的老龄化、课程知识退化、教学方法旧化等问题出现,优秀教师不愿意去、不合格教师退不出问题突出。因而,即使有了"特岗计划"等一系列单一扶持政策,也不能全面解决乡村教师队伍数量不足等问题。乡村具有自身的经济与文化特色。乡村教师与城市教师的生活环境、保障机制有本质上的区别。从以人为本的角度来说,只有提高乡村教师的生活水平,才能从根本上提高乡村教师的稳定性，增加岗位的吸引力，也才能在此基础上谈提高乡村教师的质量的问题。

《乡村教师支持计划（2015—2020年）》从三个维度提出八个方面的举措，较为全面地从根本上解决了以人为本和以岗位职能为中心的问题，尤其是在保障机制方面，进一步规范了编制、职称、待遇等方面的内容。

(三)建立了乡村教师专业发展机制

地区发展的差异会使资源分布不均，这不仅体现在教育资源上，还体现在基础建设资源上。相较而言，城市教师拥有更多的基础教育资源，能使教师享受更多的文化的熏陶。然而，乡村教师所接受的培训仍存在体系不够完善，培训频率、质量等不达标，培训内容的针对性不够强等问题。

《乡村教师支持计划（2015—2020年）》提出："要把乡村教师培训纳入基本公共服务体系，保障经费投入，确保乡村教师培训时间和质量。"该计划要求省、市、县三级人民政府切实履行实施主体责任；明确了培训的内容和方式；鼓励乡村教师在职学习深造，提高学历层次。这些措施有力地支持了乡村教师的专业发展。

二、"乡村教师支持计划"的政策目标

回顾政策实施的历史可发现，《乡村教师支持计划（2015—2020年）》从

三个维度、八个方面在一定程度上完成了其时代任务。"乡村教师支持计划"政策聚焦乡村教师"下不去""留不住""教不好"这三个维度,围绕乡村教师"师德建设""工作负担""职业技能""培训研修""职称评定""轮岗交流""编制待遇""激励机制"八个方面持续发力,为创新乡村教师队伍建设管理体系、改革完善乡村教师培养模式、彰显乡村教师地位与作用、提高乡村教师乃至乡村教育的质量起到了关键作用。

(一)让优秀教师下得去、留得住、教得好

针对乡村教师职业吸引力低、教师"下不去"的问题,政策集中在协调乡村教师队伍的年龄、学历、职务(职称)、学科结构、学段等方面,建立和完善城乡校长、教师交流制度,统筹城乡师资。

针对乡村教师待遇有待提高、"留不住"的问题,政策集中在提高乡村教师待遇,在工资、职务(职称)等方面实行倾斜政策,完善乡村教师医疗、养老等社会保障制度,建设教师周转宿舍等方面。

针对乡村教师基础弱、"教不好"的问题,政策集中在促进乡村教师师德建设、探索吸引高校毕业生到乡村任教的新体制机制、推动城镇优秀教师向乡村流动、远程培训农村教师项目的实施等方面。

(二)促进乡村教师队伍高质量发展

国家为推动乡村教育高质量发展,出台了很多向乡村倾斜的政策,这在教育改革事业和社会发展进程中将起到关键作用。因此,保证乡村教师队伍的稳定与高质量发展,将为乡村学校建设、乡村教育发展提供保障。

自古以来，中国的乡村教育为农村发展提供了独特的文化路径。教育是孕育和发展乡村文化的载体。乡村教师作为知识的传播者承担着深入挖掘、继承优秀乡土文化，让优秀乡土文化在新时代展现其魅力和风采的责任。进一步提升乡村教师的文化水平、稳定其队伍发展、提高其职业能力，能为乡村转型发展提供文化动力。

观念的变化会促进文化的发展。乡村教师对优化乡村观念、风气有着举足轻重的作用。乡村教师，尤其是流动进来的非本土的乡村教师，是教育改革中的创新力量，他们承担着推动观念变革与文化创新的使命。

第二节 "乡村教师支持计划"政策实施的研究述评

以"乡村教师支持计划"为主题词在"中国知网"平台检索，截至 2024 年 4 月，共有 929 条结果。

从研究数量上来看，2016 年的学术成果最多。相关研究主要是围绕《乡村教师支持计划（2015—2020 年）》出台的意义、价值、内涵、外延等展开的。2016 年后，研究热度逐渐降低（见图 8-1）。

从研究内容上来看，相关研究主要是围绕政策文本分析、政策执行过程和政策执行效果三个方面展开的。"乡村教师""乡村教师支持计划""乡村教师队伍"等是研究成果的高频主题词（见图 8-2）。

总体来说，学者多是围绕"乡村教师"这一高频词进行学理分析的，因

图 8-1 "乡村教师支持计划"研究成果发表年度趋势

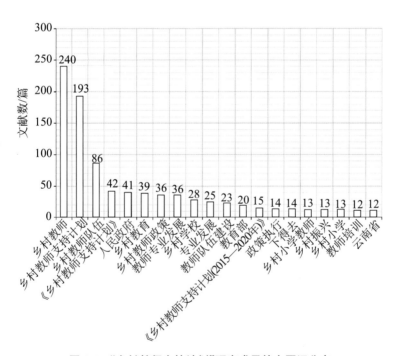

图 8-2 "乡村教师支持计划"研究成果的主题词分布

为乡村教师是政策的受众，所以能够从本质上反映出政策的执行情况。学者对乡村教师的研究主要围绕身份认同度与政策满意度这两方面展开。

学者主要围绕《乡村教师支持计划（2015—2020年）》的制定过程、文本内容、实施效果三个方面进行学理分析和实证检验。

一、关于制定过程的研究

关于《乡村教师支持计划（2015—2020年）》制定过程的研究，主要围绕该计划出台的背景、意义等展开，或基于政策工具、政策理论模型等分析其学理性。邬志辉、刘利民、袁桂林、张旭、欧金昌等从该计划出台的背景意义等方面进行了解读。[①] 徐永军、张剑对该计划的内涵进行了解读。[②] 许梅玉、范晓东基于多源流框架，对该计划的制定过程进行了分析并得出结论：问题流、政策流以及政治流三大源流充分互动、积累、酝酿，进而促成政策的确立。[③] 吴会会运用多源流理论分析后指出，问题流、政策流、

① 邬志辉：《专家组成员解读〈乡村教师支持计划（2015—2020年）〉破解乡村教育发展症结的良药》，载《云南教育（视界时政版）》，2015(7)；刘利民：《让乡村教师下得去、留得住、教得好——〈乡村教师支持计划〉解读》，载《紫光阁》，2015(7)；袁桂林：《乡村教师的新希望——〈乡村教师支持计划（2015—2020）〉解读》，载《生活教育》，2015(23)；张旭：《寻求农村教师和教育发展的突破口与着力点——以〈乡村教师支持计划（2015—2020年）〉为例》，载《当代教师教育》，2015(3)；欧金昌：《六大关键词解读〈乡村教师支持计划（2015—2020年）〉》，载《广西教育》，2015(32)。

② 徐永军、张剑：《〈乡村教师支持计划〉的政策朔望与内涵分析》，载《现代中小学教育》，2018(1)。

③ 许梅玉、范晓东：《多源流框架下〈乡村教师支持计划〉政策议程解析》，载《教师教育论坛》，2018(1)。

政治流"三流耦合",开启了"乡村教师支持计划"的政策之窗,为政策实施提供了知识与理论基础。① 石连海和田晓苗梳理了我国乡村教师队伍建设的政策,论述了该计划推出的重要意义。② 杨卫安重点强调了该计划对乡村教师发展的里程碑意义。③

二、关于文本内容的研究

相关研究分为如下三类。

第一类是对《乡村教师支持计划(2015—2020 年)》主体内容的研究。曹惠如、廉转梅、李祥、任胜洪、彭冬萍、曾素林解读了政策在国家层面的内容。④ 郝德贤以该计划为政策依据,分析了支持乡村教师发展的路径。⑤ 徐永军、张剑总结了该计划所具有的六大特点:创新管

---

① 吴会会:《动态嵌套的"三流耦合":〈乡村教师支持计划(2015—2020 年)〉制定过程透视》,载《教师教育研究》,2018(4)。

② 石连海、田晓苗:《我国乡村教师队伍建设政策的发展与创新》,载《教育研究》,2018(9)。

③ 杨卫安:《乡村小学教师补充政策演变:70 年回顾与展望》,载《教育研究》,2019(7)。

④ 曹惠如:《乡村教师支持计划(2015—2020 年)政策探析》,载《市场周刊》,2018(3);廉转梅:《乡村教师支持政策文本分析——以各省市〈乡村教师支持计划(2015—2020 年)〉为例》,载《吉林省教育学院学报》,2017(12);李祥、任胜洪:《民族地区乡村教师问题的政策应对及问题反思——基于民族八省区"乡村教师支持计划(2015—2020 年)实施办法"文本分析的视角》,载《中小学教师培训》,2017(7);彭冬萍、曾素林:《乡村教师评价制度改革的挑战及其应对——基于〈乡村教师支持计划(2015—2020 年)〉的思考》,载《基础教育研究》,2016(11)。

⑤ 郝德贤:《"乡村教师支持计划"支持乡村教师发展的路径选择》,载《教育探索》,2017(3)。

理、改善培养、提升信息技术水平、以学校促教师、人文关怀、彰显地位。[1]

第二类是对地方出台的实施细则的研究。刘胡权认为，32 个省级单位出台的相关计划是因地制宜的。在解决师资配置问题时，应使城乡教师双向度流动而不是单向度流动。[2] 张晓文、张旭在分析了各地出台的相关计划的异同点后提出，要多思考"存量乡村教师"的未来及发展，解决"出水孔"与"入水孔"之间的进出均衡问题。[3] 马晓媛、伊丽娜研究了 31 个省（区、市）出台的相关计划中关于生活待遇的内容，以期为完善乡村教师生活待遇保障机制献策。[4]

第三类是为政策落实提供建议的研究。为使"乡村教师支持计划"政策精准落地，发挥效用，学者提供了多方面的建议。张兴友总结出六条实施路径：首先划分区域，将其作为落实不同地区教师待遇的前提基础；其次在待遇、职称、培训、流动、落户这些方面着重发力。[5] 解光穆、谢波在分析了政策文本后认为，在政策落地时，还需要从收入待遇提高、专业能力发展、现实补充及未来培养三个方面来细化、优化，以确保乡村教师安

---

[1] 徐永军、张剑：《〈乡村教师支持计划〉的政策朔望与内涵分析》，载《现代中小学教育》，2018(1)。

[2] 刘胡权：《论支持乡村教师发展的政策实践——基于 32 个省级单位〈乡村教师支持计划〉的文本分析》，载《北京教育学院学报》，2017(1)。

[3] 张晓文、张旭：《从颁布到落地：32 份〈乡村教师支持计划〉文本分析》，载《现代教育管理》，2017(2)。

[4] 马晓媛、伊丽娜：《乡村教师生存境遇及改善策略——基于 31 个省（区、市）"乡村教师支持计划"生活待遇文本研究》，载《开封教育学院学报》，2018(2)。

[5] 张兴友：《乡村教师支持计划的实施路径》，载《教学与管理》，2015(34)。

心从教、舒心从教、用心从教、精心从教。^① 石连海、田晓苗指出，在完善我国乡村教师队伍建设政策的内容时，需更加注重系统性，形成支持和发展乡村教育的长效机制；政策实施要更加关注实践性，保持适度的弹性。^②

三、关于实施效果的研究

目前，已经有不少研究者对"乡村教师支持计划"政策实施的效果展开了研究。研究主要分为如下三类。

第一类是关于政策理论模型的研究。孔令民认为，"乡村教师支持计划"政策可用政治性执行模式进行分析。^③

第二类是关于政策认同度、教师身份认同度和教师满意度的研究。桂勇、冯帮、万梦莹认为，乡村教师对政策的实施比较有信心，"乡村教师支持计划"政策在增强乡村教师职业吸引力、提高乡村教师整体素质、优化乡村学校师资结构、促进城乡教师地位平等、推动乡村教育科学发展等

---

① 解光穆、谢波：《乡村教师队伍支持政策精准落地讨论三题》，载《教育发展研究》，2017(10)。

② 石连海、田晓苗：《我国乡村教师队伍建设政策的发展与创新》，载《教育研究》，2018(9)。

③ 孔令民：《〈乡村教师支持计划(2015—2020 年)〉县域执行研究——基于 N 县的调查分析》，硕士学位论文，南京师范大学，2018。

方面产生了积极影响。① 许红敏、王智秋从乡村教师定向培养的执行效果角度分析了政策的执行与落地情况。他们认为，地方政府已在定向培养的政策标准、政策目标方面与国家达成高度共识；执行过程中政策资源充足，具备良好的经济、制度环境；与师范院校之间形成了强化与协同的合作力量。师范院校在师德修养和能力训练方面具备丰富的培养经验，院校对政策的处置与回应也直指"下得去、留得住、教得好"的乡村教师。以政府为主导的模式确保了政策实施的权威效力和实施效率。从实施效果来看，在数量与质量上均基本达成计划目标与培养标准，体现了政策的初衷。②

第三类是关于不同地区的政策的实施效果的研究。张长剑采用实证分析的方法，认为从调查数据的统计分析结果以及访谈结果来看，乡村教师对《乡村教师支持计划（2015—2020年）》的总体认同度比较高，对该计划的具体举措、所要达成的目标、所产生的预期结果以及实施前景都是比较认同的。③

总体来看，不同地区的政策实施效果是学者研究的重点。其中，对中西部政策执行情况分析得最多。付卫东、范先佐通过调查发现，《乡村教师支持计划（2015—2020年）》在拓宽乡村教师来源渠道、改善乡村教师工

① 桂勇、冯帮、万梦莹：《〈乡村教师支持计划（2015—2020年）〉政策认同度的调查与分析》，载《教师教育论坛》，2016(5)。

② 许红敏、王智秋：《乡村教师定向培养的政策执行分析——基于〈乡村教师支持计划（2015—2020年）〉实施的考察》，载《当代教育论坛》，2022(2)。

③ 张长剑：《〈乡村教师支持计划（2015—2020年）〉的认同度研究》，硕士学位论文，西南大学，2017。

作生活待遇、拓宽乡村教师职业发展渠道、优化城乡教师资源配置、实施乡村教师荣誉制度等方面取得了初步成效。[1] 季飞、李亚亚运用路径分析法对贵州省的部分乡村教师进行了问卷调查和访谈调查，认为乡村教师的婚姻状况、文化程度、进入乡村教师队伍的身份和学校地理位置等因素间接影响他们对该计划的满意度，乡村教师的教龄、留教意愿、薪酬和绩效工资等因素直接影响他们对该计划的满意度。[2]

付卫东、彭士洁通过对四川省 X 县和 Y 县的调查发现，《乡村教师支持计划（2015—2020 年）》取得了初步成效：创新了教师补充机制，为乡村学校补充了大量优秀师资；采取多种方式，使乡村教师队伍年龄结构呈年轻化；对音、体、美教师实行特殊化管理，初步保证了学校学科教师均衡配置；实行小学区制管理，促进了乡村教师"置换轮岗"；实行乡村教师荣誉制度，使乡村教师的职业荣誉感有所增强；实行差异化教师津贴补贴制度，使乡村教师的工作积极性有所提高，有利于偏远地区的学校留住优质师资。[3]

王吉康、李成炜通过对甘肃省某县乡村教师的调查发现，G 县较好地落实了相关政策，教师工资收入得到显著提高，工作、生活条件得到一定

---

① 付卫东、范先佐：《〈乡村教师支持计划〉实施的成效、问题及对策——基于中西部 6 省 12 县（区）120 余所农村中小学的调查》，载《华中师范大学学报（人文社会科学版）》，2018(1)。

② 季飞、李亚亚：《乡村教师对〈乡村教师支持计划（2015—2020）〉满意吗？——基于路径分析法的政策执行研究》，载《教育教学论坛》，2020(32)。

③ 付卫东、彭士洁：《〈乡村教师支持计划〉执行情况的调查与分析——以四川省 X 县和 Y 县为例》，载《教师教育论坛》，2018(3)。

程度的改善。①

王炳明以湖南省泸溪县为例展开了研究。他指出，乡村教师工资已明显高于城镇教师，生活保障有所改善，优秀人才到乡村从教的渠道得以拓宽，城乡教师交流轮岗创新开展，乡村教师专业发展得到加强。② 宋磊、高顺利、王小凡通过对湖南省永顺县蹲点调研发现，"乡村教师支持计划"政策的落实情况在政策文本所要求的范围内的成就是明显的。③ 冯帮、何淑娟、李田对《乡村教师支持计划（2015—2020 年）》在湖北省随县的实施情况进行调查研究后发现，成效主要表现在乡村教师流失减少、工资待遇提高、培训机会增多、补充机制逐步完善以及教师轮岗增多五个方面。作者认为该计划的激励措施乏力，难以起到激励作用，建议设立乡村教师专项奖励基金。④

学者还对不同视角下的政策实施效果展开了研究。彭士洁从教育均衡发展的视角对"乡村教师支持计划"政策进行了研究。⑤ 吁佩以公共政策视

① 王吉康、李成炜：《乡村教师视角下〈乡村教师支持计划（2015—2020）〉实施效果研究——基于甘肃省 G 县的调研》，载《当代教育论坛》，2019(5)。

② 王炳明：《乡村教师队伍建设的政策分析——基于湖南省泸溪县落实〈乡村教师支持计划〉的案例研究》，载《中国教育学刊》，2017(2)。

③ 宋磊、高顺利、王小凡：《专业发展已成为当前乡村教师面临的最主要问题——湖南省永顺县乡村教师支持计划落实情况蹲点调研报告》，载《人民教育》，2017(24)。

④ 冯帮、何淑娟、李田：《〈乡村教师支持计划（2015—2020 年）〉实施情况的调查研究》，载《教师教育学报》，2018(5)。

⑤ 彭士洁：《教育均衡发展视野下〈乡村教师支持计划〉的执行研究——以四川省南充市 X 县与 Y 县为例》，硕士学位论文，华中师范大学，2018。

角对"乡村教师支持计划"政策的实施效果开展了研究。①

第三节 "乡村教师支持计划"政策实施的主要成效与面临的主要挑战

一、"乡村教师支持计划"政策实施的主要成效

从"乡村教师支持计划"政策实施的历史意义与时代任务不难看出政策实施的成效。从乡村教师队伍本身来说，一是从教师的年龄、职称、专业能力等方面调整了队伍结构；二是形成了高学历、高水平教师"蓄水池"，为后续的城市化发展做了教师储备；三是在一定程度上改善了乡村学校的教育生态，甚至是乡村整体的生产和生活状态。

(一)教师队伍结构得到优化

"乡村教师支持计划"实施以来，各省(区、市)通过调整编制标准、拓宽师资补充渠道、实施校长和教师交流轮岗等方式，增加了对乡村学校的师资供给。国家开辟了公开招聘、定向培养等多元乡村教师补充渠道；通

---

① 吁佩：《公共政策视角下〈乡村教师支持计划〉实施成效研究——以云南省 G 县和 X 县为例》，硕士学位论文，华中师范大学，2018。

过"转岗分流""轮岗交流""学区管理""县管校聘"等方式，盘活了编制存量；通过"多校教师共享""一师多科"等方式解决了乡村学校教师编制紧缺的难题。总体来说，为充实乡村教师队伍，国家出台了多项相关政策，教师补充向乡村倾斜成为主要的政策方向。"特岗计划"的实施有力改善了乡村学校教师队伍的年龄、学历、学科结构；"'三支一扶'计划"为乡村输送了一批优秀高校毕业生，开辟了新的乡村教师补充渠道；乡村学校编制改革有效缓解了乡村教师缺乏的矛盾。

(二)形成了高学历、高水平教师"蓄水池"

"乡村教师支持计划"的实施不仅为乡村教育提高了教师队伍的素质水平，而且为教师队伍提供了发展支撑。一方面，乡村教师的学历、专业背景普遍得到优化；另一方面，乡村教师培训的针对性和实效性不断提高。城市和乡村同为城乡发展一体化的两个支点。高学历、高素质的乡村教师队伍作为教师队伍中的一部分，为后续城乡教育一体化发展提供了原动力。目前，高学历、高水平教师"蓄水池"已初步形成，为教师的动态流动提供了更多的可能性。总体来说，各地已陆续出台了相应的实施细则，相关的职后培训已逐步完善，教师的职业发展条件得到了有力保障。师范生公费教育政策的出台吸引了众多优秀人才报考师范院校，培养了大批优秀的乡村教师；"优师计划"创新了乡村教师培养和补充机制，提高了乡村教师的学历层次；"国培计划"切实推动了乡村教师的专业发展，对乡村教师更新知识产生了巨大的促进作用。

(三)改善乡村学校的教育生态

一方面,乡村教师在乡村学校中发挥着"传道"的专业作用;另一方面,乡村教师在乡村生活中还扮演着由其公共属性决定的公共生活指引者、公共知识培育者、公共理性塑造者、公共素养挖掘者的角色。[①] 因而,在乡村教师数量普遍提高、素质普遍提升后,其公共属性将发挥更大效用。在学生层面,乡村教师不仅通过育人来滋养乡村教育,而且通过学生这一载体,影响乡村生态。在教师层面,群体能力素养的提升必然带来学校水平、区域教育水平的提高。在乡村层面,乡村教师参与社会治理生活,则能够重塑乡村文化秩序,重建乡村公共生活,营造友好乡村生活环境和文化氛围,从而在人滋养环境,环境浸润人这一体系上形成了良性循环。

二、"乡村教师支持计划"政策实施面临的主要挑战

(一)地方政策执行保障能力不足

虽然《乡村教师支持计划(2015—2020 年)》提出了明确的时间节点,要求各省(区、市)出台相关支持政策,但是在落实过程中仍存在一定的问题。

具体来说,一方面,政策目标的实现以及政策的贯彻实施对地方政府

---

① 周晔、何畔:《乡村振兴中乡村教师的新乡贤角色——公共性视域的考论》,载《教育研究》,2023(4)。

的执行能力与财政支付能力提出了极大的挑战。乡村教师的福利和工资提高、师资培训等都需要持续增投大笔的资金,加之基础教育的公共属性和县级管理的原则,给地方财政带来不小的负担。教师岗位编制的倾斜和城市教师支援乡村的引导工作也会给计划实施主体的执行能力带来考验:如何引导受援学校充分利用好这些资源,如何引导被让渡利益方保持平和的心态。另一方面,从政策的落地情况来看,地域差异考量不足、动态调整空间不够等也使其前瞻性不足。

(二)政策迭代与动态调整空间不够

"乡村教师支持计划"政策出台之前的政策体系多为资源密集补充型的。虽然紧随其后的"优师计划"有针对性地回应了政策文本中提到的"尤其加强对中西部地区的教师队伍建设"这一问题,但是从其面向的整体看,缺乏对中国乡村的普遍性回应。这一较为全面、体系化的建设没有得到迭代优化是非常可惜的,这可能会导致好不容易取得的成效没有得到固化或放大传播。

(三)城乡教师双向度流动渠道不畅

自我国提出城乡教育一体化、城市反哺农村以来,城市学校对乡村学校进行了各类教育支援。其中,教师支援是一方面,然而在城乡教师交流互助的过程中,更多强调的是城市教师向乡村学校的单向度流动。这个支援群体大概有两大类:一是主动为农村教育事业奉献的教师;二是因其他问题由城市学校流向乡村学校的教师。在城乡教师交流中,后一类流动类型占比较高。然而,乡村教师或受能力所限,或受渠道所限,缺乏流入城市学习、培训的机会。

第四节 "乡村教师支持计划"政策实施的优化路径

一、把乡村教师队伍建设融入乡村振兴大背景

从乡村学校发展的角度来说,乡村本土教师应积极参加教学技能、教育基本原理的培训,流入教师应积极参加本土化的培训。教师各自发挥所长,激发乡村学生热爱乡村、建设乡村的情怀。从乡村产业发展来看,乡村教师的文化水平相对较高,属于科技人才,能对农民的生活、农业生产等方面产生积极影响。

在保障乡村教师岗位待遇的基础上,营造适合年轻人生活的新农村环境是稳定乡村教师队伍的根本途径。乡村教师助力农民、农业发展,离不开国家政策的支持,如民政部出台的关于农村婚嫁的引导政策,国土规划部门、自然资源管理部门出台的农村环境建设政策等。

二、完善政策实施监管、评估、改进机制

国家不仅应进一步对地方政策的颁布做出要求,还应加强对政策的执

行过程、执行效果的监管、评估。例如，可及时总结案例并推广交流，扩建互动平台，给地区以更多的展示机会，使之在互动交流中不断完善政策体系建设。另外，相关配套组织应放在更广阔的时代背景下考量，针对教师对具体的福利待遇的要求，如职称、编制、学历等，加强科学测算，结合人口发展、经济发展情况，不断跟进研究，提供动态的、迭代的数据，为不断完善优化政策提供支持。

三、优化乡村教育资源配置方式

对乡村教育的扶持不仅应补充教育资源，还应在城乡之间进行公共基础资源匹配、产业规模匹配等，结合国土规划，对乡村发展做整体规划。例如，对比城市博物馆、图书馆等，应配备具有乡村特色的农产品博物馆，对有历史文化或革命文化的乡村，应保留其原有的风貌，从建筑、人文等方面，利用现有资源打造农村博物馆，加强地上文物建设，并增强其育人属性。

第九章

———

"教师教育振兴行动计划"

政策实施

教育质量的提升与保障依赖于高素质专业化创新型的教师队伍。教师教育是教师队伍建设的源头活水。2018年2月,《教师教育振兴行动计划(2018—2022年)》印发,这标志着"教师教育振兴行动计划"正式启动。"教师教育振兴行动计划"以提升教师教育质量为核心,以加强教师教育体系建设为支撑,力求从源头上加强教师队伍建设。"教师教育振兴行动计划"是深化新时代教师队伍系统性改革的重要举措。

第一节 "教师教育振兴行动计划"政策实施的重要意义

党的十八大以来，教师教育制度逐步健全，教师教育改革不断深化，教师队伍的整体素质和专业化水平持续提升。"教师教育振兴行动计划"是当前和今后一段时期加强教师队伍建设、提升教育质量水平的战略性举措，是贯彻落实党中央、国务院全面深化新时代教师队伍建设改革重大决策部署的关键一招。

以1897年南洋公学师范院的建立为历史起点，算起来，我国的教师教育已走过了120多年的历程。[①] 我国在建成世界上最大规模的教育体系的基础上，引导千千万万名中小学教师经历了从职前培养到职后培训再到专家型、教育家型教师养成的全周期模式。我国教师教育体系建设大致经历了四个发展时期：一是探索建立职前培养和职后教育并行的教师教育体系时期（1949年至1977年）；二是恢复并加强职前培养和职后教育并行的教师教育体系时期（1978年至1992年）；三是积极构建开放融合的职前、职后一体化教师教育体系时期（1993年至2011年）；四是全面建立以师范院校为主体，综合院校参与的开放、综合、协同的教师教育体系时期

---

① 王定华：《关于实施教师教育振兴行动计划的政策与思考》，载《国家教育行政学院学报》，2018(6)。

（2012 年至今）。

实现中华民族伟大复兴、建设教育强国、办好人民满意的教育，从根本上都需要建设高素质专业化创新型的教师队伍，必须将教师教育放在 2035 年建成教育强国的战略性位置上来统筹部署。"教师教育振兴行动计划"是在教师教育体系有待发展、相关政策对师范院校支持不够、教师素质难以适应新时代人才培养需要、教师培养培训质量和教师专业化水平有待提高等宏观背景下的一次系统性的教师队伍提质扩优行动。面向新征程、新方位、新使命，振兴教师教育，功在当代，利在千秋。

一、建立中国特色教师教育标准体系

党的十八大以来，我国积极推动教师教育标准建设，搭建了具有中国特色的全方位教师教育标准体系，依托强制性和统一的质量标准，厘清了对教师教育质量的国家定义，以保障高质量的教师队伍建设。"教师教育振兴行动计划"在师德养成教育全面推进、培养层次提升、乡村教师素质提高、师范生生源质量改善、教师教育学科专业建设等方面提出了切实可操作的目标。

师德高尚始终是教师职业的首要标准。《教师教育振兴行动计划（2018—2022 年）》要求："研制出台在教师培养培训中加强师德教育的文件和师德修养教师培训课程指导标准。将师德教育贯穿教师教育全过程，作为师范生培养和教师培训课程的必修模块。"这进一步厘清了教师专业能力与师德教育的关系。"教师教育振兴行动计划"旨在对职业教育等专业师范生教师基本能力、"双师型"教师建设标准、"公费师范生"履约标准等进行科学设计，形成一套指导师范类人才培养的重要指南，从源头上提升教师的能力水平。在具体的教师教育学科专业建设行动方面，按照本专科和研究生培养类别标准，修订或发布有关教师教育课程、教师培训指导的标准。同时，通过开展师范专业认证和确定师范生教师职业能力标准加强师范类专业建设，不断推动教师培养机构和教师教育者持续改进培养模式。此外，为了适应信息化变革时代给教师教育带来的新机遇和新挑战，"教师教育振兴行动计划"研究制定了师范生信息技术应用能力标准，以提高师范生信息素养和信息化教学能力。基于教师教育标准建设，"教师教育振兴行动计划"多措并举吸引优质生源报考师范专业，进而为形成尊师重教的良好社会风尚打下了坚实的基础。

二、建成高素质专业化创新型教师队伍

作为教育工作的母机，教师教育对提高国民素质和人才培养质量起着至关重要的作用。为适应新时代的发展要求，我国教师队伍建设发生了由量到质的深刻变化，为社会主义教育事业蓬勃发展提供了有力的支撑。"教师教育振兴行动计划"在创新教师教育模式、培养未来卓越教师等方面进行了卓有成效的探索，旨在从源头上推进高素质专业化创新型教师队伍建设。

实施"教师教育振兴行动计划"的目的是提高师范生生源质量，用优秀的人去培养更优秀的人。因此，"教师教育振兴行动计划"规范了教师培养层次，对教师培养层次提升进行了一体化系统布局。从 1998 年到 2022

年,我国初中教师学历合格率由 83.40% 提高到 99.94%,普通高中教师学历合格率由 63.49% 提高到 99.03%。从这一角度来看,教师的学历层次逐渐提升符合建设教育强国和人力资源强国的新要求。"教师教育振兴行动计划"还着力提升乡村教师的素质,为乡村小学培养补充全科教师,为乡村初中培养补充"一专多能"的教师,并依托"国培计划"等支持中西部乡村教师专业发展,使得教师队伍的城乡区域结构逐渐优化,改善教师区域布局不平衡的现象。

三、支撑世界上最大规模的教育体系的良性运转

从历史的角度来看,在中国共产党的坚强领导下,世界上最大规模的教育体系已基本建成。体系的结构从根本上决定其功能,教师教育政策是保障教育系统高效运转的核心动力,可使世界上最大规模的教育体系的内部层级结构之间形成良性循环,发挥整体育人功能,从而稳定有序地推进中国特色社会主义各项事业的发展。

"教师教育振兴行动计划"作为上位的纲领性政策,对保障教育体系良性运转具有决定性意义。一方面,规模宏大的教师队伍塑造了我国教育体系的基本架构。"教师教育振兴行动计划"基于我国从教育大国转向教育强国的历史图景,形成了相对独立的政策体系,与其他教育子体系互相支持、互相照应,共同组成了完备的国家教育体系。另一方面,教师队伍建设以点带面,在促进基础教育体系良性运转中形成了规模效益。"教师教育振兴行动计划"建立了完备的现代教育体系和现代化的教师教育基本制

度，通过教师队伍建设带动高质量教育发展水平的提升，进一步验证了科学的教师教育政策对教育强国事业的规范、指引作用。

第二节 "教师教育振兴行动计划"政策实施的研究述评

一方面，与"教师教育振兴行动计划"相关的研究聚焦我国教师教育发展面临的机遇与挑战，阐述了政策出台的时代与历史背景；另一方面，与"教师教育振兴行动计划"相关的研究总结了政策实施必须处理好的几大关系，并进一步提出了政策落地的路径。

一、政策出台的时代与历史背景研究分析

对于"教师教育振兴行动计划"出台的主要背景，研究者大多形成了较为一致的认知，即随着我国教育现代化建设的推进，教师队伍的素质和能力成为制约教育发展的关键因素。伍红林认为，该计划通过一系列的改革和创新举措提升了教师教育的质量和效益，全面提高了教师队伍的素质和能力。[①] 王定华阐述了在新时代背景下我国着力加强教师培养和培训的重

---

① 伍红林：《教师教育治理中的"双重协同难题"及其创新路径》，载《大学教育科学》，2019(1)。

要意义,认为"教师教育振兴行动计划"是对师范生生源质量下滑、培养层次规格不高、课程教学陈旧、学科专业和师资薄弱、内涵发展不够等现实问题的有效回应。[①] 汪娟提出,《教师教育振兴行动计划(2018—2022 年)》作为教师教育工作的纲领性文件,契合联合国教科文组织发布的《教育2030 行动框架》精神内核,具体表现在全纳性、公平性与优质性三个方面。其中,《教师教育振兴行动计划(2018—2022 年)》的全纳性体现在广泛听取了广大教师、教育行政人员、教育专家等教育工作者的意见,对教师规模和教育问责做了相关规定。《教师教育振兴行动计划(2018—2022 年)》的公平性体现在致力于维护教育公平,提出将教师教育的优惠政策向欠发达地区倾斜,与《教育 2030 行动框架》的"给予每一个人平等的机会,不让一个人掉队"这一要求相呼应。《教师教育振兴行动计划(2018—2022 年)》的优质性更多体现在新时代我国教师队伍建设的专业素养要求方面。[②]

二、政策的内容与执行策略研究分析

吴秀娟指出,《教师教育振兴行动计划(2018—2022 年)》旨在建强做优教师教育,推动教师教育改革发展,全面提升教师素质能力,努力建设一支高素质专业化创新型教师队伍,并重点强调了师德师风建设、乡村师资

---

① 王定华:《关于实施教师教育振兴行动计划的政策与思考》,载《国家教育行政学院学报》,2018(6)。

② 汪娟:《论教师教育政策的全球性、历史性及时代性特征——以〈教师教育振兴行动计划(2018—2022 年)〉为考察中心》,载《课程教学研究》,2019(4)。

配置以及教师教育体系构建方面的内容要点。[1] 朱旭东从政策制定的重要性角度指出，"教师教育振兴行动计划"是自我国师范教育开展以来，国家以"教师教育"为对象制定的最重要的政策。朱旭东认为，要落实各项行动计划，真正发挥该政策的优势，实现"教师教育振兴行动计划"的目标，还需要切实可行的实施策略，具体包括教师教育学科引领策略、教师教育共同体建设策略、教师教育的"底部"质量保障策略。[2] 李世轩认为，需要处理好的五大关系是教育城镇化与乡村教育振兴的关系、"教师教育振兴行动计划"的落实与"最后一公里"的关系、"主要"和"辅助"的关系、"面子"和"里子"的关系、经验借鉴和坚持自我的关系。我们必须高度重视"教师教育振兴行动计划"，广泛开展调研，做好顶层设计；必须公开实施计划，接受监督，脚踏实地，抓细抓实，让教师教育培育真正优秀的教师。[3]

三、政策的实践与创新路径研究分析

在将目光投向全球的同时，我们应进行回顾，我国以往的教师教育政策中的有益经验和成果是弥足珍贵的。"教师教育振兴行动计划"对我

---

① 吴秀娟：《绘就教师发展的新蓝图——解读〈教师教育振兴行动计划(2018—2022年)〉》，载《湖南教育(C版)》，2018(4)。

② 朱旭东：《"教师教育振兴行动计划"落地需有效策略》，载《人民教育》，2018(8)。

③ 李世轩：《实施〈教师教育振兴行动计划〉必须处理好的关系》，载《教学与管理》，2018(26)。

国教师教育振兴政策的历史经验进行了充分的借鉴和吸收，继承了改革开放以来教师教育的政策成果。汪娟认为《教师教育振兴行动计划（2018—2022年）》积极吸纳历史经验，同样在培养层次、师资供给、教育模式和体系建设等方面为此后的教师教育建设提出了新目标。[①] 伍红林认为，"教师教育振兴行动计划"实施后，教师教育改革迎来了新的春天，这给解决教师教育内外的"双重协同难题"带来了契机。为此，教师教育管理需要向教师教育治理转变，形成制度供给的多元复合模式，实现教师教育管理创新。[②]

总之，从研究内容来看，相关的专题学术论文研究数量呈个位数分布，其他主要是期刊报纸类的新闻报道，深入且系统的学术研究不足。从研究者来看，主要是一些中小学一线教师和高校教育学学术研究者，没有专门并且具有代表性的研究者。从研究方法来看，以理论思辨和政策文本分析为主，并且使用更多的是前瞻性分析方法，探讨政策实施的预期效果，缺乏系统的回溯性分析，即通过历史的、比较的方法聚焦政策的实施效果，实证研究不足。

---

① 汪娟：《论教师教育政策的全球性、历史性及时代性特征——以〈教师教育振兴行动计划（2018—2022年）〉为考察中心》，载《课程教学研究》，2019(4)。

② 伍红林：《教师教育治理中的"双重协同难题"及其创新路径》，载《大学教育科学》，2019(1)。

第三节 "教师教育振兴行动计划"政策实施的主要成效与面临的主要挑战

国之兴也,教育为本;教之兴也,教师为本。从党的十八大到党的二十大,建设高质量的教师队伍始终是我国教育综合改革的风向标,教师教育振兴逐步成为推动我国教育事业高质量发展的坚实力量。"教师教育振兴行动计划"将推进教师教育改革上升到计划层面,全国多地在第一时间积极响应,相继出台地方性教师教育振兴相关政策文件。

教师教育是培养教师的重要路径,振兴教师教育有利于促进教育发展,加快推进教育现代化进程。振兴教师教育不仅需要处理好教育与社会、理论与实践之间的关系,还需要多主体共同参与,从而提高教师教育的整体质量。教师教育振兴作为一项系统性工程,其内在复杂性不言而喻。一分部署,九分落实。教师教育振兴与政策的执行和落实情况有关。基于此,我们以国家层面的《教师教育振兴行动计划(2018—2022 年)》和地方层面的教师教育振兴政策文件为对象,从多角度剖析教师教育振兴政策执行环境,进而分析其成效与存在的主要问题。

从政策编制到政策落地,政策执行是其中的关键环节。20 世纪 70 年代中期,公共政策学者开始从不同角度研究政策执行过程中的制约因素,形成了多种不同的政策执行分析模型。其中,美国学者史密斯提出了基于独特模型进行政策执行过程分析的方法。史密斯立足于政策的制定、颁布、实施、评估和反馈的全过程，构建出由政策文本、政策执行主体、目标群体和政策环境四部分构成的政策执行过程模型，即史密斯政策执行过程模型。

史密斯政策执行过程模型提供了政策全要素和全生命周期分析的方法。第一，在政策文本方面，主要涉及切实可行的政策目标、较为明确的政策规定和具有可操作性的政策内容。第二，在政策执行主体方面，政策执行的能力和具体的决策水平在一定程度上直接影响了政策的实施。第三，在目标群体方面，目标群体是政策最直接的作用对象，对政策的认知水平和满意度影响着政策的有效执行。第四，在政策环境方面，主要包括影响政策执行或受政策执行影响的政治、经济、文化、教育等多方面的因素。史密斯认为，以上四个方面相互关联并且相互影响，共同决定了政策执行效果。

学者根据史密斯政策执行过程模型并结合"教师教育振兴行动计划"政策，构建了"教师教育振兴行动计划"政策执行过程分析框架(见图 9-1)。[①]

一、"教师教育振兴行动计划"政策实施的主要成效

(一)政策目标明确

《教师教育振兴行动计划(2018—2022 年)》明确了振兴教师教育的目标

---

① 王颖碟、王标、马宇祥：《教师教育振兴政策执行的阻滞与消解》，载《教学与管理》，2024(12)。

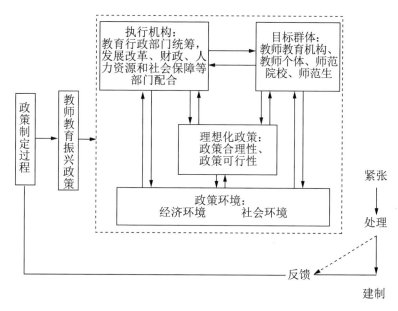

图 9-1 "教师教育振兴行动计划"政策执行过程分析框架

任务:"经过 5 年左右努力,办好一批高水平、有特色的教师教育院校和师范类专业,教师培养培训体系基本健全,为我国教师教育的长期可持续发展奠定坚实基础。"《教师教育振兴行动计划(2018—2022 年)》从师德教育、培养规格、教师资源供给、教师教育模式以及教师教育体系建设五个方面提出了目标任务,进而在此基础上提出了主要措施,打出了一套振兴我国教师教育的"组合拳"。

政策文本指向现实问题,体现了时代特色。首先,重视师德教育。《教师教育振兴行动计划(2018—2022 年)》将"落实师德教育新要求,增强师德教育实效性"作为振兴教师教育的首要的目标任务,提出要开展师德养成全面推进行动。其次,聚焦教师教育质量提升。政策文本强调师范院校的建设，重视研究生层次的教师培养，着力优化教师教育师资队伍。最后，系统推进教师教育供给侧结构性改革。政策文本强调以教师教育供给侧结构性改革为动力，推进教师教育创新、协调、绿色、共享发展。这些措施既针对当前教师教育发展不平衡、不充分的问题，又着眼于教育现代化的未来发展，进一步促进了教师教育政策体系的建设。

(二)注重多部门协同实施

政策执行主体在政策执行过程中与相互依赖的行动者之间会形成正式或非正式的网络结构，即政策网络。① 政策网络中各政策执行主体往往从自身利益出发采取行动，容易削弱政策执行机构组织间的协调性和联动性，最终影响政策执行和落地效果。"教师教育振兴行动计划"需要中央及地方各级教育行政部门贯彻执行，涉及广泛的政策执行主体，故政策网络中的各级教育行政部门会在不同政策时期做出利益最大化的行为选择，使政策的执行效果大打折扣。②

教育部等五部门作为政策制定者和执行监管者，负责全面规划、部署和推进教师教育振兴工作。通过制定相关政策、标准和指导意见，引导和支持地方各级教育机构、师范院校及非师范院校、教师教育机构等政策执行主体落实行动计划。地方各级教育机构是执行者，包括中小学、幼儿园、特殊教育学校等。这些机构需根据教育部等五部门的指导和要求，结

---

① 李玫:《西方政策网络理论研究》，197 页，北京，人民出版社，2013。
② 王颖碟、王标、马宇祥:《教师教育振兴政策执行的阻滞与消解》，载《教学与管理》，2024(12)。

合本地的实际情况，提出教师教育振兴的具体实施方案，加强教师队伍建设，提升教师教育的质量。师范院校及非师范院校是教师教育的重要基地，负责培养合格的师资力量。这些院校需根据要求调整和优化课程设置，加强实践教学环节，提升师范生的教育教学能力和综合素质。教师教育机构是专门负责教师培训和进修的机构，包括教师进修学校、教育学院等。这些机构需根据要求开展具有针对性的教师培训项目，提升在职教师的教育教学水平和专业素养。教师教育专家团队是重要的智力支持，包括教育学者、教育心理学家、教育管理专家等。这些专家需为政策制定和实施提供科学依据和建议，推动教师教育的科学化和专业化发展。

(三)各利益群体均有收效

目标群体是政策执行过程中的直接作用对象，政策的实施效果与目标群体的认知水平以及对政策的实际满意程度有关。"教师教育振兴行动计划"政策的目标群体涉及在职教师、新入职教师、教育管理者、师范生、教育研究者、教育政策制定者以及社会各界人士等。只有全面考虑这些目标群体的需求和特点，才能更好地推动教师教育的发展。

第一，目标群体对政策实施效果的影响表现。其一是接受度和参与度。目标群体的接受度和参与度直接决定了政策的执行力度和实施效果。如果目标群体对政策持积极态度，愿意配合执行，那么政策的实施效果往往会更好。相反，如果目标群体对政策持消极态度，抵触或抗拒执行，那么政策的实施效果可能会大打折扣。其二是反馈和修正。目标群体在实际执行过程中会遇到各种问题，他们的反馈和建议是政策修正和完善的重要依据。通过收集和分析目标群体的反馈和建议，政策制定者应及时对所发现的政策执行中的问题进行必要的调整和优化。其三是资源配置和利益分配。目标群体的资源配置和利益分配情况对政策的实施效果也有重要影响。如果政策能够合理分配资源，满足目标群体的需求，那么政策的实施效果可能会更好。反之，如果资源分配不公或无法满足目标群体的需求，那么政策执行可能会受阻或效果不佳。

　　第二，政策对目标群体的具体作用方向。其一是在职教师。在职教师是"教师教育振兴行动计划"的主要目标群体之一。"教师教育振兴行动计划"旨在通过一系列培训和进修项目，提升在职教师的教育教学能力、专业素养和创新能力，帮助他们适应教育改革和发展的新要求，更好地履行教育教学职责。其二是新入职教师。新入职教师是教师队伍的新鲜血液，也是"教师教育振兴行动计划"关注的重要群体。"教师教育振兴行动计划"旨在为新入职教师提供系统的教育教学理论和实践指导，帮助他们快速适应教育教学工作，为其奠定良好的职业发展基础。其三是教育管理者。教育管理者在教师教育中扮演着重要角色。"教师教育振兴行动计划"要求教育管理者转变管理理念，提升管理能力和水平，为教师提供良好的教育教学环境和支持。教育管理者只有提升培训和管理能力，才能更好地指导教师队伍建设，推动教师教育的振兴和发展。其四是师范生。师范生是未来教师队伍的重要组成部分。"教师教育振兴行动计划"注重师范生的培养质量，通过优化课程设置、加强实践教学等方式，提升师范生的教育教学能力和综合素质。同时，"教师教育振兴行动计划"还鼓励师范生积极参与教育实践活动和志愿服务，以增强他们的社会责任感。

(四)教师教育振兴行动氛围基本形成

"教师教育振兴行动计划"政策执行必然受到政治、社会、经济、文化等环境的影响。也就是说,政策只有适应环境,才能更好地实施并实现其目标。

"教师教育振兴行动计划"政策执行总体环境良好。其一,师资培养现状较好。师资培养现状是"教师教育振兴行动计划"执行的重要基础。在"教师教育振兴行动计划"的影响下,教师队伍中涌现了很多优秀教师,政策的执行效果较为显著。我国深知,如果师资培养存在问题,如教师数量不足、结构不合理等,就会直接限制政策的有效实施,因此,正在着力培养师资。其二,教育资源配置效率较高。教育资源的配置情况直接关系到"教师教育振兴行动计划"的执行效果。目前,我国正在着力使教育资源配置充足且均衡,从而为教师培养提供足够的支持和保障,使政策的执行效果更为显著。其三,教育技术应用较为广泛。现代教育技术的应用可以创新教学方式方法,提高教学效果和质量。如果教育技术应用不足或滞后,就会限制教师教育的发展,影响政策的执行效果。目前,在政策执行过程中,各主体广泛且深入地应用教育技术,推动了教师教育的改革与创新。其四,教育改革创新影响深广。教育改革创新是推动教师教育振兴的关键。目前,我国的教育改革创新氛围浓厚,激发了教师的创新精神和实践能力,推动了教师教育的改革与发展。其五,社会、经济环境的影响。社会、经济环境是影响政策执行效果的重要的外部因素。目前,社会、经济环境稳定且有利于教育事业的发展,推动了教师教育的改革与发展。其六,国际教育趋势态势向好。随着全球教育交流合作的深入,世界各国对教师教育的要求也在不断提高。我国通过积极借鉴国际先进经验和做法，推动了教师教育的国际化发展。

二、"教师教育振兴行动计划"政策实施面临的主要挑战

(一)政策执行主体存在利益冲突

政策文本虽对地方教育行政部门的具体执行工作做了要求，但部分地方教育行政部门出于地方利益的考虑会有选择地执行。有时，有些地方教育行政部门会以经费不足或其他理由延缓执行。政策文本从提高生源质量、优化教师教育师资队伍、加强教师培训质量等方面重点发力，以实现政策目标为导向。而有些地方教育行政部门在实际执行过程中，往往因追求达到量化指标，如培训次数、培训的课时量等，而忽视了培训质量。

(二)政策实施保障机制不健全

教师教育保障水平的提升依赖于政府的经费投入。个别地区存在教师教育经费投入不足、利用效率不高等问题，这是制约教师教育高质量发展的关键因素。以教师培训经费为例，统一的经费分配机制难以满足不同地区的需求，致使教师培训无法按需进行。例如，河南省某市的教师培训经费不足，导致多地教师培训难以正常开展。①

---

① 王星霞、闫艳：《中小学教师培训的高质量发展困境与改进——以河南省 P 市为例》，载《沈阳师范大学学报（教育科学版）》，2022(2)。

另外，从不同地区的教师培训经费投入来看，西部欠发达地区的教师培训经费投入不及东部发达地区。以云南省为例，由财政部、教育部下发的《关于下达 2022 年中小学幼儿园教师国家级培训计划资金预算的通知》可知，2022 年划拨给云南省中小学幼儿园的教师国家级培训计划资金预算合计约 1.34 亿元。2022 年，云南省中小学及幼儿园在职教师有 50 多万人，经费投入不足以完全满足教师的现实需求。从各个学校的教师培训经费来看，城镇学校的经费投入多于乡村学校。可见，如何将乡村地区教师培训落到实处，是实现教师教育全面振兴应解决的问题。

第四节　"教师教育振兴行动计划"政策实施的优化路径

随着社会的不断发展和进步，教师教育在国家教育事业中的地位和作用日益凸显。为了进一步提升教师素质，优化教师队伍结构，我国相继出台了一系列针对教师教育的政策。改革是一项系统工程。借助史密斯政策执行过程模型分析"教师教育振兴行动计划"政策执行过程可以发现，任何一项变量的变动都会对政策执行结果产生影响，任何一个政策目标的实现都需要多种因素的协同配合。为推进政策有效落实，提高政策执行效果，需要汇聚内外资源，促使各方协同发力。

一、提高政策的语意水平

法规、决议、通知等政策文本作为话语的一类载体，发挥着价值传递和意义建构的作用。我国的教师教育政策文本将"教师教育"比喻为"工作母机"，这就是一个典型的话语建构的例证。1980 年 6 月，第四次全国师范教育会议就将师范教育比喻为"教育事业的工作母机"。2018 年 2 月，教育部等五部门联合印发的《教师教育振兴行动计划(2018—2022 年)》再次重申："教师教育是教育事业的工作母机。""工作母机"即制造机器的机器，能为各类产业提供设备。由于工作母机的性能关系到所生产的机器、设备的质量乃至整个工业产业链的质量，因此在整个现代工业中居于核心地位。教师教育政策文本将"教师教育"比喻为"工作母机"，说明教师教育与工作母机之间有着某种联系或相似性，即教师教育在整个教育事业中也应处于核心地位，教师教育的质量关系到教师的质量，乃至整个教育事业发展的质量。显然，"教师教育是教育事业的工作母机"的话语建构体现出国家对教师教育价值与地位的认同与重视，同时也强化了政策话语的传递性。[1]

进一步来说，一方面，在政策制定过程中，类似的话语策略既可以清晰地表现政策本身指向对象的重要性，又可以因其较强的传递性而使政策

---

[1] 潘岳林、苟渊：《后实证主义教师教育政策研究的价值意蕴及启示》，载《国家教育行政学院学报》，2023(12)。

本身被普遍接受和认可。这就要求政策制定者在政策文本中使用更易被理解、认可的政策语言，以促进政策执行过程中共识的达成，从而更有效地发挥政策的功能。另一方面，借助话语分析方法，挖掘和理解文本中的语词、语法、语义、语句、隐喻等语言要素，显然可以成为教师教育政策研究的重要选项。[①] 这意味着政策分析的重点将从政策问题本身转移到对政策问题的表达方式上，通过分析教师教育政策文本中的语言使用，揭示政策关键词背后所表达的深层次含义，从而更深入地理解教师教育改革的底层逻辑。[②]

二、厘清政策主体的利益关系

政策制定者具有自身的角色信念、价值观和情感，对所处的现实环境的认识与理解难免会有一定的局限性，这可能会导致他们在认识与理解影响政策问题产生的经济、社会、文化、习俗等因素的复杂性上出现一定的偏差。[③]

教育政策问题的复杂性主要源于多个方面的交织和互动。教育活动本身就是一个复杂的系统，涉及学生、教师、学校、家庭、社会等。错综复

---

① 吕源、彭长桂：《话语分析：开拓管理研究新视野》，载《管理世界》，2012(10)。

② 潘岳林、苟渊：《后实证主义教师教育政策研究的价值意蕴及启示》，载《国家教育行政学院学报》，2023(12)。

③ 潘岳林、苟渊：《后实证主义教师教育政策研究的价值意蕴及启示》，载《国家教育行政学院学报》，2023(12)。

杂的关系相互影响,使教育政策问题的产生和解决变得异常复杂。教育政策问题的产生往往受到多种因素的影响,包括政治、经济、文化、社会等。例如,政治因素可能会影响到教育政策的制定和实施,经济因素可能会影响到教育资源的分配和利用,文化因素可能会影响到教育理念和教学方法的选择,社会因素可能会影响到教育公平和社会稳定等。教育政策问题的复杂性还体现在其历史性和动态性上。教育政策问题的产生往往受到历史因素的影响,如传统教育观念、教育制度、教育资源分配等。教育政策问题是随着时代的发展和社会的变化而不断变化的,需要不断得到调整和优化。这种历史性和动态性也使得教育政策问题的解决变得更加复杂。教育政策问题的复杂性还体现在其利益相关者的多样性上。教育政策涉及多个利益相关者的利益,如学生、家长、教师、学校、政府等。这些利益相关者之间的利益诉求和价值取向可能存在差异和冲突。因此,解决教育政策问题需要平衡各方利益,达成共识。这种多元性也增加了教育政策问题解决的复杂性。

三、完善政策内容设计

政策文本作为政策执行的核心要素,在政策执行和落地的过程中发挥着至关重要的作用。因此,提高政策本身的明晰性、科学性,提升政策内容的质量是教师教育振兴政策顺利执行的前提保障。

一方面,政策制定者要加快完善政策体系,不断提升政策内容质量。政策制定者需要不断提高政策的前瞻性,逐渐丰富政策内涵,通过持续出台系列专项政策文件，强化政策执行和政策落地的保障力度，做好政策的顶层设计。在政策制定环节，要尽可能对模糊的政策加以解释或说明，在明晰政策文本内容的同时，可适当给予举措性行动指引。

另一方面，政策执行者在响应政策的过程中应提升政策的现实针对性。政策的顶层设计只有与地方实际高度耦合，才能发挥政策的实际效能。因此，应缩小政策执行者与政策制定者之间的鸿沟，加强两者之间的沟通交流，建立政策信息的传递共享机制，鼓励地方政府及时反馈地方院校的现状以及一线教师的需求，从而根据反馈制定出合理的、具有针对性的政策。①

四、推动政策执行主体形成合力

教师教育政策执行主体包括政府、教育行政部门、教师教育机构、学校等多个主体。为了提升政策执行联合效力，这些主体需要共同发力，形成合力。

第一，建立政策执行协调机制，明确职责分工。各执行主体应建立定期沟通的机制，共同研究政策执行过程中遇到的问题，形成解决方案，确保政策顺利推进。各执行主体应明确自己的职责和任务，避免重复劳动和资源浪费。同时，要加强协作，形成合力，确保政策得到有效执行；要加

---

① 王颖碟、王标、马宇祥：《教师教育振兴政策执行的阻滞与消解》，载《教学与管理》，2024(12)。

强政策宣传和培训，通过各种渠道加大对政策的宣传力度，提高广大教师对政策的认知度；要针对不同执行主体开展相应的培训活动，提升他们的政策执行能力和水平。

第二，强化监督评估，促进资源共享，加强国际交流与合作。国家应建立健全的政策执行监督和评估机制，定期对政策执行情况进行检查和评估，发现问题后责成有关部门及时整改；要加强对政策执行成效的宣传和推广，建立正向激励机制；促进资源共享，使各执行主体充分利用各自的资源优势，实现资源共享和优势互补。例如，教师教育机构可以为学校提供师资支持和教学资源，学校则可以为教师教育机构提供实践平台和人才需求反馈等。此外，需要加强国际交流与合作，借鉴国外先进经验和做法，引进优质资源和先进理念，提升我国教师教育政策执行水平和国际影响力。

五、改善政策执行环境

随着教育改革的不断深化，教师教育政策执行环境面临着新的挑战与机遇。政策只有与所处的环境相适应，才能充分发挥作用，实现理想的执行效果。因此，为改善政策执行环境，应积极打造良好的政策执行生态，巩固政策执行基础。为确保政策的有效实施，我们需要从多方面进行改善和优化。

第一，增加教育政策投入，完善政策评估体系。政府和教育行政部门应增加对教师教育政策的财政投入，以确保政策实施的物质基础。这包括提供资金、设备和场地等资源，以满足教师教育和培训的需要。建立科学的政策评估机制，定期对政策的执行情况进行评估和反馈，这可以帮助我们及时发现问题，调整政策方向，确保政策的针对性和实效性。另外，在投入的基础上，需要提供教学资源支持，为教师提供丰富多样的教学资源，包括教材、课件、案例库等。同时，建立教学资源共享平台，促进资源的有效利用和交流。

第二，加强教师队伍建设，确立有效的考核机制。通过提高教师待遇、完善教师选拔和培养机制等措施，吸引更多优秀人才从事教育工作。同时，加强教师的在职培训和研修，提升教师的专业素养和教学能力，建立科学的教师考核机制，明确考核标准和程序。这可以激励教师积极参与政策执行，提高工作效率和质量。

第三，推动家校合作，优化教育行政管理，提供教师职业发展培训。加强与家长的沟通和合作，形成家校共育的良好氛围。通过家长会、家长学校等，向家长宣传政策内容和目的，争取家长的理解和支持。同时，简化管理流程，提高行政效率。通过信息化手段，实现数据的实时更新和共享，为政策执行提供有力支持。此外，为教师提供职业发展规划和指导，帮助他们明确职业目标和发展路径。提供有针对性的培训项目，如教育教学研究、心理辅导等，促进教师的全面发展。

第十章

"强师计划"政策实施

2022 年 4 月，为构建全方位的教师队伍建设政策体系，确保《中共中央 国务院关于全面深化新时代教师队伍建设改革的意见》精神的全面实施，教育部等八部门印发了《新时代基础教育强师计划》。这标志着"强师计划"全面启动。"强师计划"是深化基础教育改革，推进教育强国建设，努力造就新时代高素质专业化创新型教师队伍的战略举措。

第一节 "强师计划"政策实施的重要意义

教师承担着向学生传播知识与真理、塑造学生健康人格和灵魂的重任。教师被视为教育发展的第一资源。高质量教师对于国家教育发展起关键性作用,这一点在世界范围内已成为共识。在我国的教育政策话语体系中,"强师"嵌于"教育强国""教育现代化""教育高质量发展"等大背景之下,并与"强国""强教"一脉相承。从内涵来看,"强师"不仅指向教师个体的专业化成长,还指向高素质专业化创新型教师队伍的建设。因此,"强师计划"既包括教师的培养培训,又包括对教师教育体系的创新治理、优质师资合理化配置等。具体来说,"强师计划"是站在新的历史高度上对教师编制、培养与培训、任用与评价、薪酬和待遇等方面做出的调整与深化。它将基础教育的薄弱地区、薄弱环节与高素质人才培育要求相联系,突出教师在人才培养过程中的关键作用,在政策上实现对高质量教师的关注;将指引我国新时代高质量教师教育体系建设,并指引师资走向合理配置,为我国基础教育实现高质量发展助力。

一、支撑教育强国建设

教育、科技和人才是全面建成社会主义现代化强国的基础性和战略性支柱。随着中国教育事业的快速发展和实现中华民族伟大复兴的中国梦的深入推进，实现教育现代化和建设教育强国已成为国家的战略需求。只有加快建设教育强国，才能实现从规模扩展到内涵建设的转变，推动中国的科技创新和产业转型升级，以实现现代化建设的宏伟目标。因此，在新的历史节点上，党的二十大报告明确提出了 2035 年建成教育强国的目标，并强调了加强师德师风建设、培养高素质教师队伍、弘扬尊师重教的社会风尚的重要性。这将为实现教育现代化和建设教育强国提供坚实的基础。

党的十八大以来，习近平总书记多次强调加强教师队伍建设的重要性，并倡导广大教师成为"四有"好老师，当好"四个引路人"，在教育教学实践中实现"四个相统一"。各级党委和政府也将教师队伍建设作为基础性、战略性的工作来部署和推进。2018 年，《中共中央 国务院关于全面深化新时代教师队伍建设改革的意见》明确指出，要着力打造党和人民满意的高素质专业化创新型教师队伍。同年，《教师教育振兴行动计划（2018—2022 年）》也将此目标纳入教师素质提升的总体框架。到了 2021 年，这一方向更是被明确写入《中华人民共和国国民经济和社会发展第十四个五年规划和 2035 年远景目标纲要》。这标志着我国基础教育从保障"有学上"迈向了追求"上好学"的新阶段，对教师队伍的整体素质也提出了新的挑战。

构建高质量基础教育体系对实现中华民族伟大复兴的历史使命至关重要。教师教育作为这一体系的关键组成部分，更是承担了培养高质量教师的重任。党中央始终致力于构建具有中国特色的教师教育体系，以推动教育强国战略建设。在新的历史阶段，为响应国家对教育现代化和教师队伍建设的新要求，教育部等八部门联合印发了《新时代基础教育强师计划》，旨在全面深化新时代基础教育教师队伍建设改革，进一步提升教师队伍的素质、专业化和创新能力，为教育强国建设提供支撑。

二、加快建设高质量基础教育教师队伍

高素质教师是高质量教育体系建设的根基。教育强国的建设需要有一批教育强师作为人才培育的重要保障，并在师资分配结构上联合各部门实现区域均衡性，推动各区域协同实现教育的高质量发展。

在过去，我国培养的大批中师生是小学教育(尤其是农村小学教育)的中坚力量，而随着社会对学历要求的逐步提高，20世纪末，中等师范院校停止招生，或并入高等院校或改为教师培训机构，中师、专科、本科三级师范教育体系逐步向专科、本科、研究生新三级教师教育体系转型。①2024年3月1日，教育部发布了《2023年全国教育事业发展基本情况》：小学、初中专任教师中有本科及以上学历的占比分别为78.03%和93.09%，而普通高中专任教师中有研究生学历的仅占14.01%。在全球科技与经济竞争日益激烈的背景下，提高基础教育教师队伍的研究生学历层次占比，已成为新时代教师队伍建设的关键任务。为此，《新时代基础教

---

① 程建平、张志勇：《高质量基础教育教师队伍建设的任务和路径》，载《教育研究》，2022(4)。

育强师计划》明确提出，到 2025 年，要培养一批硕士层次的中小学教师和教育领军人才。该计划要求实施高素质教师人才培育计划："持续实施卓越教师培养计划。推动本科和教育硕士研究生阶段整体设计、分段考核、连续培养的一体化卓越中学教师培养模式改革，推进高素质复合型硕士层次高中教师的培养试点。推进部属师范大学公费师范生攻读教育硕士工作，加强履约管理。继续实施农村学校教育硕士师资培养计划。扩大教育硕士、教育博士的招生计划。"这些创新性措施，为我国培养高素质教师人才提供了明确的路径和有力的保障。

随着教育信息化、数字化的迅猛发展，通过数字技术革新教育体系已成为提高我国人才培育质量的关键所在。《新时代基础教育强师计划》敏锐地认识到了教育数字化转型对教师数字素养提出的新挑战，因此提出了一系列具体举措。该计划旨在深入实施人工智能助推教师队伍建设试点行动，探索人工智能助推教师管理优化、教师教育改革、教育教学方法创新、教育精准帮扶的新路径和新模式。具体而言，首先要完善国家智慧教育平台，强化其支持教师专业发展的功能，为教师提供数字化成长的空间和资源。其次要利用人工智能促进教师队伍建设，提升教师的数字素养，使教师熟练运用信息技术手段改进教学方法，实现教育资源的均衡配置，让发达地区和欠发达地区的学生都能享受到优质的教育资源，同时助力教师共同备课，提高教学效率。最后要开发并汇聚优质的教师数字化学习资源，通过信息化的手段，让更多的教师能够便捷地获取和共享这些资源，进而促进教师研修质量和教育教学质量的全面提升。

三、促进新时代基础教育高质量发展

义务教育的公益属性在客观上要求教育要在入学机会、办学条件和教育资源配置等方面均衡发展。[①] 近年来，我国通过实施教育脱贫攻坚战略、乡村振兴战略，显著改善了中西部欠发达地区的师资在数量和质量上的不均衡状况。国家还持续加大政策倾斜力度，在深入推进师范生公费教育的基础上启动了"优师计划"。该计划的工作目标为，从 2021 年起，每年为832 个脱贫县和中西部陆地边境县的中小学校定向培养 1 万名左右师范生，旨在从源头上为这些地区提供更多的优质教育资源。国家还实施了"特岗计划""银龄讲学计划""县管校聘"等，完善了教师交流轮岗的激励机制，强化了配套保障制度，优化了教师城乡一体化的配置机制，为实现教育公平、提升中西部欠发达地区的教育质量奠定了坚实的基础。

在此基础上，为进一步保障中西部欠发达地区的教师质量提升工作，实现教育公平，《新时代基础教育强师计划》特别关注乡村教师队伍的建设。该计划旨在通过定向培养、职称评聘、特殊支持、周转宿舍和住房保障等措施，增强乡村教师的职业吸引力，提升乡村教育质量，并加强中西部欠发达地区教师定向培养和精准培训，组织实施"师范教育协同提质计划"，重点支持中西部欠发达地区的薄弱师范院校，以提高当地教师队伍

---

① 范国睿：《基础教育教师发展理念的转型性变革——兼评〈新时代基础教育强师计划〉》，载《人民教育》，2022（Z3）。

的整体素质和教学水平，促进当地教育事业的发展。

四、加强教师管理体制机制创新

创新教师发展机制与管理体制，对吸引和留住优秀教师、激发他们的教育热情，并使他们终身致力于教育事业发展来说至关重要。从近些年的经验来看，只有用好编制杠杆、深化教师编制配置改革、加大编制统筹配置力度，才能从源头上吸引更多的毕业生选择成为教师。此外，岗位管理与职称改革是与教师利益密切相关的问题。《新时代基础教育强师计划》提出了"出台完善中小学岗位设置管理的指导意见，适当提高中、高级岗位结构比例"这一要求，旨在深化教师职称和编制改革，探索和完善教师激励与退出机制，提高编制使用效率，并对不同地域学段实行分类评价，解除教师编制和职称政策对建设高质量教师队伍的限制。

第二节 "强师计划"政策实施的价值与主要成效

教师是立教之本、兴教之源。构建一支高素质、专业化、富有创新精神的教师队伍，对于实施教育强国战略具有举足轻重的作用。《新时代基础教育强师计划》能以高质量的教师教育资源、组团式的支持帮扶举措和强有力的外部保障，为教师队伍建设提供高质量的资源，在区域层面实现资源流通，促进区域优质资源均衡配置。随着全球经济的发展，国际竞争日益激烈，教育逐渐成为国家竞争力的重要组成部分，教师队伍也逐渐成为教育竞争力的重要组成部分。实施"强师计划"可以提升我国教师队伍的整体素质和教学水平，提高我国教育的国际竞争力。

一、"强师计划"政策实施的价值

价值的概念是从人们对待满足他们需要的外界物的关系中产生的，是指客体属性对于满足主体需求的效用。价值的三要素是主体需要、客体属性和实践活动。① 政策主体的需要是政策价值分析的对象。从"强师计划"的主体来看，党和国家处于主导地位，教师教育机构和教师个体为政策的实施主体。客体属性是政策价值层次的核心决定因素。从"强师计划"的客体属性来看，它作为教育政策体系中的一环，兼具公共政策、教师教育政策以及教师管理政策的多维属性。这一计划旨在为全国人民的教育利益服务，同时促进教师个体的专业成长和全社会教育事业的持续发展。实践是价值的源泉，因此，在分析"强师计划"的政策价值时，我们不仅要关注其外在的价值表现，还要深入剖析其内在的政策结构以及推动价值产生的实践活动过程。通过全面审视政策的价值表现、形成条件及作用机制，我们能够建立起对"强师计划"政策的价值的全方位理

---

① 《马克思恩格斯全集》第 19 卷，405 页，北京，人民出版社，1963。

解。[①]"强师计划"为构建高质量教师队伍提供了构想。深入分析其政策价值和实践活动过程，能更深入地推动相关政策实施。具体来说，"强师计划"政策具有以下几个方面的价值。

(一)激发教育创新的活力，推动教育科学研究与实践相结合

建立高质量的教师教育体系需要高质量的运行制度与高质量的教师教育机构协调配合。"强师计划"提出的师范院校组团帮扶的创新举措，对于破解中西部欠发达地区的教育发展难题、加快建设中国特色的高质量师范大学群具有重大的战略指导意义。

具体来说，"强师计划"旨在通过建设国家师范教育基地、建立教师教育协同创新平台、优化师范院校评价体系等措施，实现对薄弱师范院校的精准帮扶。《新时代基础教育强师计划》明确提出将建设一批国家师范教育基地，并将 6 所部属师范大学纳入重点支持范围，旨在打造师范教育的领军力量和标杆。在地方层面，支持各省建设 1～2 所地方重点师范院校，以加强对急需教师人才的培养，推动区域教育均衡发展，并加速一流师范大学群和一流教师教育学科群的建设。同时，实施"师范教育协同提质计划"，聚焦薄弱师范院校，通过高水平师范大学与地方高水平师范院校的联合，采取组团帮扶的方式，助力 30 余所薄弱师范院校实现质量提升，从而确保优质师范生的稳定供给。此外，通过鼓励科学研究与教育实践相

---

① 朱旭东、薄艳玲：《论"强师计划"政策的价值及其实现》，载《中国远程教育》，2023 (1)。

结合，推动课程和教学方法的创新，促进教育内容与形式的现代化，增强教育系统的活力和适应性。这种师范院校的组团帮扶模式，不仅能促进资源共享和教育研究创新，还能显著提升地方师范院校的自我发展能力。总体而言，这些举措对于加快构建更加均衡、高效且具有国际竞争力的教育体系，提升教师素质和国民整体素质，具有深远而重要的意义。

(二)实施奠基工程，打造高素质专业化创新型教师队伍

"强师计划"旨在全方位提升教师培养质量，构建教师的思想政治素质、师德师风、业务能力协同发展的新格局。该计划以培养硕士层次的中小学教师和教育领军人才为目标，旨在完善农村教师培养支持服务体系，确保教育资源均衡分配。特别值得一提的是，该计划将重点提升教师的数字素养，通过多渠道助力教师获取优质数字化学习资源，为教师提供高质量的专业发展机会，确保教师队伍与时俱进，适应数字化时代的教育需求。

"强师计划"展望未来，对教师的培养与发展提出了更高标准。在职前培养阶段，将深化本硕一体化设计，实施分段考核的培养模式改革，并推动高素质复合型硕士层次高中教师的培养试点。在职后发展阶段，将实施精准的教师培训改革，完善自主选学机制，构建教师培训与学历教育相互衔接的体系。此外，还将依托清华大学、北京大学、北京师范大学等优质培养基地，培养一批具有深厚教育情怀、扎实学识和开阔视野的杰出校长，使他们成为推动区域基础教育改革发展的领军人物。这些举措将培养一批政治立场坚定、教育情怀深厚、专业素养过硬、视野宽广的人才，为

我国教育事业的长远发展奠定坚实的基础。

(三)推动师资的均衡配置，确保每名学生都能享受到优质教育

党的十八大以来，教师教育内涵式发展模式的重要性日益凸显。内涵式发展模式旨在通过优化内部结构和提升教师教育质量来解决问题，它是针对我国教师教育结构和质量失衡问题而提出的。

为促进城乡教育公平，"补短扶弱"成为新时代基础教育教师队伍建设的鲜明思路。"强师计划"旨在优化义务教育师资配置。具体的措施包括实施中西部欠发达地区优秀教师定向培养计划、推进"县管校聘"改革、实施交流轮岗行动计划、完善集团化办学和学区制管理办法及运行机制、加大"国培计划"的实施力度、建设全国基础教育管理服务平台、打造质量评估体系和监测预警平台等。均衡配置优质师资，能真正推动乐教、适教、善教的年轻老师"下得去、留得住、教得好"，保障农村地区学生也能公平地享受到优质教育，在未来成长为国之大才。

(四)增强教师职业的吸引力，吸引优秀人才投身于教育事业

教师在工作中面临着一些挑战，具体表现为教师的工作负担重，除了教学任务外，还有大量的管理班级的任务和其他非教学类的工作安排；社会对教师职业的尊重程度不够，但期待值越来越高；部分教师受编制名额和职称名额限制，对职称晋升感到不满，从而对教师的职业认同感不强，在专业成长上有所懈怠。

《新时代基础教育强师计划》高度关注乡村学校和乡村教师的发展，提

出要加强乡村教师周转宿舍建设，确保乡村教师享有更优质的居住条件；着力提升乡村教师的地位和待遇，以增强乡村教师的职业吸引力和归属感。此外，对于乡村教师的职称评聘，该计划还提出了特殊的支持措施，并拓宽了专业培训支持渠道，以助力乡村教师实现更好的专业成长。《新时代基础教育强师计划》通过提升教师的社会地位、改善经济待遇以及明确职业发展路径，增强了教师职业的吸引力，吸引了更多优秀人才投身于教育事业，从而形成了良性的教育生态循环。

二、"强师计划"政策实施的主要成效

政策价值是政策制定的基石，它决定了政策的基本方向和原则。政策目标通常是在政策价值的指导下设定的，反映了政府或决策者希望实现的社会、经济、环境等方面的价值追求。政策目标的实现有助于体现和实现政策价值。

《新时代基础教育强师计划》的目标任务分为 2025 年、2035 年两个层面："到 2025 年，建成一批国家师范教育基地，形成一批可复制可推广的教师队伍建设改革经验，培养一批硕士层次中小学教师和教育领军人才。完善部属师范大学示范、地方师范院校为主体的农村教师培养支持服务体系，为中西部欠发达地区定向培养一批优秀中小学教师。师范生生源质量稳步提高，欠发达地区中小学教师紧缺情况逐渐缓解，教师培训实现专业化、标准化，教师发展保障有力，教师队伍管理服务水平显著提升。""到 2035 年，适应教育现代化和建成教育强国要求，构建开放、协同、联动的

高水平教师教育体系，建立完善的教师专业发展机制，形成招生、培养、就业、发展一体化的教师人才造就模式，教师数量和质量基本满足基础教育发展需求，教师队伍区域分布、学段分布、学历水平、学缘结构、年龄结构趋于合理，教师思想政治素质、师德修养、教育教学能力和信息技术应用能力建设显著加强，教师队伍整体素质和教育教学水平明显提升，尊师重教蔚然成风。"

围绕目标任务，《新时代基础教育强师计划》从提升教师的素质、推动优质师资均衡、加强教师教育体系建设、深化管理综合改革四个方面提出了具体措施。该计划还强调实施组织保障、政策保障和经费保障。

"强师计划"自实施以来，在多个维度上取得了显著成效，具体体现在以下几个方面。一是教师队伍素质提升。通过实施"百县千校万师计划"（简称"百千万计划"）等，中西部地区已建立了一批"强师工程"项目县和项目校，成功培养了数以万计的"四有"好老师。这些教师在教育教学实践中发挥了示范引领作用，提升了整体师资水平。二是师范教育强化。国家支持约50所师范院校加强教学科研设施建设，显著增强了师范教育的硬件和软件实力，提高了教师培养的质量和效率。这有助于培养出更多理论与实践相结合、符合新时代教育需求的优质教师。例如，北京师范大学实施了"强师工程"，通过"培养一批、输送一批、提升一批"的思路，形成了从师范生招生、培养、输送到职后支持的全流程、闭环式、系统性的改革举措，不仅服务了教育强国和乡村振兴战略，还承继了红色师范育人传统，助力欠发达地区的教育发展。三是教育质量提高。如深圳市坪山区锦绣实验学校等案例所示，"强师计划"促进了学校在德育、教研、管理、服务等方面的探索实践，确保了新开班级的顺利运行和教育工作的平稳推进，直接提升了学校的教育教学质量。四是推动了区域教育均衡发展。"强师计划"通过点面结合的方式，有效促进了县域教育的高质量发展，缩小了城乡之间的教育差距，增强了教育的公平性。

第三节 "强师计划"政策实施面临的主要挑战

政策制定者在设计政策时，要全面考量多重因素，采取恰当的措施化解或缓解矛盾，以确保政策价值的实现。政策制定者需要明确政策的价值体系，预先判断政策执行过程中可能存在的矛盾，并深入探索政策价值实现的路径。具体来说，"强师计划"政策实施面临的主要挑战是如何处理以下矛盾。

首先是教师教育结构转型需求与基础教育教师队伍现状之间的矛盾。我国的欠发达地区的基础教育，面临着教师数量短缺和整体素质有待提升的双重挑战。与此同时，教师教育体系未能根据国家政策和需求全面优化供给结构，导致供需不匹配。例如，在学历要求上，为了整体提升教师的学历层次，相关部门做出规定，要求教师应当具备高等学校师范专业本科或者其他相关专业本科及以上学历，并取得相应的学位。发达地区尚能招聘到满足学历条件的教师，但欠发达地区则面临着困难。基于此，"强师计划"政策强调要优化教师教育供给侧结构性改革，为更好地促使欠发达地区的教师提升学历层次，采取师范院校组团帮扶形式，为欠发达地区教师提供更多学历深造机会。目前来看，这项工作还有待深入推进。

其次是资源分配不均和政策执行能力参差不齐的矛盾。简言之，构建高质量教师教育体系与地方教师教育机构资源薄弱之间存在矛盾，同时，地方教师教育机构在资源统筹调配和政策执行保障方面的能力略显不足。实施"强师计划"需要大量的教育资源投入，包括财政资金、师资力量、培训设施等。然而，这些资源在分配和利用上可能存在不平衡、不充分以及专业力量薄弱的问题，这导致一些地区或学校无法充分享受到政策带来的红利，教师培养质量无法满足基础教育发展的需求，也无法满足基础教育师资队伍在教师数量和学科结构方面的需求。借助"强师计划"政策，可盘活地方教师教育机构的资源，提升地方教师教育机构对政策的执行能力。在这过程中，争取和发达地区的教师教育机构联动来完善农村教师发展和队伍建设服务体系，是推动"强师计划"更好实施的关键。

再次是教师的发展需求与师范院校的培养能力的矛盾。据 2022 年的统计数据，我国基础教育学段教师总数达 1586 万人，占专任教师总数的86%，这标志着基础教育教师数量不足的问题已初步得到解决。然而，基础教育教师队伍在思想素质、教育教学能力等方面仍有诸多提升空间。改革开放以来，我国的教师教育已逐步形成以师范院校为主体、综合院校共同参与的中国特色教师教育体系。但与众多综合院校相比，师范院校的办学条件仍有待进一步提升。在教师职前培养阶段，提升师范生教学实践能力是建设高素质教师队伍的关键。目前，师范院校在培养师范生的教学实践能力上仍存在教学实践类的课程安排不足、教学类课程的专业性不强、实践类课程协同培养模式不健全等问题。因此,培养高素质教师、激发高素质教师到欠发达地区从教的意愿,需要在政策上给予更多关注和制度保障。

最后是社会期望与教育现实的矛盾。社会对教育的期望往往很高,希望"强师计划"能够迅速提升教师队伍的整体素质和教育教学水平。然而,教育是一项长期且循序渐进的事业,需要我们持续努力。

针对这些矛盾,政府、教育行政部门、学校和社会需要共同努力,通过制定切实可行的策略、提供必要的资源和支持、加强政策宣传、完善监管机制、优化资源配置、加强教师培训和激励等措施,确保"强师计划"政策有效实施并取得良好成效,从而推动"强师计划"政策价值的实现。

第四节 "强师计划"政策实施的优化路径

兴国必先强师。教师教育在建设创新型国家和高质量教育体系、培养创新型人才和创新型教师中具有基础性、先导性、全局性战略地位。[①] "强师计划"的出台,为我国未来教师教育的发展提供了全局性、多方位的方向指引。在未来,国家需要结合教师教育工作面对的新挑战,建构多主体共同参与的联动机制,发挥"强师计划"在整体提升教师教育质量过程中的

---

① 刘益春:《"强师计划"的大学使命与政府责任》,载《教育研究》,2022(4)。

重要作用。

一、加快构建多元参与的开放型、现代化的教师教育体系

多方主体应联合起来共同实施"强师计划"。在政策实施方面，要建立实施指导委员会，协同教育部相关部门、师范院校、综合性大学、教师发展机构、中小学实践基地等多个主体。在政策落实方面，一要推动地方政府、学校和社会共同参与。中央和地方政府的教育、组织、人社、财政、编制等多个部门需要着力研究如何保障教师教育投入，出台绩效评价、薪酬奖励、编制和人事管理办法等教师保障激励政策。二是要使师范大学、高水平综合大学、教师发展机构和优质中小学协同承担起促进教师成长的重要职责，给予教师职业生命周期全链条专业发展支持。在这个过程中，部属师范大学应发挥引领示范作用，和其他高水平综合大学、教师教育机构和优质中小学共同设计教师职前培养和职后发展一体化方案，加强资源的共建共享，保障在职教师培训的有效性。

二、健全高素质专业化教师队伍建设机制

"强师计划"应持续深入推进，专注于提升教师的教育教学水平与研究能力，精心设计培训和实践环节，使教师熟练掌握前沿的教学理论与方法，进而提升教师的学科专业素养和教学实践能力，打造一支高素质的教师队伍，为学生提供更优质的教育服务。

推进"强师计划"可从以下几方面入手。组织各类专业培训和学术交流活动，提升教师的学术造诣和创新能力；鼓励教师互相学习和交流，分享教学经验和成果，形成共同提高的良好氛围；通过培训和实践培养教师的信息化教学能力，推动教育信息化发展，提高教学效率和质量；关注教师的职业发展需求，为教师提供更多的职业发展机会和平台；制定一套完善的教师职业发展规划，为教师提供明确的职业成长方向和具体的发展路径，从而为他们的专业成长和个人发展提供强有力的支持与引导；加强对教师的激励，增强教师的职业认同感和幸福感。

三、完善教师队伍管理机制

国家应继续加强教师队伍建设和管理工作，建立健全的教师队伍管理机制。具体来说，国家可从以下几方面发力。第一，建立科学的教师招聘、培训、考核和激励机制，制定以教育教学业绩为核心的评价标准，规范教师的行为和管理，提高教师队伍的整体素质和管理水平，改善教师的工作环境，激发教师的工作热情和创新能力。第二，强化对教师职业道德和师风师德的教育与监管，积极弘扬尊师重教的优良传统，努力在全社会营造尊师重教的良好氛围，进而不断提升教师的职业素养和道德水准。第三，加强教师教育的系统性、整体性和前瞻性，借鉴国际先进经验，对教师队伍的建设管理进行长期规划、持续跟踪和动态调整，确保教师培养与不同地区、不同阶段基础教育改革和发展需求紧密对接，推动我国教师教育的创新与发展。

第十一章

"国培计划"政策实施

乡村教师是推进乡村振兴、建设社会主义现代化强国、实现中华民族伟大复兴的重要力量。2010年，教育部和财政部全面启动了"国培计划"，旨在通过"中小学教师示范性培训项目"和"中西部农村骨干教师培训项目"，为全国中小学教师，特别是农村教师提供高质量的专业发展支持。

第一节 "国培计划"政策实施的重要意义

"国培计划"以"示范引领，雪中送炭，促进改革"为宗旨，主要针对中西部农村教师进行培训，以提升教师队伍的素质，推动教师的专业发展。联合国教科文组织教师教育中心在"国培计划"实施十周年之际发布了《"国培计划"蓝皮书（2010—2019）》，基于对"国培计划"十年实施情况的第三方评估，形成了综合研究报告，充分肯定了"国培计划"的成就。"国培计划"的政府重视程度之高、财政投入力度之大、参培受益人数之多、持续发展时间之长，世界少有。经过多年的发展，"国培计划"有力推动了参培教师的专业发展，为我国基础教育均衡发展和脱贫攻坚事业做出了贡献，赢得了广大教育工作者的高度认可，并产生了广泛的社会影响。可以说，"国培计划"以其投入之多、规模之大、覆盖面之广、影响之深，成为国家级培训中的佼佼者，是新时代教师培训的中国方案。

一、建立教师继续教育的新体系

"国培计划"着眼于教师的终身学习和专业发展，通过政策激励和完善的培训体系等方式，激发教师持续学习的积极性，促使教师成为自我反思与专业成长的终身学习者。"国培计划"设立了骨干教师培训、学科带头人培训、紧缺学科教师培训等项目，系统化地提升教师的认知能力、教学能力和教育实践能力。"国培计划"以政策导向和培训目标为指引，旨在引导教师不断更新知识结构，掌握现代教育技术，培养反思与创新能力，从而实现教师专业发展水平的整体提升，最终目标是确保每位教师都能适应新时代教育发展的需求。

"国培计划"肩负着构建区县教师教育新体系、完善基层教师培养机制的使命，通过区县教师专业发展中心、教师专业发展学校、校本教师专业发展中心和名师工作室（坊）等，实现教师教育资源的共享与优化配置，满足基层教师的个性化学习需求，为我国教育质量的提升奠定基础。区县教师专业发展中心作为新体系的核心机构，负责统筹区域内的教师培训、教研和资源分配工作，构建起区域内教师教育网络，实现教师间的资源共享与经验交流，确保基层教师教育机制的科学性与有效性。

二、为中小学教师专业发展提供优质资源

"国培计划"通过设立师范院校教师教育者能力提升项目和区县教师教育者能力提升项目，确保用最优秀的教师教育者培养出最优秀的教师。"国培计划"利用资源和政策优势，推动一流师范院校与地方师范院校、优质中小学之间的协作，实现教育资源的优质共享，确保培训的质量和效果；注重优质资源的下沉，通过设立"国培计划—示范性项目"，鼓励一流师范院校和优质中小学为农村教师提供高质量的培训课程与实践机会；还鼓励北京师范大学、华东师范大学等院校牵头，积极开展与地方教师教育

机构的合作，确保最优秀的教师教育者能够培养出最优秀的教师。

"国培计划"在建立完善教师教育资源精准化配置机制的过程中，整合并优化了区域内的教师教育资源，这使得中西部地区的教师能够获得精准、高效的培训支持，确保每位教师都能适应新时代教育发展的需求，从而为基层教师队伍建设奠定坚实的基础。此外，通过设立"国培计划—紧缺领域项目"，明确了不同区域、不同学科领域的紧缺教师类型，并为其制订专项培训计划，以确保紧缺教师的培养和补充。"国培计划"还通过调研和数据分析，掌握各区域教师的培训需求，为各区域制订科学合理的教师培训规划，确保资源配置的精准与高效。通过这一系列措施，"国培计划"有效地增强了教师培训的针对性和有效性，推动了区域教育资源的均衡发展。

三、着力提高中西部地区教师队伍素质

"国培计划"作为国家级中小学教师培训的重要举措，其首要使命是为农村地区和民族地区的教师提供学习和发展的机会，确保每位教师都能享受到高质量的教育培训资源，从而实现基础教育的均衡发展。这体现了教育公平的理念，确保每位教师在知识、技能和素养上都能够跟上教育发展的步伐，为农村的基础教育提供有力的师资支持。同时，"国培计划"明确了其保障农村教师培训的目标，将资源精准投放到中西部地区，以促进教师队伍的均衡发展；通过设立针对不同区域和学科的专项培训项目，确保资源的科学配置，实现提升教育公平与质量的双重目标。这一系列举措不

仅提升了教师的专业素养，还为我国基础教育的整体发展奠定了坚实的基础。

第二节 "国培计划"政策实施的主要成效

一、政策全面落地

自 2016 年起，教育部教师工作司连年派出专家团队对"国培计划"实施情况进行调研和指导，并要求承办单位在每次培训后让学员匿名评估培训效果。2017 年，还委托带有"第三方"性质的专家工作组就 23 个中西部省(区、市)乡村教师的获得感，直接访谈各实施主体，直接听取基层教师的真实心声。"十三五"期间，中央财政每年投入约 22 亿元实施"国培计划"，财政部教科文司对"国培计划"的资金使用情况和实施效果进行了追踪和了解。

总体来看，"国培计划"在各地实施成效显著，中小学教师培训已大规模开展。[①]"国培计划"成为我国教师职后培训的主渠道，培训范围广泛，覆盖了全国各省(区、市)的各级中小学校、幼儿园。截至 2020 年年底，

---

① 王定华：《新时代我国中小学教师国培的进展与方略》，载《全球教育展望》，2020(1)。

"国培计划"已使"乡村优秀青年教师培养奖励计划"覆盖超过85％的乡村教师，显著提升了乡村教师的整体水平。

河南省教育厅等三部门于2022年9月印发了《河南省基础教育教师能力素养提升行动计划（2022—2025）》。河南省每年投入1亿多元资金，以建好建强县域教师发展支持服务体系为目标，推动县域教师培训、教研、电教等部门实质性整合的县级教师发展中心建设。截至2023年6月，河南省已有新密、内乡、汝州、范县等13个县（市）正式成立了教师发展中心，内黄、郸城、永城、禹州等11个县（市）已做出成立县级教师发展中心的相关规划。同时，河南省依托市县教师培训团队项目，为每个项目县打造了一支由专职培训者、优秀教研员和一线名师等50人组成的县级教师培训师团队。

陕西省自2010年起，累计投入专项经费达到8.258亿元，持续强化中小学幼儿园教师"三级三类骨干体系建设"，并将"参与教师培训、发挥专业引领"作为考核重要指标，已经培养了多名省级教学能手、省级学科带头人、省级教学名师，还培养遴选了多名特级教师，骨干教师队伍在不断壮大。

吉林省于2015年出台了《吉林省乡村教师支持计划（2015—2020年）》，加大中小学教师培训经费投入。截至2019年，"国培计划"连同"省培计划"配套项目获得中央和省级财政安排的专项资金约4.3亿元，通过安排顶岗实习、短期集中培训、转岗教师培训等多种形式，累计为全省培训中小学幼儿园教师约60.7万人次。

此外，各大院校也在积极承担"国培计划"的培训任务。广西教育学院在落实"国培计划"的过程中，聚焦乡村基础教育领域，共承担了 63 个培训项目，主要培训农村骨干学科教师、乡村薄弱学科教师、乡村中小学校长、乡村教师培训团队、示范性县级教师培训团队等。

北京师范大学以农村教师为重点培训对象，通过示范性项目、中西部项目、幼师国培项目，覆盖 31 个省（区、市）和新疆生产建设兵团，共培训教师 1500 多万人次。

二、政策实施机制较为健全

"国培计划"是一项复杂的系统工程。"国培计划"实施以来，各省市积极探索科学管理体系，有效提高了培训的管理效度，保障了项目的顺利推进，取得了显著的成效。吉林省以实施"国培计划"为契机，积极构建乡村教师专业发展支持服务体系，自 2015 年起将"国培计划"的重心下移，提高了管理效度，每年使 9 万余名乡村教师受益。到 2019 年，培训的覆盖面接近 100%。吉林省始终以支持乡村教师专业发展为重点，充分发挥引领作用，走出了一条具有鲜明特色的国培之路。

河南省围绕"国培计划"全面深化综合改革，结合本省教师队伍建设实际，优化顶层设计，强化全过程质量管理，建立了五级联动、协同创新的工作模式，形成了"规划五级统筹、项目齐抓共管、工作共同推进、成果共建共享"的新格局。

广东省着力加强省级中小学教师发展中心建设，在构建教师培训支持服务体系方面取得了显著成效。

安徽省实行"分工合作、分职管理,按职问效、按效问责"管理制度,以明确责任的方式助力政策落地。

重庆市开展"两统一融"一体化创新设计,以乡村教师能力素质为核心,以乡村教师全员培训为重点,强化一体化设计,统筹定位各类项目重点,统筹设计各类项目模式,确保了项目实施质量。

新疆维吾尔自治区以"双向带动、多方联动"理念构建乡村教师支持服务体系,通过高校带动县域教师专业发展培训基地学校,通过县域教师专业发展培训基地学校示范带动乡镇片区教研中心、师训部门、教研部门、电教部门、中小学校幼儿园等多方协同,联合推进"国培计划"的实施,逐步构建起了县域教师专业发展的长效支持体系。

为了确保"国培计划"的管理效度,各院校还通过制定科学合理的管理措施,提供人性化服务等方式提高培训质量。河南师范大学成立了国培项目专项工作领导小组,分设执行办公室、班主任、宣传、保障等工作组,以保障培训顺利开展。在学员报到之前进行需求调研,深入了解学员的培训需求,并提供人性化的服务。河南师范大学在培训的不同阶段开展了问卷调查,安排班主任了解学员的反馈意见,在培训结束后对学员进行全方位评价,从而不断完善评价机制。

"国培计划"通过科学管理与体系优化,在全国范围内逐步形成了一套标准化、系统化的教师培训支持体系,有效保障了培训质量和成效,为各省(区、市)教师专业发展提供了坚实的管理基础。

三、培训模式不断创新

各地在助推"国培计划"政策落地时，以符合国家政策、遵循教育规律、能够取得实效为导向，探索出了多种新颖的培训模式，有效促进了教师的职业发展，提高了培训的实效性和持续性。

· 湖北省沙洋县创新了"送培模式"，促进乡村教师在引领中实践、在实践中提升、在提升中发展，有效提升了课堂执行能力，提高了教育教学质量。

重庆市铜梁区创新了"三研三磨"递进式研课、磨课模式，聚焦教学的热点和难点，以研导磨、以磨促研、研磨结合，实现了从理论"密室"到实践"田野"的有效过渡，磨出了知识的梯度、教师的热情度和课堂的深度，形成了教与学的合力。

陕西省渭南市临渭区抓实影子研修，着力能力提升，创新乡村教师培训团队跟岗实践模式，遴选50位骨干青年教师参加团队研修，具体组织实施了培训团队跟岗实践。通过创新设计、强化管理、制度跟进和实招推动，培育了一支用得上、干得好的本土化培训团队。

安徽省六安市在乡村新教师培训中采取了"一体两翼五步"模式，将"学、教、研、训"一体化，将管理团队和指导团队作为两翼，通过需求调研、跟岗实践、展示成果等五步进行分阶段培训，从而确保实效。

四、培训师资保障有力

在实施"国培计划"的过程中，各地积极创新和完善师资建设方案，成功构建了具有鲜明地方特色的师资队伍体系。

吉林省注重培训师资队伍的专业发展，通过引入国内外教育专家和一线教学名师，打造了一支集"理论、实战、创新"于一体的高水平培训师资团队。吉林省还通过设立省级培训基地，吸引了国内外知名教育专家定期来访讲学，确保教师培训课程的前瞻性和实效性。

安徽省通过建立稳定的教学团队和激励机制，提高培训师的积极性和持续发展能力。安徽省教育厅通过与安徽师范大学等高校合作，成立了省级培训专家库，并建立了"高校—区县—学校"三级培训体系，将高校导师与区县教研员、一线教学名师相联系，确保培训质量。安徽省还通过设立"优秀导师奖"和"教学创新奖"等激励措施，鼓励培训师持续提升专业水平和教学技能。

各大院校在各地政府的引领下也在努力探索培训方式。河南师范大学整合校内外优质师资，聘请校内专家、特聘教授、企业兼职教师共同授课，确保教学质量。该校还设立了"双导师制"，引入高校导师和中小学一线导师，实现理论与实践的结合。参培教师在理论导师的指导下学习先进的教育理念和教学方法，同时配备实践导师，将理论应用于实际教学情境中，极大提高了教学实践效果。

太原师范学院积极构建"校地共建"培训体系，通过与地方教育行政部门合作，挖掘和培养了一批经验丰富的培训师资。太原师范学院将"引进来"与"走出去"相结合，定期派教师团队赴国外进行交流学习，在引进国际先进教育理念的基础上，结合当地实际情况，精心设计了相应的教师培训课程。在培训过程中，太原师范学院还将"双导师制"与"导师团"相结合，以确保参培教师得到理论与实践的双重指导。

通过建立优质的培训师资队伍，"国培计划"确保了培训课程的教学质量，为我国教师专业发展提供了强有力的支持。

五、培训评价体系逐渐完善

"国培计划"通过不断完善培训评价体系，有效保障了培训效果与质量。各地区和机构将顶层设计、实施过程和质量评估纳入全过程监管，共同建立起了科学、系统的评估模型，从而确保了培训的有效性与实用性。

(一)培训评估模型的多样化

目前，"国培计划"项目主要以柯氏四级培训评估模型和CIPP评估模型为评估框架，并借鉴其他模型进行绩效评估。

柯氏四级培训评估模型：由唐纳德·L.柯克帕特里克提出，涵盖反应层、学习层、行为层和结果层。许多学者基于柯氏四级培训评估模型构建了针对"国培计划"项目的评估模型。例如，刘建银在原有的四层次基础上增加了需求层，提出五层次模型；王贤提出了三级质量评估模式，即培训前评估、培训结束后评估和培训成效期评估。

CIPP评估模型：由美国学者斯塔弗尔比姆提出，包括背景、输入、过程和成果四部分的评估。牛猛根据该模型调查了与黑龙江中小学体育教师有关的"国培计划"项目的实施效果。调查结果显示，整体效果显著，但对培训课程的有效性和实用性评价较低。郗望基于该模型，分析了国培项目培训专家对培训活动的评价。

此外，有学者还借鉴了目标管理法、关键绩效指标法等，构建了"国培计划"项目的绩效评估模型，并进行了绩效评估。[1]

(二)顶层设计与全过程监管

为保障"国培计划"的实施，各政策主体在设计、实施、评估阶段形成了合力，并进行全过程监管，逐步完善评估体系。

在设计阶段，国家组织专家对示范性国培项目的承担机构和方案进行评审，对国培项目实施方案进行现场诊断，提出修改意见并进行书面反馈。在实施阶段，国家依托信息化管理系统，加强项目过程监控。在评估阶段，国家采取参培教师网络匿名评估等方式，分项目对培训绩效进行评估并将评估结果反馈到有关机构。

安徽省引入第三方评估机制，由安徽省教育评估中心对国培绩效进行评估，公开评估结果，并反馈改进意见。甘肃省和内蒙古自治区建立了以资深专家为主的培训教学督导组。培训教学督导组进驻培训

---

[1]　程永华、王姣莉、梁青云：《近十年中国"国培计划"研究回眸》，载《平顶山学院学报》，2021(1)。

点，全面监督培训方案落实情况。上海市和福建省开展了见习教师规范化培训，探索了新入职教师到优质中小学跟岗学习等培养机制。山东省为适应"互联网＋"新形势，进一步完善了远程培训模式，以实现优质培训资源共建共享。通过这些评估与监管措施，各省（区、市）逐步完善顶层设计、培训质量和监管，为"国培计划"的科学实施提供了可靠保障。①

(三)创新评估方式

在培训评估体系不断完善的同时，各师范院校也逐步形成了具有区域特色的创新评估方式，在"国培计划"的具体实施过程中，凸显了各自的特色和优势，发挥了高校在教师培训领域的引领作用。

北京师范大学在以中华优秀传统文化涵养师德方面独具特色，通过开展中华优秀传统文化专题培训，将国学与师德师风建设相结合，为教师提供道德素养方面的学习机会。华东师范大学则在提升信息技术应用能力方面表现突出，通过信息技术与教学实践的结合，提高教师的信息技术应用能力。贵阳幼儿师范高等专科学校通过搭建平台实现多级联动，促进幼儿教师专业成长。

师范类高校在"国培计划"的具体实施中凸显了各自的特色和优势，发挥了高校在教师培训领域的引领作用。

---

① 郝二军、郭玉明、郭海明等：《"国培计划"的示范引领作用价值研究——以河南师范大学"国培计划"中小学骨干教师素质提高计划培训项目为例》，载《高教学刊》，2016(12)。

第三节 "国培计划"政策实施面临的主要挑战

"国培计划"实施已有多年，产生了较大的影响，但在面向农村教师"雪中送炭"的过程中，仍需要进一步完善和改进。

一、培训课程的针对性有待加强

"国培计划"的初衷是为不同区域、不同学科的教师提供有针对性的培训，但部分培训机构未能深入基层，未能真正了解一线教师的实际需求，以致培训课程内容过于笼统，难以满足不同地区的教师的具体需求。乡村教师希望提高教学科研能力，深入了解新课程标准，但部分培训项目中缺乏相关内容。

当前的培训方式主要有集中讲授、跟岗研修、网络自学等。尽管方式多元，但仍难以满足教师在教学实践中面临的多样化问题。自 2010 年实施"国培计划"以来，培训的宏观模式缺乏创新变化。例如，"顶岗置换模式"是高校与参培的中小学、幼儿园双向置换，但没有更多的县城骨干教师参与进来，再加上现实中出现的一些实际问题，降低了培训质量；"影子实践培训模式"一般固定在一所中小学或幼儿园，满足不了参培教师开阔视野、见识名师的需求。

实际的培训往往以集中讲授为主，缺乏案例教学，所讲授的理论与农村、一线教学实际联系不够。在贵州省的乡村教师培训调查中，超过65％的教师希望通过"脱产集中培训"形式获取更多教学实践知识；超过70％的教师表示，希望接受有实用性和实践性的培训，从而有效解决他们在教学过程中遇到的实际问题。①

具体来看，一是缺乏互动与交流，学员在教学过程中碰到的许多实际困惑无法得到充分讨论和解答。二是缺乏分层教学，没有照顾到城市教师与乡村教师在专业理念、专业知识和教学能力等方面的差别和需求。三是理论与实践脱节，理论研修与实践研修结合不紧密，理论研修课程和课时较多，实践研修课时不足，实践活动安排较少。问题解决模式、研究型模式等普遍较少。四是缺乏国培文化氛围，在培训过程中，部分学校缺乏对国培文化的认识，营造的文化氛围不够。较少组织参培教师开展有教育意义的活动，班级文化建设不健全，没有创建一个和谐的班集体。忽视了"国培计划"在传递知识的同时，还要传递一种责任、一种信念和一种精神。

二、部分教师学习动力不足

乡村教师承担着重要的教学任务，能够参加脱产学习的只是其中的一

---

① 严虹、项昭：《"国培计划"视角下义务教育乡村教师培训面临的问题与思考》，载《教学与管理》，2022(11)。

部分人，而部分学校缺乏对参培教师的激励措施，导致走在前面的"引领者""示范者"的积极性不高，有一部分还处于"被动推进"状态。

一部分乡村教师对专业发展的重要性认识不够，难以全身心地投入培训，以致培训时"人在心不在"，学习时"有心无力"。一部分乡村教师认为，脱产集中培训虽有助于提升教师的整体素养，但长时间脱产会影响正常教学工作或者影响学生的学业成绩，这使得他们无法坚持完成培训，也使得"国培计划"的实施效果大打折扣。

三、培训缺乏后期跟踪指导

一些学校未能有效地将来自幼儿园或中小学的一线教师与省域外的聘任教师及理论研修阶段的教师整合为一个协调的整体。一线教师的比例偏低，导致师资整体结构不尽合理。这可能会削弱培训内容与教师日常教学实践的相关性，降低培训的实际应用价值。

"双导师制"并未得到有效实行。培训单位虽然为参培教师配备了理论导师，但是存在未配备实践研修导师或者所配备的导师未明确具体的实践研修指导任务等问题。这导致参培教师在实践环节经常感到茫然，尤其是在为期三个月的置换脱产研修期间，从而影响了培训的有效性。

承担培训任务的高校缺乏对参培教师的后期跟踪指导，特别是在利用网络研修社区进行有效跟踪指导方面表现不佳，这使得培训效果难以持久，实效性和持续性均受到影响。缺乏有效的后期跟踪和持续指导意味着教师可能无法将研修成果转化为教学实践经验，从而降低了整体培训的价值。

第四节 "国培计划"政策实施的优化路径

一、加强培训需求分析

"国培计划"在未来的发展过程中应认真深入地分析培训需求，科学合理地设置培训课程，以提高培训的针对性和有效性。具体来说，应注意以下两点。

第一，"国培计划"可以通过广泛的培训需求调研，包括教师的个人职业发展需求和学校的教学需求，来确定培训目标、内容、教育和教学方法。实施前的需求分析是制定成功的培训策略的基石。科学地分析培训需求，可以确保培训方案的设计既系统又具有操作性，从而提高培训的实际应用价值。

第二，"国培计划"应设置多样化、综合性和应用性强的课程内容，如立足教学实际的研讨课程、推广新教学法的实验课程，以及了解现代科技成果并更新课程等。这样的课程设计不仅满足了不同学科和地区的特定需求，还提升了培训内容的综合性和应用性，确保课程内容能够直接应用于中小学和幼儿园的教学实践中。

二、提供精准化与差异化培训

"国培计划"应进一步推进培训的精准化与差异化，为不同区域、学段、学科和层次的教师提供有针对性的培训方案，尤其是中西部欠发达地区的乡村教师和民族地区的乡村校长。重点培养骨干教师和校长是为了引领当地教育发展。例如，通过"学用结合"的设计取向，深入开展需求调研，为不同地区和学段的教师量身定制培训方案。[①] 针对中西部欠发达地区，应实施递进式、一体化的骨干教师培训，提高区域教师队伍整体素质。

"国培计划"还应根据教师专业成长的不同阶段设计差异化的培训方案。针对新入职教师，应以职业适应性为核心，提供教学设计和课堂管理等方面的指导；针对骨干教师，应侧重专业能力与教学素养的全面提升；针对资深教师，应开展教育家型教师的培养项目，以满足他们不断深化教学实践的需求。通过科学化和精细化的培训设计，"国培计划"在未来会更好地满足教师的职业发展需求。

三、构建高水平"双导师"培训师资队伍

为了确保理论研修与实践指导的有机结合，"国培计划"应持续搭建高

---

① 王姣姣：《乡村振兴背景下民族地区乡村校长培训转型与实践探索——以"国培计划"示范项目乡村中小学校长提升培训为例》，载《中小学校长》，2023(1)。

水平的教师培养体系，为参培教师配备理论导师与实践导师。在这一体系中，先由理论导师在高校中对参培教师进行专业知识和教育理论指导，再由实践导师在幼儿园或中小学中对其进行教学实践指导。这样的"双导师制"从理论与实践两个维度为教师提供分阶段的指导与支持，确保他们能够充分消化所学知识，并将知识有效转化为实际教学能力。

除了分阶段实施"双导师制"外，"国培计划"还应特别强调在高校理论研修阶段配备实践导师。理论导师应具备"一岗双责"的能力，既要重视理论知识的传授，又要关注对实践活动的指导。

四、关注培训后期跟踪指导

高校应高度重视后期跟踪指导，制订切合实际的后期跟踪指导方案并纳入总体培训目标中，以确保参培教师在完成集中培训后仍能持续得到专业支持。后期跟踪指导包括以下几种方式。

一是利用网络研修平台优化指导。通过网络研修平台，参培教师能够与导师保持在线联系，及时获取教学建议和指导。导师也可以通过平台随时追踪参培教师的教学进展，并提供个性化的指导意见。

二是利用学校的平台，促进师生交流互动。建立学校层面的平台，鼓励参培教师与理论导师、实践导师保持沟通，分享教学经验与心得体会，形成积极的交流互动氛围。

三是充分利用现代通信手段，增强交流与沟通。参培教师可充分利用微信、电子邮件、在线会议等，随时与导师沟通，以解决在教学实践中遇到的问题。

四是实施回访制度，进行跟踪指导。在参培教师返回教学岗位后，理论导师和实践导师将定期对他们进行教学回访，实地观察并指导其教学活动。同时，回访制度也能帮助导师及时了解参培教师的实际需求，从而提供更具针对性的后续培训建议。

五、持续加强乡村教师队伍建设

"国培计划"应持续针对骨干教师开展递进式和一体化的培训，以确保骨干教师的教学能力得到整体提升。例如，在云南省、新疆维吾尔自治区、甘肃省等省（区、市）开展培训，培养乡村教育领军人才和专家型教师，提高乡村骨干教师的引领和示范作用，为这些地区的教育发展提供智力支持。

在此基础上，建立区域教师教育支持服务体系，通过省、市、县三级联动，实现培训全覆盖与精准帮扶。在省级层面，成立区域教师发展中心，统筹规划中西部和民族地区的教师培训项目；在市级层面，成立骨干教师示范团队，定期到基层学校开展教师指导与培训；在县级层面，建立乡镇教师培训基地，通过集中培训、远程培训和巡回指导相结合的方式，为基层学校的教师提供个性化的专业发展支持。

第一，创建乡村教育领军人才项目。针对中西部和民族地区，创建"乡村教育领军人才项目"，遴选优秀乡村教师、校长进行系统化、递进式培训，培养具备教育家潜质的乡村教师领军人物。项目应结合乡村振兴战略，聚焦农村骨干教师和乡村校长的能力提升，确保他们在教学理念、专业素养和领导力方面得到全面发展。

第二，加强民族地区乡村教师培训。在民族地区，"国培计划"应结合当地的文化特点，开发符合民族教育需求的培训课程。例如，在贵州省、广西壮族自治区和新疆维吾尔自治区将培训重点放在语言上，确保教师具备扎实的普通话教学能力，从而促进民族学生的学习。同时，加强民族地区乡村教师的教学科研能力的培训，提高他们在教育教学中的科学研究和实践能力。

第三，实施乡村教师全员培训工程。在中西部和民族地区实施"乡村教师全员培训工程"，确保每位乡村教师都能接受专业的培训与指导。通过举办专题培训、远程研修和跟岗实践等多种方式，确保乡村教师在专业素养、信息技术、教学方法和管理能力方面得到全面提升。

第四，完善乡村教师激励机制。为提高乡村教师的职业认同感与教学积极性，"国培计划"应与地方政府合作，完善乡村教师激励机制。例如，设立"优秀乡村教师奖"和"乡村教育贡献奖"，鼓励更多教师扎根乡村开展教育，并激励他们在教学改革和人才培养中取得更大的成绩。

第十二章

新时代卓越教师教育案例研究

建设教育强国离不开教育的高质量发展，更离不开教师教育的现代化转型。北京师范大学通过实施"强师工程"，紧密结合国家政策，专注于为欠发达地区提供高质量的教师培训，力求实现教育资源的均衡发展。东北师范大学充分利用和调动现有资源优势，建立了"U-G-S"教师教育新模式，以提升教师培养的效率。华东师范大学着眼于未来的教育趋势，结合人工智能技术，开发智能教育平台，以"智能新师范"模式培养适应未来教学需求的教师。这些模式不仅代表了我国教师教育现代化的不同路径，还为其他高等师范院校提供了宝贵的经验和参考。

第一节　北京师范大学的"强师工程"

为积极响应教育强国和乡村振兴战略，深入贯彻落实习近平总书记关于教育的重要论述，特别是习近平总书记给北京师范大学"优师计划"师范生重要回信精神，北京师范大学积极推进"强师工程"，助力欠发达地区基础教育的高质量和均衡发展。

"强师工程"采取"培养一批、输送一批、提升一批"的策略，建立了一个全面的教师教育改革体系。这一体系涵盖了从师范生的招生、培训到教师的职后支持及教育质量监测与诊断的完整流程。项目具体包括六大计划："优师计划""'四有'好老师启航计划""教师能力提升计划""基础教育质量监测和诊断计划""'四有'好老师奖励计划""师范教育协同提质计划"。为确保上述计划的顺利执行，北京师范大学党委把"强师工程"纳入了学校的"十四五"规划和第十四次党代会报告，成立了"强师工程"领导小组，由书记和校长任双组长，15 个部门负责人任成员，成立了"强师工程"办公室，负责日常工作。在过去的三年中，北京师范大学通过不断优化体制机制，汇聚各方面的发展力量，全面推动了"强师工程"的深入实施，为国家教育强国建设提供了有力的支持。

北京师范大学创新育人模式，着力构建三维度一体化人才培养体系，将培养"四有"好老师的目标和育人理念落实到教育实践之中，改变学科专业教育和教师职业素养教育简单叠加的做法，构建以通识教育、专业教育和教师职业素养教育三个维度为基础的一体化培养模式。通识教育涵盖家国情怀与价值理想、社会发展与公民责任、国际视野与文明对话、艺术鉴赏与审美体验、经典研读与文化传承、数理基础与科学素养六大课程模块，重在培养学生的理想信念和开阔学生的视野；专业教育主要是学科基础课和专业方向课，重在培养学生的扎实学识和必备品格；教师职业素养教育由课程体系和实践训练体系构成，重在培养学生的仁爱之心和育人智慧。三维度既各有侧重，又相互贯通，各维度均进行全学段精心设计，共同构建育人目标和路径一体化、多学科群共同支撑的师范生人才培养体系，确保培养出的教师既具备扎实的专业知识，又具备高尚的职业素养和全面的教育能力。这一体系不仅提升了师范生的综合素质，还为未来教育事业的发展提供了坚实的人才基础。

北京师范大学为健全师范生培养机制，在珠海校区探索"学院＋书院"协同育人模式，成立了未来教育学院，试行《2023年版学院—书院协同育人工作流程》，充分发挥学院在专业教学、学术引领等方面的作用。同时，相继成立乐育书院、弘文书院，充分发挥书院在思政教育、综合素质提升等方面的作用，推出《第一课堂、第二课堂协同育人工作方案（试行）》，着力构建第一课堂、第二课堂相结合的育人共同体，通过双院协同开展的多种多样的师德教育课程及活动，助力师范生坚定理想信念，厚植家国情怀，践行师德规范。

北京师范大学为加强教育教学实践基地建设，搭建了序列化的"见习—实习—研习"体系，建立了"双师双进双实践"教育实践机制。北京师范大学依托全国高校的资源为师范生提供实习实践平台，利用"第二校园"所具有的学科优势、课程资源优势、教育改革优势、实习实践优势，打造了与"第一校园"的理论知识教育互相补充的师范生培养链条。

北京师范大学实施、贯彻落实了一系列计划，为中西部欠发达地区提供了有力支持。

一、实施"志远计划"

2020 年，在教育部的支持下，北京师范大学启动了"志远计划"，专门面向我国当时的最后 52 个未摘帽贫困县所在省份招收定向就业的本科师范生，首批录取了 155 名师范生。2021 年，教育部等九部委启动了"优师计划"。北京师范大学基于"志远计划"的成功经验，把学校的战略举措上升为响应国家政策的行动，进一步加大对县域教育人才的培养。截至 2023 年 11 月，已有超 85％的"志远计划"毕业生与县级中学达成就业意向。同时，北京师范大学也不断完善政策体系、组织体系、实施体系，不断提升"优师计划"师范生人才培养质量。

二、实施"'四有'好老师启航计划"

为深入学习贯彻习近平总书记关于教育的重要论述，以培养"四有"好老师为目标，北京师范大学于 2020 年 5 月发起了"'四有'好老师启航计划"，并建立起一系列包含表彰奖励、职后培训和能力提升帮扶的全过程跟踪指导帮扶机制。2021年，学校开始修订和完善该计划，深度聚焦中西部欠发达地区和教育一线，为毕业生提供职后培训和能力提升专项服务，践行"扶上马，送一程，服务终身"的工作理念，引导、鼓励、支持毕业生到基础教育领域就业，尤其是到中西部地区任教，到祖国最需要的地方建功立业，深度服务教育强国战略，为我国乡村振兴造血、赋能。

北京师范大学面向社会广泛筹资，设立"'四有'好老师启航计划基金"，用以激励有志于服务基础教育事业的毕业生。"'四有'好老师启航计划"的签约单位是基础教育领域的，如学前教育单位（幼儿园）、小学、初中、高中、中等职业学校，单位性质须为公办学校，或以政府办学为主体，按照"公办民营""公建民营"等办学模式运行的学校（不包含高等学校、教辅培训机构和教育类企业）。"'四有'好老师启航计划"对到中西部地区任教的本科非公费师范生、非定向就业研究生进行支持，按照他们在学校取得的最高学位，返还学制规定年限内的学费，并给予一定的奖励。此外，对建档立卡贫困家庭及其他家庭经济困难的毕业生实行额外帮扶。

"'四有'好老师启航计划"的奖励措施包括荣誉表彰、校友服务等多个方面，旨在全方位引领学生树立到祖国最需要的地方建功立业的就业观念，强化广大毕业生深度服务国家的时代责任感，激发他们作为人民教师的职业自豪感。"'四有'好老师启航计划"坚持助力青年教师发展，设立"启航计划"毕业生岗前公益培训，邀请北京师范大学的名师、教授、校友等主讲，助力毕业生坚定教书育人的教育信念，鼓励更多的毕业生志愿投身于基础教育领域；激发各地校友会的积极性，发挥地域优势，组织教育教学专家、特级教师、校长、园长等对毕业生进行指导；在服务期内，组织毕业生参加免费集中培训，向参与"'四有'好老师启航计划"的校友开放"强师在线"等平台资源；加强与毕业生及其所在单位的联系，整合协调相关领域专家及优质校友资源，协助建立"青年教师成长工作室"，支持开展教育教学研究等。通过多种途径和方式，为毕业生续航发展提供服务和支持。

三、实施"教师能力提升计划"

北京师范大学实施了"教师能力提升计划"，探索了"线上＋线下""能力＋学历"培训模式，搭建了教师培训与学历教育衔接的"立交桥"。北京师范大学依托高等师范院校基础教育工作研究会，牵头搭建"强师在线——高师基础教育支持乡村振兴公益平台"，上线专题课程650余门，优秀课例和短视频微课2000余节，开展直播活动936场，直播时长11万余分钟，总观看人次超300万，为欠发达地区教师自主成长、结伴成长提供平台。

北京师范大学继续教育与教师培训学院整合了校内校外资源，协同职前培养、选拔输送、监测评估和职后培训等环节，拟在"十四五"期间，联合县域政府，联动社会各界力量，遴选共建百个"强师工程"项目县，携手打造千所"立足乡土、特色突出"的项目校，培育万名"四有"好老师，为欠发达地区的基础教育高质量发展提供支持。北京师范大学继续教育与教师培训学院将分阶段、有步骤地实施和推广以下三个计划：其一为"县域教师学历、非学历能力提升计划"，通过探索开展学历提升模式，构建线上、线下学习方式，完善从招生到毕业的管理支持服务体系，提升县域教师的专业水平；其二为"县域教师专业发展支撑体系计划"，面向中心校校长、分管教育的干部开展教育政策理解、教育发展规划、教育管理常规、教育评价、学校治理等培训，支持他们更好地推动当地教育发展；其三为"县域优质学校建设计划"，鼓励县域学校挖掘自身优势建设特色校，实施"'县中'教育振兴建设项目"，结合一校一案，分阶段、有重点地提升县域中学的教育教学水平。

四、实施"质量监测改进计划"

北京师范大学党委高度重视基础教育学校办学质量，开展教育质量监测工作，以推动基础教育学校高质量发展，加强大学基础教育工作集约化管理。首批参与质量监测的近 40 所学校既有直属学校，也有合作办学学校，监测指标涵盖近年来党和国家对基础教育领域关切的重点事项。北京师范大学进行滚动式监测，建立了大学基础教育数据库，对照原有数据形成大学基础教育办学质量综合报告和分学校报告，形成了"监测—诊断—改进"的工作闭环。

北京师范大学中国基础教育质量监测协同创新中心、中国教育与社会发展研究院充分发挥学术优势和智库作用，精准把脉县域教育生态，不断扩大基础教育质量监测范围，聚焦中西部欠发达地区的教育需求，服务于教育均衡发展，为解决教育领域关键问题、推动教育改革发展建言献策。

五、实施"'四有'好老师奖励计划"

为实施"'四有'好老师奖励计划",北京师范大学重构奖励体系,设立了校级"四有"好老师终身成就奖、"四有"好老师金质奖章荣誉称号、"四有"好老师银质奖章荣誉称号。终身成就奖授予长期在服务国家重大战略需求或学校高质量发展中做出杰出贡献、模范践行教育家精神、道德品质高尚、立德树人业绩卓越、在所属学科或业务领域享有崇高声誉和广泛积极影响的教职员工(含在职及退休教职员工);金质奖章授予在人才培养、科学研究、社会服务、文化传承创新和国际交流合作等方面综合业绩卓著,为国家重大战略和地方经济社会发展做出重大贡献,立德树人业绩具有引领性、示范性的教职员工(含在职及退休教职员工);银质奖章授予在教育教学、科学研究、思想政治工作、管理服务等方面做出重要贡献,爱岗敬业、锐意进取,业绩具有先进性和代表性的教职员工和团队。

此外,北京师范大学还组织开展教书育人模范党员教师、最受学生欢迎的十佳教师等评选工作,激励教师崇教乐育,以身立教;探索建立面向"优师计划"毕业生和扎根中西部基层的校友教师的奖励计划,组织师范生开展寻访调研,深度挖掘人物事迹,彰显立德树人、倾心教育的情怀,引导他们扎根西部、长期从教,打造"行走在路上的思想政治理论课"和"深入灵魂的职业信仰课"。

六、贯彻落实"师范教育协同提质计划"

北京师范大学首倡建立师范教育联盟,以贯彻落实"师范教育协同提质计划"。北京师范大学发挥组团牵头优势,支持薄弱院校建设,落实上级部门和学校党委部署的对口支援师范院校任务,从以下两方面着力构建师范教育发展共同体,整体提升师范院校和师范专业办学水平。

一方面,健全工作机制,打造嵌入式帮扶新范式。北京师范大学连续五年将对口支援工作列入学校年度工作要点,纳入"一省一市一县一校"对口支援和乡村振兴整体布局,写入学校的"十四五"规划。北京师范大学将扶贫工作领导小组调整为乡村振兴与对口支援领导小组,由书记、校长任双组长,加大统筹力度,在统一帮扶思想、凝聚合作共识上发挥了积极作用。北京师范大学的各院(系)、职能部处与青海师范大学的 19 个学院、27 个部处实现了工作对接,学校领导班子互访 41 人次,建立了高站位、全领域、多层次、嵌入式的帮扶机制。

另一方面,持续精准发力,激发改革发展新动能。北京师范大学指导青海师范大学编制校级"十四五"发展规划,优化顶层设计;聚焦学科发展,助力青海师范大学获批博士后科研流动站 2 个,新增博士学位授权点1 个、硕士学位授权点 4 个,获批一流本科专业建设点 14 个,通过国家师范类专业二级认证专业 8 个,荣获教育部首批课程思政示范课 3 门、第二届青海省教学成果奖 3 项。北京师范大学聚焦人才培养,指导青海师范大学修订本科人才培养方案,联合培养本硕学生 266 名;选派优秀教师开设课程 77 门、讲座 100 余场,招收硕博研究生 43 名。北京师范大学聚焦师资建设，选派 53 名专家教授赴青海师范大学参与对口支援工作，推荐紧缺师资入职，先后接收 20 名教师到校攻读博士学位、近百名教师参加短期培养，极大地提升了青海师范大学教师的整体素质。

第二节　东北师范大学的"U-G-S"教师教育新模式

　　早在 1988 年，东北师范大学就在吉林省白山市建立了基础教育改革与服务实验区，探索大学与地方政府合作（"校—府"合作）、大学与中小学校合作（"校—校"合作）的教师教育模式。这一模式被称为"长白山之路"。自 2007 年国家实施师范生公费教育政策以来，东北师范大学在科学总结"长白山之路"成功经验的基础上，提出了"融合的教师教育"指导理念，并以"教师教育创新东北实验区"为实践载体，开发了大学主导、地方政府协调、中小学校参与的"师范大学—地方政府—中小学校"（University-Government-School）合作的教师教育新模式，即"U-G-S"教师教育新模式。东北师范大学负责整体设计与规划、组织运行及成果推广，为其他合作方提供理念指导、智力支持和人力资源保障；地方政府和中小学校积极参与教师教育人才培养工作，提供经费、物质和政策保障，为大学的人才培养创造条件。多年来，"U-G-S"教师教育新模式在师范生培养、中小学教师培训、基础教育课题研究和教师专业发展等方面取得了很多成果。

　　这一合作模式不仅有效推动了教师教育的创新发展，还为中西部地区提供了优质的教育资源和支持。通过多方协同努力，东北师范大学成功构建了"U-G-S"教师教育生态体系，为提升基础教育质量、促进教育公平做出了重要贡献。"U-G-S"教师教育新模式为其他教育机构提供了宝贵的借鉴经验，彰显了东北师范大学在教育改革与创新中的引领作用。

一、搭建"应用实践＋基础实践"教学体系

本科师范生实习不仅是全国性难题，还是世界范围的难题。在当前环境下，城区内的中小学提供的实习机会极其有限，课时安排也很少，仅限于观摩，难以培养出将"实践＋理论"有机结合的优秀教师。因此，东北师范大学将师范生的实习目标转向县域内的中小学。县域内的中小学师资力量相对较弱，学生和学校渴望获得新的师资力量，在这种双重互补的情况下，"U-G-S"教师教育新模式迅速展开。

2007年，东北师范大学与东北三省的教育厅分别签署协议，与东北三省教育厅及其下辖的22个县（市）教育局的110所中小学校开展合作，创建了国内领先、国际上有一定影响力的实验区——教师教育创新东北实验区。在地方政府的统筹安排下，由大学指导教师和基地校指导教师共同完成师范生的实地实习工作，为师范生的应用实践能力的发展营造了良好的教育生态环境。在实习条件有所保障的基础上，东北师范大学加强了大学教师与实习学校教师之间、学科教师教育者与科任教师之间、科任教师与班主任教师之间的有效衔接与合作，提升了师范生在学科教学、班主任工作、教育科研和教师合作等多维内容上的实习质量。同时，学校继续推进

"多导师制",实现驻校、巡回和远程等多元指导方式。截至 2023 年年底,设立的应用实践基地已涵盖黑龙江省、吉林省、辽宁省、内蒙古自治区、广东省、安徽省、江苏省等 16 个省(区、市)的 49 个县市,共 237 所基地学校,每年可同时容纳 2000 名师范生进行教育实习。

2012 年年初,东北师范大学、哈尔滨师范大学、吉林师范大学、辽宁师范大学、长春师范大学共同组建了东北高师教育联盟。五所师范高校共享教师教育资源,共同建设、开发教师专业教育课程、通识教育课程和实践课程体系,实现了课程资源整合与互补。同时,学校之间互认学分,以促进学生交流,加强师生沟通。东北高师教育联盟根据各学校的不同特点和办学特色,取长补短、优势互补,通过多方努力,在不同层面上,使"U-G-S"教师教育新模式在东北地区得到大范围推广。

2016 年以后,东北师范大学进一步拓展基础实践,与长春市 30 所学校共建基础实践基地,推进教育见习的制度化和规范化。教育见习被分为感知、理解、应用和总结四个阶段,强调学生的参与和体验,并突出见习基地指导教师的指导和交流。一方面,教育见习注重与其他师资课程的协同,促进师范生对大学和中学课程的理解与认同;另一方面,见习过程与毕业论文选题相结合,延长了毕业论文的写作进程,增加了收集材料和实证研究的机会。通过这种安排,师范生不仅能够在实际教学环境中积累经验,还能在研究过程中深刻地洞察问题。2019 年,东北师范大学进一步拓展国际化实践,开展了美国短期教育实践,旨在拓展师范生的国际视野,培养其跨文化交流的能力。这些实践项目为师范生搭建了学习境外先进教育理念与经验的平台,鼓励他们积极参与国际教师教育创新研究与比较研究，从而培养其创新能力与研究能力。

二、促进在职教师培训研修常态化

东北师范大学针对实验区的中小学教师专业发展的需求，建立了由集中培训、同课异构、置换培训、校本研修、订单培训等形式构成的在职教师培训体系。接受过培训的教师的专业水平提升，也通过教育实习指导间接反哺了师范大学的实习生。东北师范大学、地方政府和实习基地校共同承担起促进在职教师专业发展的责任。东北师范大学通过与基地校教师的互动，促进在职研修，提升在职教师的专业素质和高校教师的教育服务能力。东北师范大学针对教师教学举办了"同课异构"活动，让实验区的教师彼此切磋、互鉴，提升教学水平。此外，东北师范大学在数字化实践教学平台还设计了名师讲堂模块、基础教育名师论坛模块，整合优质教学资源和相关视频，为教师提供丰富的专业指导。在 2007 年至 2017 年这十年间，东北师范大学累计培训实验区教师 9 万多人次，先后有 1500 多人次专业学者到实验区讲课。

在"U-G-S"教师教育新模式下，在职教师培训逐渐从"单向输血式"向"多元造血式"转化，发展出一系列研修项目，如"常青藤工程""影子培训""置换研修"。"常青藤工程"旨在激活教师进修学校的职能，充分利用其资源优势。"影子培训"，又称"跟岗培训"，是指参培校长与专家校长进行"如影随形"般的近距离接触，在真实的学校环境中，观察专家校长的日常领导与管理行为，以及学校的主要工作，并主动参与和学习，以深刻感受和领悟专家校长及基地学校的办学思想、理念、制度和方法。"置换研修"是指师范生到实验区学校实习，同时，实验区学校的部分教师到东北师范大学进行置换学习。2019年，东北师范大学启动了"U-G-S"教师教育创新优质示范实验区的建设工作，建立了"U-G-S"教师教育创新优质示范实验区发展联盟，培育了一批优质实验区，如东北师范大学附属中学和昆明市第八中学等。通过这些举措，东北师范大学和优质实验区在全国基础教育领域发挥了引领和辐射作用。这些创新措施不仅提升了在职教师的专业素质和教学能力，还为师范生提供了更加丰富和真实的实习体验。"常青藤工程"使教师进修学校的资源得到了充分利用；"影子培训"让参培校长能够深入了解和学习先进的管理经验；"置换研修"促进了师范生和在职教师之间的互动与学习。东北师范大学为教师教育的持续发展提供了有力支持，并且通过创建实验区，进一步推动了教育资源的优化配置和教育质量的提升。

三、推进"高校—中小学"合作开展教育课题研究

教育课题研究是解决教育领域诸多问题的有效途径，也是培养高素质专业化教师的重要方法。"U-G-S"教师教育新模式的实施为深入开展教育课题研究、解决教育实际问题、满足教师专业发展需要提供了实践平台。东北师范大学鼓励教师深入中小学开展教师教育研究，使得教师教育研究深深根植于实验区的沃土之中。

东北师范大学的大部分教师教育研究课题源于基础教育，其研究过程与基础教育相结合，研究成果主要被应用于基础教育领域。高校教师与中小学

教师合作研究基础教育课题，有利于实现双方优势互补、共同成长和共同发展。将研究放在实验区的中小学校园里、把论文写在实验区的中小学课堂上、将研究成果应用于实验区的基础教育实践中，已经成为东北师范大学教师教育研究的特色。东北师范大学为实验区的中小学聘请高水平的教师作为兼职教师。兼职教师承担或参与教育实践课程的教学与指导以及教育课题的合作研究工作。同时，通过评价机制引导大学教师到中小学开展教师教育与基础教育课题研究工作，参与实验区的教育教学改革与校本研修工作。东北师范大学通过这种"双向挂职"的方式，有效促进了师范大学与中小学校的人才资源共享。这种合作不仅提升了中小学教师的专业素质和实践能力，还为高校教师提供了丰富的研究素材和实践经验。在这一过程中，教师教育研究者深入了解了基础教育中的实际问题，切实地展开研究，并将研究成果直接应用于教育实践中，从而有效提升了基础教育的质量。中小学教师也通过参与高校的研究项目，获得了更多的专业发展机会和资源支持。

四、从促进教师队伍建设发展走向促进区域教育发展

服务基础教育是师范类大学必须长期坚持的办学理念，这关系到学校的办学使命、发展方向、总体运行以及广大师生的核心利益。"U-G-S"教师教育新模式紧密围绕国家的战略部署和国情，结合学校发展状况，全面致力于提升教师教育质量，引领区域教育发展。吉林省教育厅发布了《加强与东北师范大学合作开展教师教育创新东北实验区建设工作》这一文件，为"U-G-S"教师教育新模式的扩大运行提供了保障，扩大了"U-G-S"教师

教育新模式的作用范围。辽宁省教育厅在辽宁省内建立教师教育实验区，将东北师范大学的教师教育培养模式进一步在辽宁省广大农村推广和应用。

2014 年以来，东北师范大学相继与长春市朝阳区和净月高新技术产业开发区、吉林省通榆县签署协议，共建协同创新实验区。校地双方将本着"优势互补、资源共享、互惠双赢、协同创新、共同发展"的原则，探索建立高校与地方政府协同创新的机制，力求在高校人才培养的实践教学平台建设及地方发展决策、社会管理模式探索、经济建设和科技创新等方面有新的突破。

第三节　华东师范大学的"智能新师范"模式

科学技术日新月异，互联网、人工智能正在迅速改变世界。我们不仅要了解今天的社会，还要了解明天的社会，了解社会发展的趋势，为未来做准备。教育是未来的事业，必须有先导性、前瞻性。在未来，教育要为社会培养人才，必须适应科学技术和社会经济的变革。当前，学生的生活方式和思维方式已经发生了变化，因此，对他们的培养方式也必须改变。在人工智能时代，教育领域的深层变革已经开启，师范生培养也需要再升级。

华东师范大学围绕"AI＋教育"设立了多个智能教育基础研究与应用项

目。"自适应学习系统"正被全国各地的上百万名中小学师生使用。华东师范大学尝试改变数学"题海战术"、作文手工批改等传统教学方式，为师生减负；一项全新的脑智发育研究，尝试为学龄儿童的识字、写字带来更多乐趣，以活学巧记代替死记硬背的枯燥练习……华东师范大学发动师范教育和智能教育"双引擎"，着眼"智能新师范"，即实现教师教育、高等教育、基础教育三者之间的互动融通，实现教师教育、教育研究、教育服务之间的互动融通，着力培养教育家型教师，开发"一流专业教育＋一流教师教育＋一流智能教育"的卓越教师培养新模式。

一、打造智能教育研究与应用高地

(一)引领脑科学与教育创新交叉学科领域研究

从某种意义上说，教育就是重新塑造大脑的过程。但直到今天，我们对大脑的认知仍然非常不足。对个体而言，具体到某个年龄段，学习哪些内容更合适，是有差异的。目前，要实现理想中大面积的因材施教，还不太现实。在不少专家看来，人工智能、脑成像、虚拟现实等技术发展，将支撑起未来教育的发展。为加速学科融合、加快发展有温度的智能教育，华东师范大学整合脑科学、神经科学、心理学、教育科学、人工智能等优势学科资源，组建了全国首个跨学科实体研究机构——脑科学与教育创新研究院。该研究院现有儿童脑成像中心和虚拟现实实验室，以青少年儿童脑智发展与提升为问题导向，开展跨学科研究，以推动中国儿童青少年脑智发育研究。儿童脑成像中心设有磁共振模拟室、磁共振扫描室、脑电实验室、行为测评室，以及科普宣传功能区等，为儿童和家长带来更好的科学体验。虚拟现实实验室现有 CAVE 虚拟现实显示系统、NAO 人形智能机器人、多自由度模拟驾驶平台等，主要通过虚拟现实技术研究人类的社会交互及相关行为。该研究院先后承担了上海市科委基础领域重大项目和国家脑计划相关重大科研项目，深入探讨脑科学与教育的相互作用，助推未来教育事业实现更好的发展。

(二)领衔智能教育基础研究与应用

2020 年，华东师范大学与上海市教育委员会共建研究机构——上海智能教育研究院(智能教育实验室)。研究院以"人本人工智能"理念为起点，发挥教育学、心理学、脑科学、计算机科学、软件工程以及数学、艺术、设计等文理学科的综合优势，通过项目合作、人员交流、联合举行学术活动、联合实验室建设等，与国外保持经常性交流，吸收前沿技术，保持和领先前沿水平，带动区域教育水平提高。研究院把基础研究、技术转化和产品研发紧密结合起来，以创新的思路来抓创新，积极探索把研发作为产业来做、把技术作为商品来做的有效路径，重点打造了"三维自适应学习系统""高质量课堂智能诊断与改进系统""大数据智能评价系统"等，重点开发了"快乐机器人""语言伴学机器人""智能作文阅卷软件""沉浸式游戏化教学""虚拟实验室"等产品。此外，研究院还组织编写了 24 册的"人工智能与教育"丛书，开办了全国首个人工智能教育博士班，联合头部 AI 企业和研究机构，助推"教育＋人工智能"研究走向深入。

二、以人工智能支撑师范生教育教学能力培养与评价

与人工智能时代相适应的教师培养目标，是根据未来教师能适应、胜任人工智能时代中小学教育教学任务的新要求，对教师教育现有培养目标进行深化、补充和完善后提出的。基于此，华东师范大学提出了教师核心素养培养目标——"两适应三胜任"："两适应"是指未来教师要适应全信息时代变化和新时代教育评价改革；"三胜任"是指让他们能够胜任以教育理念为指导的教育实践，胜任基于真实问题的教学反思与研究，胜任终身自主学习与可持续专业发展。华东师范大学借助智能科技赋能，以数字化转型支撑育人模式变革，探索了如下路径。

第一，搭建集课程创建、资源建设、交流互动、统计评测、资源管理和社区学习、移动学习于一体的数字化教学辅助平台"大夏学堂"。华东师范大学为师生提供了开展教学活动所需要的网络支持服务，在校内大力推进混合式教学，以探索多样化教学手段。

第二，自主研发集"教、学、练、测、创"等多个环节于一体的"水杉在线"全链路在线学习平台，从而提升师范生的信息素养和利用信息技术解决学科问题的能力。该平台还能基于学生工程实践行为数据，分析学生解决问题的思路和方法，评估学生运用知识解决实际问题的能力，进一步构建科学有效的过程性评价体系，解决了传统课堂教学难以适应数字化人才培养的关键问题，构建了教育大模型框架。

第三，推动课程的智能化改革，开设智能教育相关选修课，培养学生

的智能素养和适应力。华东师范大学面向学科深度融合，开设了学科教学创新实训课程，开展了项目式教学。

第四，打通职前、职后教师教学能力提升通道，打造线上、线下相融合的"一平五端"教学能力实训生态平台：一个教师教育实训教学一体化平台，以及电子资源端、移动听评课端、教育实习端、课堂互动端、数据管理端等数字端。实践学校的教师在平台上传视频时如果勾选"愿意共享"选项，该视频就能成为共享资源。师范生可以观摩一线教师的课堂教学实录，了解多种评价视角，并对比反思自己的模拟教学思路与表现，逐渐深化自己对课堂教学的理解，提高自己的实践能力。

三、构建本硕衔接的卓越教师教育体系

为了进一步使教育理论和教育实践贯穿教师教育全过程，华东师范大学将教师教育实践、教师教育研究和教师教育服务相融合，探索"六年一贯制"本硕衔接的卓越教师教育体系，让通识教育与专业教育、教师教育与智能教育、融合教育与准入职实践贯穿全程成为现实。具体来说，华东师范大学主要从以下几方面做了努力。

第一，创建贯穿全程、层级递进的培养体系。华东师范大学把六年的培养年限划分为三个阶段。第一阶段，以发展通识教育与专业教育为目标，开发出适合于培养卓越教师的通识教育与专业教育课程、教学及教材体系，提供一流的通识教育与专业教育。第二阶段，开展系统变革，着力融合教师教育与智能教育。在教学方式上，借助在线教学资源、学习平

台，开展混合式教学改革，开展基于任务的学习。在技能训练上，借助移动听评课系统和师范生基本教学能力虚拟仿真系统，开展随时随地训练与指导。在评价方式上，打造数据驱动的评价体系，借助认证体系与平台开展师范生教学能力微认证探索。第三阶段，开展融合教育与准入职实践，参照医学人才培养的规范化培训机制，研制基于卓越教师培养的规范培训体系，包括目标要求、具体内容与测评手段，促进师范生的职业理解与师德养成。

第二，建立公平、合理、灵活的内部运行机制。华东师范大学以公平、合理、灵活为原则，构建并优化了内部运行机制。一是通过学段考核机制对学生第一阶段的完成情况进行考核。第一阶段侧重通识教育与专业教育，考核内容可以是完成一篇本科学位论文和完成一次不限主题的演讲，通过考核者才可以进入第二阶段。二是通过动态调整机制培养学生。培养对象可以来自高考生源，也可以来自校内"二次选拔"。按照自愿原则，学生可以在完成教师教育课程、教育实习等内容以后，申请学士学位，放弃"本硕连读"机会。同时，华东师范大学将进一步完善师范生选拔途径，探索师范生二次选择与流转机制，争取把乐教、适教、善教的人才吸引到教师队伍中来。

第三，建设全方位、立体化的质量保障体系。在培养过程中，华东师范大学建立了过程性教学质量保障制度，如实施"六个一"的教学质量保障手段，要求学生在参加硕士学位论文答辩前必须完成诸如"上好一堂好课""设计一份问卷"等六个规定动作。2020年3月，华东师范大学在全国首推"师范生在线教学能力微认证体系"，聚焦在线教学的核心环节与关键能力，通过采集设计的方案文本、交流互动的情景录像、教学反思、学生反馈等证据，有效评价师范生在线教学能力，设计开发了一套以微认证为核心、开放式、数据驱动的师范生教学能力评价体系。针对在岗教师，华东师范大学主持研发的全国首个"教师信息技术应用能力微认证体系"已被多个省市应用于教师信息技术应用能力研修与评估。针对不同发展阶段的教师，华东师范大学正在研制"课堂教学能力微认证体系"，以惠及更大范围的教师。

第十三章

面向2035年的中国教师教育展望

◇◇◇◇◇◇◇◇◇◇◇◇◇◇◇◇◇◇◇◇

　　党的二十大报告指出，到 2035 年建成教育强国。强教必先强师，国家始终把教师队伍建设作为建设教育强国最重要的基础工作来抓。始终坚持优先发展教师队伍的战略部署、深刻分析教育强国教师队伍建设面临的主要形势和重大问题，是强国建设、民族复兴的必然要求和时代需要。

第一节　教育强国教师队伍建设面临的主要挑战

一、学龄人口变迁给教师队伍建设带来新挑战

就教育领域而言，目标人口的规模、地理分布、动态变化趋势都对教育资源配置有重要影响。各学段人口的规模变化呈现出不同的波动趋势，且当前学段与下一学段存在着递进传导的关系，这在一定程度上增加了协调推动教师队伍发展的难度。从区域层面看，教师需求在区域之间和区域内部差异很大。由于人口结构及社会经济发展水平的差异，部分区域人口依然保持增长态势，依然面临着师资配置较为紧张的形势。从全国层面看，随着学龄人口规模的逐渐缩小，师资将逐步出现过剩的现象。在现行分级管理体制下，若难以统筹安排区域间的师资，就可能会出现局部师资紧张与整体总量过剩并存的现象。

二、教育高质量发展给教师队伍建设提出新要求

进入 21 世纪以来，追求基础教育的质量已经成为世界各国教育改革的重要方向。随着人们对教师质量和基础教育质量两者关系认识的不断深入，提高教师学历成为世界各国教师队伍建设的重要举措。据教育部发布

的《2023年全国教育事业发展基本情况》，我国小学专任教师的学历合格率达到99.99％，初中专任教师的学历合格率达到99.96％，普通高中专任教师的学历合格率达到99.20％。但是，我国中小学教师的学历水平与发达国家相比存在较大的差距。教师学历水平偏低、高学历教师空间分布失衡以及弱势家庭学生接受高学历教师授课的机会缺失等成为影响我国教育高质量发展的难题。

三、教师队伍结构不适应学生全面发展的需要

习近平总书记在全国教育大会上指出，要培养德智体美劳全面发展的社会主义建设者和接班人。德智体美劳全面发展的教育思想随着时代发展逐步嵌入我国的教育目标，并融进我国的教育体系构建过程中。2012年至2019年，我国普通中小学教师数量在学科结构上呈现语文、数学、外语等主科教师比例下降，艺术、体育、综合实践活动等"小学科"教师比例增加的趋势。其中，小学教育阶段的"小学科"教师所占的比例由2012年的14.18％提高到2019年的19.19％；初中教育阶段的"小学科"教师所占的比例由2012年的13.87％提高到2019年的14.93％。但我们必须认识到，面对学生全面发展的培养要求，我国仍存在传统主科专任教师过剩、"小学科"专任教师短缺、兼任教师专业能力不足的问题，尤其是德育、体育、美育、劳动教育、心理健康教育、学生发展指导等的科任教师储备和学科结构配置还不能完全满足"五育并举"的需要。前期调查显示，在2020年全国小学阶段的思想政治课教师中，80％是兼职教师。目前，就中小学教

师队伍的结构来看，还不能完全满足学生全面发展的需要。

四、教师职业的吸引力不强

吸引优秀人才进入教师队伍是世界各国提升教育质量的首要任务。经济合作与发展组织的成员国在 20 世纪 90 年代经历教师严重短缺后，普遍重视提升教师的工资待遇，建设数量充足且优质高效的教师队伍，实现成为教育强国的目标。从世界范围来看，我国教师的待遇与地位还有待提升，教师的收入与国内学历相当行业之间、与世界教育强国教育行业之间还存在较大的差距。根据《中国劳动统计年鉴 2022》，2021 年，教育行业从业者中有本科及以上学历的占比为 52.1%，在所有行业中排名第一，但教育行业就业人员的年平均工资水平却低于部分行业。

第二节　教育强国教师队伍建设的重大研究课题

一、建成教育强国需要多大规模的教师队伍

党的二十大报告明确提出优化人口发展战略，为做好新时代人口工作指明了方向。随着经济的发展，欠发达地区、乡村地区人口继续向城市群、都市圈等经济发达地区流动。从近期和中长期看，人口变动和流动必

然会给学龄人口分布带来深刻影响，直接影响师资的供给和布局。为实现到 2035 年建成教育强国的总体目标，我们应研究适应学龄人口变动新形势的教师需求规模问题，包括未来学龄人口的科学预测、对标世界教育强国的生师比测算、不同学段和区域的教师需求规模等，为优化调整教师编制政策、提高师资配置效率奠定基础。

当前，我国的师资的配置标准是基于普及各级各类教育的需求而设定的。从建设教育强国和高质量教育体系，为人民群众提供更加优质的教育这一目标出发，我们必须研究新形势下的师资配置标准，以及区域、城乡学校间的师资优化配置举措。

二、建成教育强国需要什么规格的高质量教师队伍

我国中小学教师的学历水平与世界教育强国相比，仍存在较大的差距。教师的学历水平偏低、高学历教师空间分布失衡以及部分学生接受高学历教师授课的机会缺失等成为我国教育面临的难题。因此，要研究在 2035 年建成教育强国目标下的教师学历提升问题，重点是科学预测未来我国教师队伍中研究生的占比，在世界教育强国、经济合作与发展组织的成员国的坐标系中考虑我国建成教育强国需要多大规模的高学历教师的问题。

从未来的发展趋势来看，必然要积极稳妥地、有计划地提高我国中小学新入职教师的学历水平，这是提升我国教师队伍整体水平的战略性举措。在预测教育强国建设对高学历教师的需求的基础上，要深入研究如何提升教师的学历水平，包括如何加强中国特色的教师教育体系建设，如何加大财政支

持以推动在职教师提升学历水平，以及如何推进高素质复合型硕士层次高中教师培养试点建设和公费师范生攻读教育硕士专业学位改革等。

三、建成教育强国需要如何优化教师队伍结构支撑高质量办学的问题

要实现到 2035 年建成教育强国的目标，满足高质量办学的需求，就要充分认识我国师资配置面临的新形势，重点推进教师队伍编制结构、职称结构、区域结构等专题研究。例如，当前全国城镇人口不断向发达地区、经济活跃地区转移，伴随学龄人口的不断迁徙，出现了人口流入区域教师缺编和人口流出区域教师超编、空编并存的现象。因此，需要深入研究师资的配置政策，科学修订中小学教师编制标准，实现对教师队伍学科结构的合理配置。

为有效激发教师队伍的活力，应重点加强中小学教师岗位职称结构的研究工作，实现各级岗位一体化设置，优化职称结构比例。课题组的调查显示，全国基础教育阶段的教师有高级职称的占比仅为 11.8%，这与新时代教育事业改革发展的需求，以及建设教育强国对师资的需求不匹配。所以，开展中小学教师职称结构专题研究尤为迫切，包括如何科学设置中小学教师专业技术高级岗位比例，如何落实"分类评价、定向使用"制度，推动优秀师资的均衡配置等。

四、建成教育强国需要如何提高教师职业的吸引力

随着办学条件的不断改善，教育投入要更多向教师倾斜，不断提高教师待遇，让广大教师安心从教。从我国与世界教育强国的对比研究中可见，我国中小学教师的待遇与职业吸引力还与之存在差距。同时，与国内学历相当行业之间相比，中小学教师的待遇及社会地位也有待提升。因此，需要重点研究如何提高我国中小学教师的薪资待遇及职业吸引力的问题，需要对 2035 年我国中小学教师工资水平进行科学预测，为教育财政资源配置提供依据。

此外，为提高教师职业的吸引力，不仅要稳步提高教师的工资水平，还要按照多劳多得的原则改革教师绩效工资制度。因此，在研究教师工资待遇的基础上，还需要深入研究提高教师职业的吸引力，例如，要想全面减轻教师的工作负担，建立现代学校制度，保障教师专业自主权，保护教师的合法权益，在全社会营造尊师重教的良好氛围等，就要基于大规模的实地调研和科学预测数据，进行深入的专题研究。

第三节　教育强国中小学教师队伍建设的指标体系

以科学性、简明性、国际可比性、可行性为原则，基于我国教师队伍的现状和未来需求，对标世界教育强国教师队伍的质量和水平，构建了以

下教育强国中小学教师队伍建设的指标体系，包括 5 个维度，共 14 个指标(见表 13-1)。

表 13-1 教育强国中小学教师队伍建设的指标体系

评价维度	具体指标	2035 年达成目标①
教师队伍数量	1. 普通高中生师比	12：1
	2. 初中生师比	11：1
	3. 小学生师比	10：1
教师队伍质量	4. 普通高中教师研究生及以上学历占比	60%以上
	5. 初中教师研究生及以上学历占比	40%以上
	6. 小学教师本科及以上学历占比	95%以上
	7. 高级职称占比	30%以上
教师队伍结构	8. 专职学生发展指导教师配比	每校至少配备 1 名学生发展指导专职教师
	9. 学科教师配置	配齐、配足义务教育各学科及德育、心理健康教育等专职教师
教师地位待遇	10. 教师年平均工资	24.4 万元
	11. 教育行业就业人员年平均工资在十九类城镇非私营单位中的排名	进入前三位
教师职业吸引力	12. 普通高中入职教师在同龄人中的学业水平	前 25%
	13. 初中入职教师在同龄人中的学业水平	前 35%
	14. 小学入职教师在同龄人中的学业水平	前 45%

① 2035 年达成目标是在综合考量各教师队伍建设评价维度的数据，预测未来我国经济、人口形势后测定的。相关数据来自国家发布的统计数据，以及课题组关于教育强国、人口预测、岗位设置、教师工作情况、班额、公费师范生、"优师计划"、国外教师队伍评价指标等课题的研究成果。

一、教师队伍数量维度——生师比

为保证教育教学质量得到有效提升，世界各国越来越重视培养师资，将生师比作为衡量师资情况的重要指标。据统计，美、日、英、法等发达国家的生师比都呈整体下降的趋势，近几年已经处于相对合理、稳定的水平。根据课题组有关教育强国建设的目标、重点任务和实施路径的研究，2020年，经济合作与发展组织成员国的小学生师比为14.5∶1，初中生师比为13∶1，高中生师比为13∶1。随着我国基础教育改革的深入开展，以及中小学适龄入学儿童数量的变化，我国基础教育阶段中小学的生师比总体上呈逐年下降的趋势。据统计，我国的小学生师比从2002年的21∶1下降到2021年的16.3∶1，初中生师比从2002年的19.3∶1下降到2021年的12.6∶1，高中生师比在2021年也达到12.8∶1。这说明我国基础教育师资相对在校学生数而言也越来越充足，教育人力资源的配置也相对越来越合理，但小学和初中教育阶段的生师比与世界教育强国的还存在一定差距。因此，基于世界教育强国的经验和对我国人口结构变化的预测，以普通高中生师比、初中生师比和小学生师比这些指标来评价教师队伍数量维度，到2035年，我国的普通高中生师比为12∶1，初中生师比为11∶1，小学生师比为10∶1。

二、教师队伍质量维度——学历占比与职称占比

世界各国在提高教师学历水平方面纷纷制定了相关政策。例如，美国

国家教师教育认证委员会颁布的教师专业标准对教师资格提出了严格要求，即初任教师、专业教师和终身专业教师这三类教师应分别取得学士、硕士、博士学位。法国、西班牙、芬兰等 13 个国家的中小学教师资格标准要求申请者具有硕士或以上学位。从中小学教师学历占比的情况来看，我国与世界教育强国之间仍有较大差距，存在中小学教师学历水平偏低的问题。2018 年，英、法、日、韩、澳等国的小学教师本科及以上学历占比均在 90％以上。2023 年，我国小学教师本科及以上学历占比为 78.03％。从统计时间和统计结果来看，我国应在提高中小学教师学历水平上下功夫。

高级职称占比也是衡量区域、学校教师质量的重要指标。参照世界教育强国的教师学历平均水平，综合考虑我国高等教育发展及《中共中央 国务院关于深化新时代教师队伍建设改革的意见》等文件对教师职称的要求，到 2035 年，普通高中教师研究生及以上学历占比应为 60％以上，初中教师研究生及以上学历占比应为 40％以上，小学教师本科及以上学历占比应为 95％以上。

三、教师队伍结构维度——专职学生发展指导教师配比、学科教师配置

学生发展指导是学校在教学任务外，为全体学生在理想、心理、学业、生涯、生活等方面提供的课程活动、团体辅导、个别指导等一系列服务，旨在促进学生全面而有个性地发展，提高学生的生涯发展规划能

力。2010年7月发布的《国家中长期教育改革和发展规划纲要（2010—2020年）》提出要建立学生发展指导制度。各省（区、市）出台的文件也对建立学生发展指导制度提出了要求，如重庆市、广西壮族自治区要求每所高中学校至少配备1名生涯规划教育专职教师。根据刘成杰对新高考改革省份的37所学校的调研，90％以上的学校已经或准备建立学生发展指导机构，但真正配备了专业化的学生发展指导师资的学校占比不足35％，不少学校在学生发展指导的方向及课程设置上存在偏差。这在一定程度上影响了学生发展指导工作的实效。可见，我国的学生发展指导制度仍需进一步完善。

为满足学生全面发展的要求，中小学要在大幅度增加德育、心理健康教育专职教师的同时，参照世界教育强国的做法，调整教师队伍结构，综合考虑专职学生发展指导教师配比和学科教师配置，到2035年，实现每校至少配备1名学生发展指导专职教师，义务教育各学科及德育、心理健康教育等专职教师配齐、配足的目标。[①]

四、教师地位待遇维度——教师年平均工资收入及排名

课题组在关于中小学教师专业技术岗位设置的研究中发现，2019年，中小学教师的年平均工资为9.8万元，城镇就业人员的年平均工资为9.1万元。根据《中国劳动统计年鉴2022》，2021年，我国教育行业就业人员

---

① 刘成杰：《学生发展指导应该做什么》，载《中国教育报》，2021-03-05。

年平均工资为 11.1 万元，与十九类城镇非私营单位就业人员相比，排在第七位。要在全社会倡导尊师重教，提高教师职业的吸引力，就应持续提高教师的工资待遇，提升教师的政治地位、社会地位、职业地位。基于与世界教育强国的教师工资水平的比较，以及对我国未来国家教育财政支持能力的预测，到 2035 年，应实现教师年平均工资为 24.4 万元，在十九类城镇非私营单位排名中进入前三位。

五、教师职业吸引力维度——入职教师在同龄人中的学业水平

2015 年，一项面向全国 2745 个教师教育专业的调查研究结果显示，69％的师范本科专业在本科二批或三批招生。这意味着我国大多数教师教育专业并没有在高考成绩优秀的生源中进行录取。更为严峻的是，小学教育专业大专学历层次的招生人数占到了小学教育专业总招生人数的 72.52％。[①] 这表明我国教师队伍吸纳优秀人才的水平还不足，与教育强国建设目标不适应。因此，应更加关注教师职业吸引力及其测评。到 2035 年，普通高中入职教师在同龄人中的学业水平应为前 25％，初中入职教师在同龄人中的学业水平应为前 35％，小学入职教师在同龄人中的学业水平应为前 45％。

---

① 该调查面向 30 个省(区、市)的 385 所设有教师教育专业的师范大学、师范学院、师范专科学校、综合大学、独立学院、高职高专、中师与中职等院校，于 2015 年组织实施。

第四节 教育强国教师队伍建设目标的实现路径

一、保基本：加大教师队伍建设经费投入力度

(一)加大财政支持力度，落实好教师培养专项计划

国家和省级政府要安排专项资金，加快部属师范大学和部属综合大学师范生的培养速度，优化师范院校结构与布局，鼓励每个省(区、市)重点办好1所省属高水平师范大学，使其达到"双一流"高校建设水平；建设一批国家师范教育基地，形成师范教育的骨干力量；支持和推动高水平综合大学、理工类大学开展高素质中小学教师培养；支持和鼓励专科师范学校升级本科、本科院校申请硕士学位授权点，逐步压缩专科层次教师培养规模，加大研究生层次教师的培养力度，实现教师培养向师范本科、研究生的过渡；优化师范生公费教育政策，完善"优师计划""强师计划"政策，扩大招生规模，加大对欠发达地区教师的培养支持力度，促进师资均衡配置。

(二)全面提高教师工资待遇，让最优秀的人当老师

"教育强国教师队伍指标研制"课题组测算，2035 年我国中小学教师的年平均工资定标为 24.4 万元，即达到经济合作与发展组织的成员国中小

学教师当下的平均工资水平。这是以 2021 年我国中小学教师年平均工资为基础，按照中国经济年均增长 6％，工资收入增长水平不低于经济增长水平测算出的。各级政府应建立教师工资优先增长制度，保证教师工资年均增长幅度不低于 6％。加大中央和省级财政转移支付的力度，确保脱贫地区教师的工资可持续增长。

(三)提高公用经费标准，全面加强在职教师专业研修

在教师队伍建设方面，要重点提高公用经费标准，全面加强在职教师专业能力提升工程。一是安排专项资金，实施在职教师学历提升计划。将高中教师的学历提升至研究生，支持有条件的地方将初中教师的学历提升至研究生。二是推进教师培训改革，为构建高水平教师专业发展支持服务体系提供经费支持。各级政府应按照生均公用经费增长幅度不低于财政收入增长幅度的原则不断提高公用经费标准，到 2035 年，力争生均公用经费增长到 2021 年的 2 倍以上，增量部分要优先保证教师培训经费，培训经费要逐步达到生均公用经费的 10％以上。

二、扩供给：加快构建中国特色教师教育体系

(一)测算高学历教师需求，有计划地提高教师的学历水平

为适应教育强国建设目标对高水平师资队伍的需求，要重点提高基础教育初中、高中教师招聘学历层次和在职教师教育硕士培养能力。以初中为例，2021 年我国研究生学历的初中教师占比为 4.57％，在初中教师保

持397万人左右规模不变的情况下，需要增加研究生学历入职教师约36万人，占初中教师总数的9.07%。按照这个增长速度预测，到2035年，有研究生学历的教师可达到13.64%，距离40%的目标还差得很远。因此，要加快推进高素质复合型硕士层次教师培养试点和公费师范生攻读教育硕士专业学位改革，扩大教育硕士、教育博士招生计划，积极稳妥、有计划地提高我国中小学新入职教师的学历水平。

(二)科学设计培养计划与方式，按计划完成目标任务

按照目前师范类院校研究生培养规模，年均毕业生按6万人计算，到2035年，可新增师范类硕士研究生84万人，能满足按测算计划增加60.24万人的需求。但因本科及以下学历教师存量巨大，要想在2035年实现目标，需要进一步扩大师范类院校研究生培养规模，主要用于满足在职教师攻读教育硕士学位和进修的要求。目前，我国有700多所师范大学和综合大学师范院校，其中，有硕士学位授权点的院校有200多所，要完成培养在职教师攻读教育硕士专业学位的任务，每所学校年均招生数约为800人，难度非常大。考虑此方案的实现难度，可以采取利用"国培计划"等培养方式，完成在职教师硕士研究生课程班学习计划，达到部分教师接受研究生课程学习，视为完成研究生层次学习经历。

(三)加快构建"主体－开放"的中国特色教师教育体系

为适应教育强国建设的高水平师资队伍需要，扩大优质师资供给，要

加快建设以高水平师范院校为主体，中央和地方高水平综合大学参与的"主体—开放"的中国特色教师教育体系。一方面，我国要坚持师范院校在教师教育中的主体地位；另一方面，要调动综合院校参与师范教育、培养高水平师资的积极性。此外，要加快建设国家级教师教育基地。一是强化部属和省属师范院校培养高水平师资的主体责任。部属和省属师范大学要有计划地逐步扩大公费师范生的培养规模，师范生培养规模占在校生的比例不低于 50％。二是支持国家和地方高水平综合大学建立教师教育学院，招收优秀本科毕业生学习教师教育专业，为基础教育培养高水平师资。

三、调结构：优化教师编制标准及用工制度

(一)分类研究编制标准，全面配齐学科教师

我国城镇化进程的深入推进和适龄教育人口的总体下降，为及时调整中小学建设标准、提高师资配置水平等任务提供了"窗口期"。各地要根据人口出生率和流动状况，定期核定中小学教师编制，及时调整和优化中小学教师编制政策，制定人口流失区和导入区、乡村和县城等不同类型地区的教师编制标准，根据实际情况研究确定生师比和班师比编制标准"双轨制"管理办法；按照德智体美劳全面培养的教育体系建设需要，各地要全面加强德育、体育、美育、劳动教育、心理健康教师储备，依据课程改革方案要求完善教师配备制度，启动实施高质量教育体系建设教师配备专项行动计划，确保用三至五年时间，

配齐各科教师。

(二)探索机动编制和灵活用工管理机制

各地应在管理编制时充分考虑教师在职学历提升等培养培训工作的实际，研究制定机动的教师管理办法，保证学校正常的教学秩序；应加强乡村学校和寄宿制学校编制统筹，创新用人机制，建立灵活用工内控编制制度，探索劳动用工、劳务派遣、劳务用工等灵活用工方式和政府购买服务等社会化服务方式，缓解乡村学校和寄宿制学校用工困境；压缩使用编制内非教学人员比例，探索建立校际师资共享机制，加快推进"一专多能"小学全科教师和"双学科"复合型高中教师的培养；实施短缺学科教师补充计划、扩大小学全科教师公费培养规模、建立学区内短缺学科教师走教制度、多途径补充学校的师资、充分发挥"互联网＋教育"作用等补足、配齐短缺学科教师的政策举措。

(三)建立省级统筹—市级管理—县区使用教师编制管理体制

要想打破行政区划壁垒，就要在省级统筹的基础上，强化市级管理、县区使用机制。各地应以市级中小学系统为单位，把部分闲置不能发挥使用效益的空余编制集中起来，建立编制"周转池"，依据教育行政部门对中小学布局调整规划，及时向急需区域、特定学校精准相机调控、定向定量投放。各地可在现有编制总量内，加大省级编制资源统筹力度，盘活存量，优化结构，通过跨地区、跨层级、跨行业、跨部门、动态调剂事业编制，最大限度地保障教师编制资源，加大编制挖潜力度；可通过深化事业单位改革等方式，对规模较小、任务不饱和的事业单位进行整合撤并，按一定比例收回分散在各事业单位的部分空编；县区层面可通过减编控编等方式，重新核定编制总量，按一定比例予以核减回收，优先用于补充中小学教职工编制，为保障基础教育发展提供支撑。

四、强发展：健全教师专业发展服务支持体系

(一)保障教师享有专业自主权

教师专业自主权是教师作为专业人员的一种自主权利，是教师在教育实践活动中独立行使教育专业决定与判断的权利。《中华人民共和国教育法》《中华人民共和国教师法》也赋予我国教师相应的专业自主权。缺失专业自主权，极易导致教师职责无限扩大，负担异常沉重；创造意识淡薄，教学魅力缺乏。因此，国家应保障教师享有专业自主权。

(二)优化教师专业发展培训体系

国家应推进教师培训改革，健全覆盖教师职业全周期、服务全员的教师专业发展支持服务体系；完善教师培训制度，加强教师培训的统筹规划，提升教师培训的科学性、系统性；加强教师发展机构和专业培训者队伍建设与改革，实现培训、教研、电教、科研部门有机整合，强化师范院校与教师发展机构的协同，推进教师培训与教研一体；建立一批优质教师培训基地，积极引进更多优质培训资源；引导骨干教师发挥示

范带动作用。

(三)建构教师专业发展服务激励机制

从教师主体性需求出发,建构专业发展的激励机制是激发教师发展专业能力的有效路径。一是要增加激励性资源供给,尽可能地为中小学教师提供充足的专业发展资源,如公共福利、项目支持、学研经费等。二是增进专业价值认同与教师本位支持。增进专业价值认同是促进教师专业发展的内在动力源泉,既需要政府与社会的制度性支持,让中小学教师成为令人羡慕的职业,增强教师的职业幸福感;又需要强化教师在教学过程中的反思性学习能力,增进教师的个体性专业认同感。

五、优治理:全面减轻教师负担,激发队伍活力

(一)推进职称制度改革,激发中小学教师活力

各地应按照核定的岗位设置方案,并依据教师的工作表现和实际业绩,推动教师岗位能上能下、人员能进能出。各地应制定特殊政策,缓解当下高级职称岗位紧缺问题:对具有高级职称达到国家法定退休年龄的女教师(55 周岁),采用不占职称岗位的办法延聘到 60 岁;对长期不上课的高级教师,根据实际情况,不再聘为高级教师,工资标准按学校规定系数执行,考虑到稳定因素,退休时按高级职称确定退休待遇。职称评审向体、音、美、劳等学科教师倾斜,坚持"五育并举",树立重视体、音、美、劳等学科教师的鲜明导向。

(二)减少非教学任务安排，减轻教师过重的负担

31 个省(区、市)的 2787 名被试反映，教师真正用于教学及相关准备的时间在整个工作时间中占比不足 25%，剩下的 75% 是更为耗时耗力的非教学任务。经济合作与发展组织发布的相关数据显示，经济合作与发展组织的成员国的初中教师平均将 57% 的工作时间用于非教学工作中。与此相比，我国教师在非教学事务上耗费的时间明显偏多。对比我国的课程标准，我国三个年龄段学生的年计划课时数分别比经济合作与发展组织的成员国的平均水平高出 120～268 小时。我国中小学班额基本都是经济合作与发展组织的成员国的 2 倍以上，教师作业批改和个别辅导等负担都十分繁重。

(三)优化教育外部生态，保障教师的合法权益

国家应系统施策，全面减轻教师过重负担，保障教师合法权益。一是要深化教育内部治理，规范中小学教育教学行为，缩减国家各学科课时计划，严禁随意增加学科教学时间，减轻教师课后服务负担。二是全面规范外部教育活动，规范"进校园"活动，严禁组织中小学教师承担各种非必要社会工作。三是严控各种文件检查评比，各级党委和政府要实事求是地设计每年综合评比检查的数量，控制增量、压减存量，不影响学校正常的教育教学工作。四是全面推进技术赋能，利用互联网、大数据、云计算、人工智能技术，全面优化教师教育教学活动和流程。

后 记

　　建设一支高素质专业化教师队伍始终是我国教育事业改革发展的关键议题。2014 年 9 月 9 日，习近平总书记在同北京师范大学师生代表座谈时说："一个人遇到好老师是人生的幸运，一个学校拥有好老师是学校的光荣，一个民族源源不断涌现出一批又一批好老师则是民族的希望。"在座谈时，习近平总书记首次就好老师共同的、必不可少的特质做出了科学回答。他提出，做好老师，要有理想信念、道德情操、扎实学识、仁爱之心。他强调，各级党委和政府要从战略高度来认识教师工作的极端重要性，把加强教师队伍建设作为基础工作来抓。在讲话精神的指导下，党和政府出台了一系列相关决策，对新时代"四有"好老师教师队伍建设工作做出了一系列战略决策，培养了一支师德高尚、业务精湛、结构合理、充满活力的高素质专业化教师队伍。这支队伍有力地支撑起了世界上最大规模的教育体系。

　　加强新时代教师队伍建设，既需要高水平的政策设计，又需要高质量的政策实践研究。我们认为，教师队伍建设研究不仅要从理论和技术层面切入，还要从体制机制层面展开；不仅要研究"四有"好老师教师队伍建设政策自身的特点和规律，还要观照新时代的教师政策体系中的关键内容，如"优师计划""特岗计划""银龄讲学计划""县管校聘"等，将它们作为一个整体开展系统研究。只有这样，才能获得真实、彻底的而非臆想、抽象的发现。从这种认识出发，我们设计了研究方案，通过问卷调查、半结构化访谈等方式收集了丰富的证据，结合文献和典型案例开展研究，描绘了新时代"四有"好老师教师队伍建设政策的实践图景，研判分析了相关政策在实施过程中面临的主要挑战，并提出了优化路径。

　　本书包括四个部分。第一部分为进入新时代后，特别是自 2014 年"四有"好老师提出以来，中国教师队伍建设政策演进分析与中国教师队伍建设的成就。第二部分为新时代"四有"好老师教师政策专题研究，从教师队伍建设政策体系中的关键内容入手，基于相关文献和调查研究的证据等，从不同角度介绍了"四有"好老师教师队伍建设政策实施的经验，并提出了相关的优化路径。第二部分包括师范生公费教育政策、"优师计划"政策、"特岗计划"政策、"银龄讲学计划"政策、"县管校聘"政策、"乡村教师支持计划"政策、"教师教育振兴行动计划"政策、"强师计划"政策、"国培计划"政策九个专题。第三部分为教师教育案例研究，介绍了北京师范大学的"强师工程"、东北师范大学的"U-G-S"教师教育新模式、华东师范大学的"智能新师范"模式等在"四有"好老师队伍建设方面的创新举措，总结了主要的创新经验。第四部分为面向 2035 年的中国教师教育展望，分析了教育强国教师队伍建设的重要挑战、重大研究课题、指标体系及目标的实现路径。

　　本书是北京师范大学国家高端智库教育国情调查中心团队合作的成果，主要由李婉颖、何赵颖、袁语聪、刘宇轩、史新茹、许咏越、储招杨、陈洁莹、刘子绮、涂画等完成。张志勇、李生滨负责统筹和审稿工作。

　　本书是对新时代以来我国教师队伍建设成就的阶段性总结，尝试从理论和实践角度为教师队伍建设献计献策，希望能给读者带来些许启发。若有不当之处恳请批评、指正。

张志勇

2024 年 8 月

图书在版编目（CIP）数据

新时代"四有"好老师教师队伍建设政策研究/张志勇，李生滨
等著.—北京：北京师范大学出版社，2025.1.（"四有"好老师系列
丛书）.—ISBN 978-7-303-30136-2

Ⅰ.G451.2

中国国家版本馆 CIP 数据核字第 2024HF7746 号

营 销 中 心 电 话 010-58805385
北 京 师 范 大 学 出 版 社
主题出版与重大项目策划部

XINSHIDAI "SIYOU" HAOLAOSHI JIAOSHI DUIWU JIANSHE
ZHENGCE YANJIU

出版发行：北京师范大学出版社 www.bnupg.com
　　　　　北京市西城区新街口外大街 12-3 号
　　　　　邮政编码：100088
印　　刷：北京盛通印刷股份有限公司
经　　销：全国新华书店
开　　本：730 mm×980 mm　1/16
印　　张：21.5
字　　数：235 千字
版　　次：2025 年 1 月第 1 版
印　　次：2025 年 1 月第 1 次印刷
定　　价：88.00 元

策划编辑：祁传华　　　　　　责任编辑：冯　倩
美术编辑：王齐云　　　　　　装帧设计：王齐云
责任校对：陈　倩　　　　　　责任印制：马　洁　赵　龙